Le droit douanier et le libre échange en RDC

Logiques Juridiques

Fondée par Gérard Marcou
Dirigée par Jean-Claude Némery et Thomas Perroud

Le droit n'est pas seulement un savoir, il est d'abord un ensemble de rapports et pratiques que l'on rencontre dans presque toutes les formes de sociétés. C'est pourquoi il a toujours donné lieu à la fois à une littérature de juristes professionnels, produisant le savoir juridique, et à une littérature sur le droit, produite par des philosophes, des sociologues ou des économistes notamment.

Parce que le domaine du droit s'étend sans cesse et rend de plus en plus souvent nécessaire le recours au savoir juridique spécialisé, même dans des matières où il n'avait jadis qu'une importance secondaire, les ouvrages juridiques à caractère professionnel ou pédagogique dominent l'édition, et ils tendent à réduire la recherche en droit à sa seule dimension positive. À l'inverse de cette tendance, la collection « Logiques juridiques » des éditions L'Harmattan est ouverte à toutes les approches du droit. Tout en publiant aussi des ouvrages à vocation professionnelle ou pédagogique, elle se fixe avant tout pour but de contribuer à la publication et à la diffusion des recherches en droit, ainsi qu'au dialogue scientifique sur le droit. Comme son nom l'indique, elle se veut plurielle.

Dernières parutions

Alex ATANASOV, *La machine judiciaire. Analyse économique et comparative du fonctionnement du système judiciaire*, 2023.
Mohamed KETATA, *Droit du marché financier et droit des contrats. Contribution à l'étude de l'opération de marché en droits tunisien et français*, 2023.
Van Anh LY, *La codification du droit international privé vietnamien à la lumière de la codification québécoise*, 2023.
Ruben AKONO MINLO, *Introduction au droit minier applicable au Cameroun. Une vue synoptique des aspects juridiques de l'exploitation minière*, 2023.
Yao AGBETSE, *La supervision de la mise en œuvre des droits de l'homme à l'épreuve de la volonté politique des États africains. La Commission africaine des droits de l'homme et des peuples dans tous ses états*, 2023.

Nathan Mukendi Odiance

Le droit douanier et le libre échange en RDC

Procédures et fiscalité à l'import-export

Préface de Bernard Kabese Musangu

Postface du Pr Thierry Obrist

L'Harmattan

5-7, rue de l'École Polytechnique - 75005 Paris
www.editions-harmattan.fr
ISBN : 978-2-336-55001-5
EAN : 9782336550015

À ma très chère mère,

Je souhaite te dédier ce livre en témoignage de toute ma gratitude infinie pour ton amour inconditionnel et les sacrifices que tu as consentis. Grâce à ta force, ta détermination et ton abnégation, tu m'as offert la possibilité de devenir la personne que je suis aujourd'hui.

Je n'oublie pas tous les combats que tu as menés face aux difficultés, notamment celles liées à l'importation de tes marchandises. Les saisies répétées de tes marchandises, souvent vendues aux enchères, sont gravées dans ma mémoire, tout comme les nombreuses fois où ton dépôt a été mis sous scellés. Derrière chaque larme versée, chaque obstacle surmonté, je savais que brûlait en toi un seul désir : me permettre de suivre des études, de m'épanouir et, à mon tour, de servir utilement la société.

C'est donc avec une émotion profonde et une immense joie que je t'offre aujourd'hui cet ouvrage. Fruit de mon travail, il rassemble des informations très importantes sur la réglementation douanière applicable en République Démocratique du Congo. Mon plus cher souhait est qu'il puisse t'être un guide utile, t'aider à mieux appréhender cette réglementation complexe et, surtout, te préserver des lourds désagréments que tu as malheureusement si souvent rencontrés.

Vois en cet ouvrage l'expression de ma gratitude, une main tendue pour t'alléger de ce fardeau et une concrétisation de ton rêve – celui de me voir utile.

Remerciements

Ces remerciements témoignent de ma profonde gratitude envers toutes les personnes qui ont, de près ou de loin, contribué à la réalisation de cet ouvrage.

Ma gratitude va en premier lieu à Jéhovah, mon Dieu, qui, par sa grâce, m'a accordé la force, l'intelligence, la patience et l'endurance nécessaires pour mener à bien la rédaction de ce livre. Je Lui suis infiniment reconnaissant d'avoir placé sur mon chemin les personnes sans lesquelles cette entreprise n'aurait pu aboutir.

Je pense d'abord à ceux qui ont su éveiller en moi cette vision et me montrer la voie à suivre dans le domaine du droit douanier. Alors que la plupart des juristes, et en particulier les avocats, privilégient des domaines de spécialisation déjà très explorés, un éminent Bâtonnier m'a interpellé en me disant : « *Cher confrère, ne suivez pas les chemins déjà tracés. Regardez ce domaine où tout reste à construire, l'occurrence le droit douanier. Plongez-vous-y avec rigueur et persévérance.* » Cette personne, dont l'encouragement fut déterminant et la vision avant-gardiste, est le Bâtonnier Jacques Shesha. C'est en grande partie grâce à son conseil que j'ai entrepris la rédaction de cet ouvrage, avec l'espoir de suivre son exemple.

Mes remerciements les plus sincères s'adressent également au Directeur Général des Douanes et Accises, Monsieur Bernard KABESE MUSANGU, qui a généreusement accepté que je puisse fréquenter l'administration douanière, y consacrer du temps et confronter les pratiques douanières aux théories présentées dans ce livre. Je lui suis infiniment reconnaissant d'avoir accepté de contribuer scientifiquement à cet ouvrage en y apposant sa préface malgré ses multiples engagements et responsabilités.

Ma gratitude va aussi au Professeur Thierry Obrist pour la rédaction de la postface, dont l'apport scientifique enrichit considérablement la portée de cet ouvrage.

Je n'oublie pas les professeurs qui m'ont accompagné dans cette démarche, par leur soutien constant et leurs orientations judicieuses. Un merci particulier au Professeur GODE MPOYI pour sa relecture attentive et ses orientations stratégiques si bénéfiques. Au Directeur de douane, Professeur Freddy LWETE, mes vifs remerciements pour son appui. Au Bâtonnier et Professeur Jean MBUYU LUYONGOLA pour ses précieuses orientations.

Merci aux avocats qui m'ont soutenu. À Maître ALEXIS S. THAMBWE MWAMBA, ancien Directeur Général de la DGDA, alors OFIDA, pour les encouragements reçus et les orientations à suivre. À Maître KIZITO NGOYI, pour son soutien indéfectible et son aide concrète dans les démarches auprès de la DGDA. À Maître ILUNGA KASANGA, qui fut le premier à cheminer avec moi dans cette vaste entreprise et qui m'a constamment encouragé. À Maître Dany GERE pour sa relecture méticuleuse. Mes remerciements vont également à Monsieur Patrick LUMBALA, Directeur Général de ECOFIN TV, pour sa contribution efficace à cet ouvrage et pour ses inlassables encouragements et orientations, ainsi que sa relecture malgré ses multiples responsabilités.

Je remercie chaleureusement tous les agents de la DGDA qui ont accepté de m'épauler et de m'aider concrètement dans la rédaction de ce livre, en me partageant leur expérience du terrain. En particulier, le Directeur NGBANDA EKPONGE DOKPA, le Directeur MBOMI, expert en tarif et règles d'origine, le Directeur Chris KABEYA pour leur grand soutien sans faille. L'Inspecteur Théophile NDARABU pour toutes les fois où il m'a initié aux pratiques douanières et toutes les fois où il ne s'est pas lassé de répondre à mes préoccupations. Madame NINA KALU pour avoir consacré son temps et s'être ouverte à mes questions. Madame Caroline WALTER pour tous ses efforts. L'ensemble de l'équipe de la direction provinciale de la DGDA/KIN Ville pour leur précieuse collaboration.

Enfin, je ne saurais clore ces remerciements sans exprimer ma profonde gratitude à tous ceux, proches ou lointains, qui, par leur inspiration, leur soutien moral ou matériel, ont contribué à la concrétisation de ce projet. Je pense notamment à Maître Gabriel KYUNGU KALUNGA, ainsi qu'à Maître Patrick DJAMBA, spécialistes de la matière douanière. Merci aussi à Maîtres Saturnin NTAMIRIRA, Chantal METENA, Chriso ILUNGA NGWEZI, à Prince KUMBA et Olivier Mulamba, dont le soutien m'a été précieux.

À toutes et à tous, merci infiniment.

Préface

C'est avec une immense fierté et un profond honneur que j'encourage ces jeunes brillants qui portent en eux une vision et un courage admirables pour l'avenir de notre pays, la République démocratique du Congo. Je suis particulièrement honoré de voir un Avocat si jeune, dont la détermination augure d'un bel avenir pour le pays, qui a puisé dans sa détermination, son temps et son énergie pour consacrer ses efforts de recherche et de rédaction à un domaine souvent peu exploré, dont la bibliographie est extrêmement restreinte. Il figure parmi les premiers juristes que je connaisse à avoir rédigé un ouvrage d'envergure sur la douane sans être lui-même douanier.

Dans le cadre de ses recherches pour ce livre, il a été admis à effectuer des investigations au sein de la Direction Générale des Douanes et Accises (DGDA), ce qui lui a permis d'ancrer solidement ses analyses dans la pratique douanière. Je salue cet ouvrage pour son approche résolument pratique. Au-delà de l'analyse théorique, ce livre tire sa force des usages concrets applicables là où la loi reste silencieuse. Cet ouvrage intéressera les acteurs du secteur douanier, qu'il s'agisse des douaniers eux-mêmes, des opérateurs économiques, des commissionnaires en douane ou de toute personne souhaitant approfondir ses connaissances en la matière.

C'est donc avec une grande joie que j'ai accepté de préfacer ce livre, un ouvrage qui aborde des questions fondamentales à l'heure où la République Démocratique du Congo a, par la loi n°21/002 du 14 avril 2021, autorisé la ratification de l'Accord portant la création de la Zone de Libre-Échange Continentale Africaine (ZLECAf). Cette adhésion n'a pas cessé de soulever des interrogations importantes quant à l'avenir économique de la DGDA face à la suppression progressive des droits de douane à l'import et à l'export.

En tant que responsable de l'administration douanière en RDC, je suis particulièrement bien placé pour apprécier l'intérêt considérable que ce livre représente pour l'administration des douanes et pour la RDC dans son ensemble. Nous faisons face à un challenge considérable : l'ignorance des réglementations douanières par de nombreux acteurs impliqués dans l'importation et l'exportation de marchandises en RDC.

Cet ouvrage contribuera sans aucun doute à la concrétisation de la volonté du législateur congolais de rendre les lois douanières accessibles à tous, afin de les vulgariser, d'éradiquer la fraude, la corruption et autres pratiques qui empêchent notre pays d'atteindre son plein potentiel économique, puisque les recettes douanières représentent une part substantielle du budget national.

L'auteur est vivement encouragé à faire de la douane son principal champ d'investigation.

Nous ne doutons aucunement du succès que rencontrera cet ouvrage, fort de l'accueil exceptionnel que vous, lecteurs, ne manquerez pas de lui réserver dès sa parution.

Bernard KABESE MUSANGU

Directeur Général

de la Direction Générale des Douanes et Accises (DGDA)

Principales abréviations

- AFE : Accord sur la Facilitation des Échanges
- AGCS : Accord général sur le commerce des services
- ALE : Accord de libre-échange
- ASEAN: Association des Nations de l'Asie du Sud-Est
- B2C: "Business-to-Consumer". Elle désigne les transactions commerciales réalisées entre une entreprise (Business) et un consommateur final (Consumer). En d'autres termes, il s'agit de la vente en ligne directe d'un produit ou d'un service à un particulier.
- BCC: Banque Centrale du Congo
- BIAT : Plan d'Action pour stimuler le commerce intra-africain
- BIVAC: Bureau Veritas International Inspection and Control Company
- C2C: "Consumer-to-Consumer". Elle désigne les transactions commerciales réalisées entre deux consommateurs. Il s'agit de la vente d'un bien ou d'un service d'un particulier à un autre, généralement via une plateforme en ligne
- CAE: Communauté d'Afrique de l'Est
- CAF : Coût, Assurance, Fret
- CCD: Conseil de Coopération Douanière. Ancien nom de l'Organisation Mondiale des Douanes (OMD)
- CD: Commissionnaire en douane
- CEA: Communauté Économique Africaine
- CEDEAO: Communauté Économique des États de l'Afrique de l'Ouest
- CEEAC: Communauté Économique des États de l'Afrique Centrale
- CEMAC: Communauté Économique et Monétaire de l'Afrique Centrale
- CER : Communautés économiques régionales
- CHS : Comité du Système Harmonisé
- CIF: Cost, Insurance, and Freight (coût, assurance et fret)
- CKD : Collection d'assemblage CKD (Complete Knock Down, kits de pièces à assembler)
- CKR: Convention de Kyoto Révisée

- CNUCED: Conférence des Nations Unies sur le commerce et le développement
- COMESA: Marché Commun de l'Afrique Orientale et Australe
- Commissionnaire en douane: CD
- CTCI : Classification type pour le commerce international
- DAE: Document Administratif Électronique
- DAU: Document Administratif Unique
- DGDA: Direction Générale des Douanes et Accises.
- DSI: Déclaration Simplifiée d'Importation
- EIC: État Indépendant du Congo
- EVP ou TEU : Équivalent vingt pieds (unité de mesure pour les conteneurs)
- FMI: Fonds Monétaire International
- FOB: Free On Board ou Franc à bord (terme utilisé dans le commerce international pour désigner le prix d'une marchandise rendu à bord du navire au port d'embarquement)
- GATT: Accord Général sur les Tarifs Douaniers et le Commerce. C'est l'ancêtre de l'OMC.
- GUICE: Guichet Unique Intégral du Commerce Extérieur.
- INCOTERMS: International Commercial Terms (Incoterms)
- LTA : Lettre de transport aérien
- LV : Lettre de voiture
- MAD: Magasins et Aires de Dédouanement
- MKD : Collections d'assemblage MKD (Semi-Knock Down, kits de pièces partiellement assemblées)
- MNT : Mesures Non Tarifaires
- NAFTA: North American Free Trade Agreement (Accord de libre-échange nord-américain)
- NCCD : Nomenclature du Conseil de coopération douanière
- NIF : Numéro d'identification fiscale
- NPF : Nation la plus favorisée
- OCC: Office Congolais de Contrôle.
- OCD: Office Congolais des Douanes. C'était l'ancien organisme chargé de la gestion des douanes en RDC avant la création de la Brigade Douanière.
- ODC: Office Douanier Colonial
- OEA: Opérateur Economique Agréé

- OFIDA: Office des Douanes et Accises. Ancien nom de la DGDA avant sa transformation en service public.
- OGEFREM: Office Congolais de Gestion des Transports
- OHADA: Organisation pour l'Harmonisation du Droit des Affaires en Afrique.
- OMC : Organisation Mondiale du Commerce
- OMD : Organisation mondiale des douanes
- ONATRA: Office National des Transports (devenu SCTP : Société Congolaise de Transport et Port)
- ONEM: Office National de l'Emploi
- PMA : Pays les Moins Avancés
- RDC: République Démocratique du Congo
- RdO : Règles d'Origine
- RVM: Régie des voies maritimes (devenue CVM : Compagnie des voies maritimes)
- SA: Société Anonyme.
- SACU: Union douanière de l'Afrique australe
- SADC: Communauté de Développement de l'Afrique Australe
- SARL: Société à Responsabilité Limitée.
- SAS: Société par Actions Simplifiée.
- SCS: Société en Commandite Simple.
- SH : Système Harmonisé
- SNC: Société en Nom Collectif.
- SYDONIA: Système Douanier Automatisé.
- TEC : Tarif extérieur commun
- TVA: Taxe sur la Valeur Ajoutée
- UA : Union Africaine
- UE: Union Européenne
- ZLECAF : Zone de Libre-Échange Continentale Africaine.

Avant-propos

Les règles qui s'appliquent aux échanges commerciaux en République démocratique du Congo sont en pleine, voire rapide, mutation, remodelées par des dynamiques tant régionales que technologiques. L'adhésion de notre pays à des cadres de coopération renforcée, comme la Zone de Libre-Échange Continentale Africaine (ZLECAf), impose une redéfinition profonde des pratiques et des fondements juridiques. En effet, les principes novateurs du libre-échange entrent désormais en dialogue – parfois en tension – direct avec les missions traditionnelles du droit douanier : la protection des industries nationales naissantes et la mobilisation de recettes fiscales vitales pour la construction de l'État.

La ZLECAf, par sa visée de suppression progressive des droits de douane, ne se contente pas de modifier des taux ; elle interroge fondamentalement le modèle douanier congolais actuel. Cette évolution majeure soulève des questions d'une complexité redoutable : comment concilier l'impératif d'ouverture économique et de compétitivité internationale avec la nécessité non moins cruciale de soutenir, voire de relancer, l'économie nationale ? Quel sera l'impact réel et mesurable de ces réformes sur le niveau des recettes douanières et sur l'emploi ?

Parallèlement à cette transformation structurelle du commerce physique, l'environnement numérique offre de nouvelles perspectives vertigineuses. L'adoption de l'ordonnance-loi n° 23/010 du 13 mars 2023 portant Code Numérique a indéniablement constitué une avancée législative majeure, ouvrant la voie à un essor sans précédent des activités en ligne et du commerce électronique en RDC. Mais comment cet élan numérique, synonyme de rapidité et de dématérialisation, peut-il s'harmoniser avec le besoin impérieux d'une simplification radicale et d'une digitalisation effective des procédures douanières ? De fait, si les droits de douane et les formalités qui y sont liées demeurent des obstacles bureaucratiques lourds, le plein potentiel libérateur et inclusif du commerce électronique risque fort de rester inexploité. Malgré certaines mesures incitatives introduites par le Code Numérique, telles que des réductions de droits sur les équipements informatiques, la question essentielle demeure : sont-elles suffisantes à elles seules pour créer un environnement des affaires numérique véritablement attractif et compétitif ?

L'adaptation de notre système douanier à cette double dynamique – libéralisation commerciale et révolution numérique – s'avère donc cruciale et urgente, mais elle rencontre des obstacles majeurs, qui sont autant de verrous à faire sauter. Ces freins sont multiples et interconnectés : une méconnaissance généralisée du droit douanier par les acteurs économiques eux-mêmes et, paradoxalement, par une partie du monde juridique ; une complexité intrinsèque de la matière qui requiert une expertise pointue et une connaissance transverse d'autres branches du droit ; et un déficit criant de ressources humaines qualifiées capables d'appréhender les subtilités d'un droit en constante évolution. Cette lacune dans la maîtrise du droit douanier rend sa mise en œuvre ardue, expose aux erreurs et aux fraudes, et rend son adaptation aux défis contemporains particulièrement lente. Le système éducatif actuel peine, il est vrai, à former un nombre suffisant de spécialistes capables de naviguer et d'innover dans ce domaine indispensable à une économie toujours plus mondialisée.

Face à l'ampleur de ces défis et à la nécessité impérieuse d'y apporter des réponses concrètes et éclairées, une action résolue est nécessaire. Au-delà du renforcement indispensable de l'enseignement du droit douanier dans nos institutions académiques – universités, écoles de droit et de commerce – pour former les futures générations d'experts et les agents en poste, il est vital d'engager une réflexion collective, ouverte et prospective sur l'avenir de ce droit dans un contexte de mutation accélérée.

C'est précisément dans cette perspective que s'inscrit cet ouvrage. Il ne se contente pas de décrire ; il se propose d'analyser en profondeur les enjeux critiques de la réforme du droit douanier congolais face aux impératifs de la ZLECAf et à l'avènement de l'économie numérique, en offrant des éléments d'analyse rigoureux et des pistes de réflexion pour les opérateurs économiques, les juristes, les chercheurs et les décideurs politiques.

Mais cet ouvrage nourrit une ambition plus large et profondément pédagogique : celle de démystifier et de rendre le droit douanier accessible à tous, quel que soit leur parcours ou leur niveau de formation. En rendant cette matière souvent perçue comme complexe et opaque plus compréhensible, il vise à favoriser une meilleure appréhension des mécanismes douaniers et, par conséquent, une appropriation plus éclairée des réformes en cours. Diffuser largement cette connaissance – auprès des étudiants qui se destinent à ces métiers, des professionnels qui y sont confrontés quotidiennement, et du grand public qui en subit indirectement les effets – est, à notre sens, une condition essentielle pour sécuriser les échanges légitimes, fluidifier les opérations commerciales et prévenir efficacement les pratiques frauduleuses, souvent nées, rappelons-le, de la simple méconnaissance.

Tout en s'inscrivant dans ce contexte global de mutation, ce livre circonscrit son analyse aux enjeux du libre-échange à l'importation et à l'exportation, en décortiquant les procédures douanières applicables et leurs évolutions. Bien qu'il ne prétende pas à l'exhaustivité – laissant notamment les aspects contentieux du droit douanier et les accises à de futurs développements qui s'imposeront – il pose les bases indispensables et solides pour comprendre les fondements de ce droit, les mécanismes de dédouanement, et les enjeux cruciaux de la fiscalité douanière contemporaine. Maîtriser ces notions fondamentales est la clé pour les opérateurs économiques désireux de naviguer sereinement dans l'environnement douanier, de respecter les réglementations et ainsi, d'éviter les écueils potentiels, les sanctions et les litiges.

Conçu pour être résolument polyvalent, ce livre se veut à la fois un manuel de référence pour l'étude, un outil pédagogique pour l'enseignement et la formation, et un guide pratique pour les professionnels du domaine. Son contenu propose une synthèse équilibrée entre les fondements théoriques du droit douanier et ses applications concrètes sur le terrain. L'ouvrage est structuré en quatre parties distinctes, offrant une approche progressive et logique : la première partie trace l'évolution des administrations douanières dans le vaste mouvement de la mondialisation croissante ; la deuxième décortique en détail les adaptations des procédures de dédouanement face à l'intensification des flux internationaux, depuis l'entrée des marchandises sur le territoire jusqu'à leur destination finale ou leur exportation ; la troisième partie se penche sur les enjeux fiscaux cruciaux liés aux douanes et le régime fiscal applicable ; enfin, la quatrième partie explore spécifiquement les implications directes et indirectes du libre-échange sur les procédures douanières, et présente les stratégies d'adaptation et les solutions mises en œuvre ou à envisager pour concilier l'ouverture nécessaire avec les objectifs légitimes de protection des intérêts nationaux.

En somme, cet ouvrage a été pensé et rédigé pour être un compagnon indispensable et éclairant pour tous ceux qui, de près ou de loin, interagissent avec le droit douanier et le commerce international en RDC : les agents des administrations douanières qui en sont les garants, les opérateurs économiques qui y sont confrontés au quotidien, les magistrats et avocats qui l'appliquent ou le défendent, les commissionnaires en douanes qui en sont les experts de terrain, les chercheurs et étudiants qui l'étudient, et au-delà, tout citoyen désireux de mieux comprendre les rouages essentiels qui façonnent les échanges de notre pays et son insertion dans l'économie mondiale.

PREMIERE PARTIE : L'EVOLUTION DES ADMINISTRATIONS DOUANIERES DANS LE MONDE GLOBALISE

Cette partie a pour objectif d'analyser l'évolution des administrations douanières au XXIe siècle. Il apparaît en effet indispensable d'étudier les institutions qui mettent en œuvre et façonnent le droit douanier ainsi que les accords de libre-échange : les administrations douanières. Ces organismes jouent un rôle fondamental en garantissant l'application de la réglementation douanière et constituent des acteurs de premier plan dans le domaine des échanges internationaux. Ils sont responsables de la mise en œuvre des accords internationaux et des politiques douanières nationales, de la perception des droits de douane et de la facilitation des flux commerciaux. Afin de saisir pleinement leur rôle, il est essentiel d'examiner leur cadre institutionnel, tant au niveau international, régional que national.

Dans un premier chapitre (Chapitre I), nous explorerons le cadre théorique, historique et juridique des administrations douanières. Puis, dans un second chapitre (Chapitre II), nous nous concentrerons plus spécifiquement sur l'administration douanière de la République démocratique du Congo. Un troisième chapitre (Chapitre III) sera consacré à l'étude des réseaux douaniers internationaux, régionaux et nationaux. Enfin, le quatrième chapitre, des partenaires agréés de la douane (Chapitre IV).

Chapitre I. Cadre théorique, historique et juridique des administrations douanières

Ce chapitre a pour objectif d'analyser le cadre théorique, historique et juridique des administrations douanières. Il s'articule autour de quatre sections principales. La première section (Section I) pose les fondations en retraçant l'évolution historique des administrations douanières à travers le monde. Nous examinerons leur transformation depuis leurs origines jusqu'à nos jours, en identifiant les facteurs clés qui ont façonné cette dynamique. La deuxième section (Section II) s'attache au cadre juridique des administrations douanières. Nous nous pencherons sur le droit applicable, en distinguant notamment le *droit douanier* du *droit des douanes*, et en analysant leur contenu ainsi que leurs interactions avec les autres branches du droit. Puis, la troisième section (Section III) explorera les mécanismes de facilitation des échanges, en prenant le contexte de la Zone de Libre-Échange Continentale Africaine (ZLECAf) comme illustration majeure. Enfin, dans la quatrième section (Section IV) nous effectuerons un panorama historique de l'administration douanière congolaise, en comparant la situation avant, pendant et après la période coloniale, et en abordant son cadre institutionnel actuel.

Section I. Evolution historique des administrations douanières à travers le monde

§.1. Notions

a) La douane

La douane est l'administration chargée du contrôle des frontières d'un pays[1]. Elle régule l'entrée et la sortie des marchandises, parfois même des personnes. Son activité peut varier d'un pays à l'autre, mais on observe quasi généralement sa mission principale qui consiste à contrôler et recouvrer les droits de douane et taxes à l'importation et à l'exportation des biens ou des marchandises. En effet, le terme

[1] Dictionnaire de l'Académie française, huitième édition, 1932-1935.

"douane" trouve ses origines dans le mot arabe "*diouan*", lui-même dérivé du persan "*diwan*". Initialement, il désignait un lieu de rassemblement pour les administrateurs des finances, mettant en lumière l'essence fiscale inhérente à la fonction douanière dès ses prémices.[1]

Selon la convention de Kyoto[2], le terme douane (en anglais customs) désigne les services administratifs responsables de l'application de la législation douanière et de la perception des droits et taxes et qui sont également chargés de l'application d'autres lois et règlements relatifs à l'importation, à l'exportation, à l'acheminement ou au stockage des marchandises. Ce terme désigne également une partie quelconque de l'administration des douanes et notamment un service ou un bureau. Employé comme complément, le terme "douane" s'applique aux agents du service, aux droits et taxes et aux contrôles auxquels les marchandises sont soumises à l'entrée et à la sortie, et à toute question relevant de la compétence de la douane (agents des douanes, droits de douane, bureau de douane, déclaration de marchandises, etc.)[3].

b) Le libre-échange

Le libre-échange est un concept à double facette. D'une part, il s'agit d'une théorie économique qui soutient l'idée que la suppression des obstacles au commerce international (douanes, quotas, etc.) stimule la croissance et le bien-être[4]. D'autre part, il représente un objectif économique que les pays cherchent à atteindre progressivement en

---

[1] Frédéric Zurcher et Elie-Philippe Margollé, Les Naufrages célèbres, Hachette, Paris, 1873, 3e édition, 1877, page 197.

[2] La convention de Kyoto de l'OMD a été adoptée en 1973 en tant que convention internationale pour la simplification et l'harmonisation des régimes douaniers. Elle est entrée en application en 1974 et compte 63 parties contractantes.

[3] Annexe générale, Chapitre 2 de la Convention de Kyoto révisée.

[4] Serge d'AGOSTINO, Libre échange et protectionnisme, éd. Bréal, Rome, 2003.

libéralisant leurs échanges, c'est-à-dire en réduisant les restrictions sur les mouvements de biens, services, capitaux et personnes[1].

Adam Smith[2] soutient, dans son ouvrage Recherches sur la nature et les causes de la richesse des nations (1776), que le libre-échange est facteur d'enrichissement pour les nations pratiquant le commerce international[3]. Chacune doit se spécialiser dans la production pour laquelle elle dispose d'un avantage absolu, c'est-à-dire d'un coût unitaire plus bas que dans les autres pays, en raison d'une productivité du travail plus élevée.

David Ricardo (1772-1823)[4] complète cette analyse dans son ouvrage Des principes de l'économie politique et de l'impôt (1817). Il établit la loi des avantages comparatifs (ou relatifs) stipulant que les pays ne disposant pas d'un avantage absolu bénéficient du libre-échange dès lors qu'ils se spécialisent dans la production pour laquelle ils disposent du désavantage le plus faible en termes de coûts unitaires ou de niveau de productivité du travail, tandis que les autres pays optent pour la production bénéficiant de l'avantage absolu le plus élevé.

---

[1] Le libre-échange est une doctrine économique prônant la libre circulation des biens et des services entre les pays. Cette théorie applique, au niveau international, le principe libéral selon lequel il convient de « laisser faire » le marché et donc de supprimer les entraves, c'est-à-dire les interventions extérieures comme la fixation de quotas et de droits de douane par l'État afin d'aboutir à la meilleure situation économique possible. Dans cette perspective, l'échange serait mutuellement avantageux. Ce ne serait pas un jeu à somme nulle. Les libéraux s'opposent donc aux thèses mercantilistes (du 17e siècle), pour qui le commerce c'est la guerre, c'est-à-dire qu'il y a un gagnant et un perdant.

[2] Adam Smith (1723-1790), philosophe et économiste écossais, est sans doute l'auteur dont le nom a été le plus étroitement associé au libéralisme économique. Dans le cas du commerce, il a montré dans son ouvrage *La Richesse des nations*, publié en 1776, qu'il valait mieux, pour un pays, se spécialiser et commercer plutôt que de chercher à tout produire sur son propre territoire. La division du travail et le libre-échange permettent de multiplier les richesses dans des proportions inouïes.

[3] Adam Smith (1776), les recherches sur la nature et les causes de la richesse des nations, document produit en version numérique par Jean-Marie Tremblay, 26 février 2022.

[4] L'économiste britannique David Ricardo (1772-1823) est resté célèbre pour sa théorie des avantages comparatifs – publiée pour la première fois en 1817. Selon cette théorie, l'ouverture commerciale et la spécialisation seraient toujours profitables pour un pays, même quand il ne dispose pas d'un avantage compétitif dans un domaine particulier, car le libre-échange permettrait systématiquement la meilleure allocation des ressources, et donc la plus grande production de richesses. Deux siècles plus tard, l'OMC se réfère toujours à cette théorie pour justifier sa mission.

Depuis sa création en 1947, le GATT a impulsé une forte dynamique de libéralisation des échanges de marchandises, caractérisée par une réduction drastique des droits de douane. En effet, ces derniers, qui représentaient 40% de la valeur des produits en 1947, ont été ramenés à seulement 5% en 1994. Parallèlement, l'adhésion à l'OMC[1], successeur du GATT[2], s'est largement étendue, englobant désormais la quasi-totalité des pays. Néanmoins, le libre-échange reste incomplet, notamment pour les services, les produits agricoles et la circulation des personnes, en raison de l'existence de barrières non tarifaires.

c) Le libre-échange vs la facilitation des échanges

Le libre-échange et la facilitation des échanges sont deux concepts étroitement liés au commerce international, mais en réalité, ils ne sont pas synonymes. Bien qu'ils visent tous deux à faciliter les échanges commerciaux, ils agissent à des niveaux et avec des objectifs légèrement différents. En effet, si le libre-échange peut être défini comme un système économique international où les échanges de biens et de services entre les pays se font sans restrictions, c'est-à-dire sans droits de douane, quotas, subventions ou autres barrières commerciales, la facilitation des échanges, quant à elle, consiste à simplifier et à accélérer les procédures administratives et les formalités liées au commerce international.

L'historien et économiste Jean-Charles Asselain considère que la connaissance des droits de douane ne peut suffire à caractériser les politiques commerciales d'un pays au cours d'une période donnée. Il faut en effet tenir compte des barrières non tarifaires. De plus, les taxes diffèrent selon les produits; il faut donc les pondérer par le volume des importations qu'elles concernent. Il s'agit de réduire les coûts et les délais associés aux échanges commerciaux. Bien que ces deux concepts soient distincts, ils sont complémentaires. La facilitation des échanges

---

[1] Organisation Mondial de Commerce.

[2] Le 30 octobre 1947, dans un monde encore marqué par les cicatrices de la guerre, un accord d'une importance capitale fut signé par 23 nations : le General Agreement on Tariffs and Trade, plus connu sous l'acronyme GATT. Ce pacte, dont l'objectif était d'harmoniser les politiques douanières des signataires, entra en vigueur dès janvier 1948. Des décennies plus tard, entre 1986 et 1994, l'un des cycles de négociations les plus ambitieux, baptisé cycle d'Uruguay et scellé par les accords de Marrakech, allait donner naissance à une institution d'envergure mondiale : l'Organisation mondiale du commerce (OMC).

peut être considérée comme un moyen de mettre en œuvre le libre-échange de manière plus efficace. Même en l'absence de barrières tarifaires, des procédures administratives complexes peuvent entraver le commerce.

Quand, dans la seconde moitié du XXe siècle, le libre-échange a été imposé dogmatiquement par certaines organisations internationales à des pays en développement qui avaient besoin d'emprunter de l'argent – au temps du « consensus de Washington [1] » –, la concurrence extérieure a souvent balayé les entreprises nationales. Voilà qui a parfois contraint ces États à se spécialiser dans des productions agricoles dont ils ne pouvaient maîtriser les cours, mettant leurs sources de revenus à la merci des fluctuations du marché. Certes, en se spécialisant dans l'exportation de cacao, d'arachide ou de café, il devient possible de consommer plus de choses qu'en vivant en autarcie, mais il reste que l'on s'enrichit beaucoup moins vite que les pays producteurs et exportateurs de biens manufacturés.

Du point de vue historique, les concepts précurseurs existaient déjà au XVIIIe siècle[2], et le XIXe siècle a vu une montée en puissance des accords de libre-échange. Les principes du libre-échange sont antérieurs aux efforts de facilitation des échanges tels que nous les connaissons aujourd'hui. Lors de la Conférence ministérielle de Bali[3] en 2013, les membres de l'Organisation mondiale du commerce (OMC) ont conclu les négociations sur l'Accord sur la facilitation des échanges (AFE). Cet accord, entré en vigueur le 22 février 2017 après avoir été ratifié par les deux tiers des membres de l'OMC. À ces jours, il

---

[1] Cette expression, due à l'économiste John Williamson en 1989, décrit le consensus qui régnait entre la Banque mondiale, le Fonds monétaire international et le Trésor américain sur les mesures à prendre dans les pays en développement marqués par la crise – notamment la libre circulation des marchandises et des capitaux.

[2] Asselain constate que la période libre-échangiste pourrait bien commencer, en France, vers1840-1850 et non en 1860 et que le caractère protectionniste des politiques commerciales du début du XXe siècle mérite d'être nuancé.

[3] Lors de la neuvième Conférence ministérielle de l'OMC, qui s'est tenue à Bali, en Indonésie, du 3 au 7 décembre 2013, les ministres ont adopté le « paquet de Bali ». Cet ensemble de décisions visait à simplifier les procédures commerciales, à offrir aux pays en développement une plus grande flexibilité en matière de sécurité alimentaire, à stimuler le commerce des pays les moins avancés et, de manière générale, à promouvoir le développement économique. En outre, plusieurs décisions de routine ont été adoptées et le Yémen a été officiellement admis en tant que nouveau membre de l'OMC.

représente une avancée majeure dans la simplification et l'harmonisation des procédures douanières à l'échelle mondiale.

L'AFE existe principalement pour accélérer le mouvement, la mainlevée et le dédouanement des marchandises, y compris celles en transit. Pour atteindre cet objectif, il établit un cadre de coopération renforcée entre les administrations douanières et les autres autorités compétentes, favorisant ainsi une meilleure coordination et une plus grande transparence dans les opérations commerciales. Au-delà de la simplification des procédures, l'AFE accorde une attention particulière à l'assistance technique et au renforcement des capacités des pays en développement et des pays les moins avancés (PMA).

§.2. Histoire et évolution de l'administration douanière

Dans l'ancienne Perse, les droits de douane étaient perçus pour financer les dépenses publiques et protéger les artisans et commerçants locaux contre la concurrence étrangère. Cette pratique s'était répandue à travers les empires et les civilisations pour évoluer au gré des bouleversements géopolitiques et économiques.[1] Au Moyen Âge, l'affirmation des États-nations a propulsé l'administration douanière au rang d'instrument de souveraineté économique. En France, par exemple, l'administration douanière moderne a pris forme sous le règne

[1] Dans les empires antiques, tels que l'Empire romain ou l'Empire perse, les droits de douane étaient souvent perçus de manière ad hoc et variaient en fonction des marchandises et des routes commerciales. Au Moyen Âge, le système féodal et la fragmentation du pouvoir politique en Europe ont conduit à une multiplication des taxes et des droits de douane, prélevés par les seigneurs locaux et les villes sur les marchandises traversant leurs territoires. À partir de l'époque moderne, l'émergence des États-nations et le développement du commerce international ont favorisé la mise en place de systèmes de droits de douane plus centralisés et uniformes. Les gouvernements nationaux ont utilisé ces outils pour protéger leurs industries naissantes et promouvoir leurs intérêts économiques dans le cadre d'une concurrence accrue entre les puissances européennes.

de Colbert, qui codifia les règles et procédures douanières dans le cadre du mercantilisme[1].

En effet, la fin du XIXe siècle et le début du XXe siècle ont été marqués par une montée du protectionnisme, avec des droits de douane de plus en plus élevés pour protéger les industries nationales face à la concurrence internationale. Cependant, la Seconde Guerre mondiale et ses lendemains ont entraîné un mouvement de libéralisation des échanges commerciaux, symbolisé par la création du GATT[2] en 1947.

L'histoire atteste que la douane a longtemps été une source de revenus majeure pour de nombreux États. En remontant le cours de l'histoire, on observe que la pratique de prélever des taxes sur les marchandises traversant les frontières remonte à l'Antiquité. La Sainte Bible, dans ses récits de l'organisation socio-économique sous l'Empire romain, mentionne Matthieu comme percepteur des droits de douanes dans la ville de Capernaüm.[3]

L'Empire romain avait mis en place un système fiscal sophistiqué englobant divers impôts, dont les droits de douane, les taxes d'octroi et

---

[1] Le mercantilisme est une doctrine économique qui prône le développement économique de la nation par le commerce extérieur, en considérant celui-ci comme un « jeu à somme nulle », ce qui a pour conséquence l'adoption de politiques protectionnistes. En effet, du milieu du XVIe siècle et jusqu'à la fin du XVIIe siècle, apparaît un courant d'idées économiques qui sera baptisé « mercantilisme ». Pour les auteurs qui se rattachent à cette école, tels que Petty, Bodin, Montchrestien, l'économie est avant tout au service du pouvoir politique (ce qui fera dire au XXe siècle à François Perroux que « le mercantilisme, c'est l'économie politique au service de la politique ».

[2] Accord général sur les tarifs douaniers et le commerce signé le 30 octobre 1947 et entrée en vigueur le 1er janvier 1948.

[3] Il y a très longtemps qu'on recourt à l'impôt sous une forme ou une autre pour financer les services des gouvernements, des fonctionnaires et aussi des prêtres. Au nombre des impôts ou taxes levés dans l'Antiquité figurent la dîme, le tribut, le droit de passage, l'impôt par tête ou de capitation, la taxe sur les biens de consommation, sur les exportations et les importations ainsi que sur les biens transportés par les marchands à travers un pays. Bien que la Sainte Bible ne mentionne pas spécifiquement les droits de douane, elle fait état d'autres formes de taxation, comme le tribut payé à César (Matthieu 22:15-22) et la taxe du temple (Matthieu 17:24-27). Ces impôts indiquent que le concept de taxation était familier aux gens de l'époque de Jésus et que des droits de douane existaient probablement également. L'un des apôtres de Jésus, Matthieu, était percepteur d'impôts avant de suivre Jésus (Matthieu 9:9-13). Les percepteurs d'impôts étaient généralement employés par le gouvernement romain pour collecter les impôts, y compris les droits de douane. Cela suggère que les droits de douane faisaient partie du système économique dans lequel Jésus vivait

les péages. Ce système comprenait également des taxes sur les affranchissements, les successions, les ventes de produits comestibles et même le commerce d'esclaves. Après la conquête de la Gaule (58 à 51 av J.C), Rome introduit les droits de douane à l'entrée de ce territoire. Des postes douaniers (portoria[1]) sont installés aux frontières (Saint Bertrand de Comminges) et dans les ports. Un centre de commandement est situé à Lugdunum (Lyon). Ce nouvel impôt nommé le « Quarantième des Gaules », soit 2,5 % de la valeur, coexiste avec les portoria perçus dans les autres parties de l'Empire romain. Il s'agit là de la première administration douanière gallo-romaine.[2]

Section II. Cadre juridique

§.1. Droit douanier vs. Droit de la douane

Ces deux expressions sont souvent employées de manière interchangeable car elles recouvrent des réalités juridiques distinctes, bien qu'étroitement liées. Le droit douanier au sens strict désigne l'ensemble des règles juridiques régissant les échanges de marchandises à la frontière[3]. Il se concentre principalement sur les aspects fiscaux et économiques de ces échanges. Autrement dit, il détermine les droits et taxes à acquitter lors de l'importation ou de l'exportation de biens. Ces droits, appelés droits de douane ou tarifs douaniers, sont des impôts perçus par l'État sur les marchandises franchissant une frontière. Ils visent à protéger l'industrie nationale, à générer des revenus pour l'État et à réguler le commerce international.

Par contre, le droit de la douane, quant à lui, a une portée plus large. Il englobe l'ensemble des règles applicables aux opérations douanières.

---

[1] Les portoria sont dans la Rome antique les perceptions faites au titre des droits de port, des droits de douanes ou de péage.

[2] On observe une altération de la nature douanière des portoria qui tendent alors à se transformer en droits de circulation au sein même de l'Empire. Ainsi, l'octavia, soit 12,5 % de la valeur, qui apparaît au IVe siècle est perçu non seulement aux frontières mais également aux limites des circonscriptions fiscales. On observe la même tendance pour l'Empire Romain d'Orient et ce, jusqu'à sa chute en 476 après J.C. Les impôts douaniers ont repris l'appellation grecque de teloneion et leur recouvrement est confié à des fermiers.

[3] Claude J. Berr, Henri Trémeau, le droit douanier communautaire et national, Paris, 2004, p.19.

Cela inclut non seulement les aspects fiscaux (les droits de douane), mais également les procédures à suivre pour déclarer les marchandises, les contrôles exercés par les autorités douanières, les sanctions applicables en cas d'infraction, ainsi que les régimes douaniers (entreposage, transit, etc.).

Par ailleurs, le choix du terme "Code des douanes" par le législateur congolais s'explique par la volonté de souligner la nature complexe et multidimensionnelle de la réglementation douanière. En effet, cette législation ne se limite pas aux aspects purement fiscaux (droits de douane), mais englobe également les procédures, les contrôles, les sanctions et les régimes douaniers. Ainsi, le terme "douanes" reflète mieux la globalité de cette réglementation. Sans entrer dans les nuances sémantiques, nous avons privilégié l'emploi du terme "droit douanier" pour l'étude présentée dans cet ouvrage.

§.2. La place du droit douanier dans l'arsenal juridique congolais

Le droit douanier est intrinsèquement lié à un vaste réseau de disciplines juridiques. Son caractère transversal, qui touche à la fois le commerce international, le droit fiscal, le droit des sociétés et bien d'autres, en fait une matière complexe et riche en transdisciplinarité[1]. Placer le droit douanier au sein de la classification traditionnelle de la *summa divisio*[2] peut s'avérer complexe. Son champ d'application est si vaste qu'il emprunte des notions et des outils à de nombreuses disciplines. Néanmoins, pour certains, le droit douanier peut être considéré comme une branche du droit fiscal, branche du droit public.

Il est indéniable que le droit douanier trouve ses fondements dans le droit du commerce international. La notion de libre-échange, qui sous-tend les échanges commerciaux mondiaux, est au cœur des préoccupations du droit douanier. En République Démocratique du Congo, le commerce international est un véritable moteur de l'économie et impacte profondément la vie de chaque citoyen. La position stratégique du pays, notamment en tant que premier exportateur

---

[1] Pour Garcia, la transdisciplinarité cherche la rencontre entre les disciplines et les non disciplines, entre les différents types de savoirs inclus dans toute action humaine.

[2] La *Summa divisio* est l'expression latine signifiant « la division la plus élevée » ou « la séparation fondamentale ». En droit, cette notion désigne la séparation fondamentale entre deux grandes catégories de droit : le droit public et le droit privé.

mondial de cobalt[1], ainsi que la diversité de ses ressources naturelles, en font un acteur incontournable des échanges mondiaux. Les entreprises, grandes et petites, ainsi que les populations congolaises sont intimement liées au commerce international.

Pour certains, le droit douanier, bien qu'indéniablement ancré dans le droit public, présente un caractère hybride et peut se positionner comme une branche du droit économique. Son rôle est essentiel dans la politique économique de l'État, puisqu'il lui permet de contrôler les flux de marchandises, de protéger les industries nationales et de générer des recettes fiscales. Ce qui reste vrai, le droit douanier et le droit fiscal sont étroitement liés. Les droits de douane, qui constituent une source importante de recettes publiques, sont des impôts indirects perçus sur les marchandises importées ou exportées. Les règles de détermination de la valeur en douane et de calcul des droits et taxes sont ainsi intimement liées aux principes généraux du droit fiscal.

Le transport des marchandises étant indissociable du commerce international, le droit douanier et le droit des transports sont aussi étroitement liés. Les différents modes de transport (maritime, aérien, terrestre) et les conventions internationales qui les régissent ont une incidence directe sur les procédures douanières. Par exemple, la notion de fret, qui représente le coût du transport, est un élément essentiel pour la détermination de la valeur en douane et, par conséquent, pour le calcul des droits et taxes à l'importation tout comme à l'exportation.

Les sociétés commerciales sont des acteurs indépassables du commerce international. Leurs activités d'importation et d'exportation les confrontent directement aux règles du droit douanier. La législation douanière a d'ailleurs reconnu ce rôle central en instituant des statuts spécifiques pour les opérateurs économiques les plus fiables, tels que les opérateurs économiques agréés (OEA).

Le droit douanier comporte également un volet pénal qui sanctionne les infractions aux règles douanières, telles que la fraude et la contrebande. Les sanctions pénales, qui peuvent être lourdes, ont un caractère dissuasif et visent à garantir le respect des réglementations douanières. En cas de litige, les opérateurs économiques peuvent saisir

---

[1] D'après l'Institut d'études géologiques des États-Unis, la RDC demeure le premier producteur mondial de cobalt, avec 170.000 tonnes extraites en 2023, représentant près de 75 % de la production mondiale.

les juridictions compétentes ou les commissions de règlement des litiges douaniers.

Le droit douanier entretient des liens étroits avec les finances publiques. Les droits de douane, qui sont des impôts indirects perçus sur les marchandises importées ou exportées, constituent une source de revenus non négligeable pour l'État. L'administration douanière joue ainsi un rôle essentiel dans l'alimentation du trésor public.

Ainsi pour dire, le droit douanier se situe au carrefour de plusieurs branches du droit. Par exemple, les relations entre le droit douanier et le droit bancaire sont de plus en plus étroites. Les opérations douanières impliquent souvent des transactions financières importantes, notamment pour le paiement des droits et taxes. La législation financière, telle que les dispositions relatives aux tiers détenteurs, encadre ces opérations.

§.3. La législation douanière

La question de la législation douanière nous renvoie inévitablement à l'identification des normes juridiques qui régissent les activités à l'import-export. En effet, pour comprendre les règles qui s'appliquent aux échanges de marchandises à travers les frontières, il est essentiel de connaître les sources du droit douanier, qu'elles soient internationales, communautaires ou nationales.

Au niveau international, le droit douanier est encadré par l'Organisation mondiale des douanes (OMD) et l'Organisation mondiale du commerce (OMC). En tant que membre de l'OMC depuis 1997[1], la République démocratique du Congo (RDC) est tenue d'appliquer les normes et instruments juridiques élaborés par ces deux organisations. Parmi les nombreux instruments juridiques internationaux en matière douanière, on peut citer les conventions suivantes:

- la Convention de Kyoto révisée (le 3 février 2006) ;
- Accord de l'OMC sur l'évaluation en douane (1995)[2] ;
- Accord de l'OMC sur les règles d'origine (1995).

---

[1] La RDC est membre originel de l'OMC depuis le 1er janvier 1997, après avoir appliqué le GATT depuis le 11 septembre 1971.

[2] Accord sur la mise en œuvre de l'article VII de l'accord général sur les Tarifs Douaniers et le commerce de 1994.

Au niveau régional, les accords de libre-échange et les unions douanières créent des zones de commerce préférentiel où les droits de douane sont réduits ou supprimés entre les États membres. La principale source de droit douanier à ce niveau est :

- Accord portant création de la Zone de libre-échange continentale africaine signé le 21 mars 2018 ;

Au niveau national, l'ordonnance-loi n° 10/002 du 20 aout 2010 portant code des douanes est la principale loi régissant les opérations douanières en République démocratique du Congo. Pour compléter le code des douanes, le législateur congolais a recours à divers autres textes législatifs et réglementaires, tels que :

- Les lois de finances ;
- Le tarif douanier ;
- Les décrets et arrêtés ministériels ;
- Les autres lois sectorielles comme celles régissant les mines, les hydrocarbures ou l'agriculture ;

Au-delà de ces sources de droit douanier susmentionnées, il faut également considérer les décisions du Directeur Général de la DGDA et les autres instructions, notamment les notes de service.

Section III. Les mécanismes de facilitations des échanges

§.1. Histoire, crise et ambition africaine du libre-échange

Depuis 1945, le libre-échange fut ardemment promu, notamment par les États-Unis et leurs alliés d'Europe occidentale, comme un instrument essentiel à la pacification des relations internationales. Le traumatisme des années 1930, marquées par un protectionnisme jugé responsable, en partie, du déclenchement de la Seconde Guerre mondiale, guida cette conviction. L'objectif était clair : favoriser la paix par l'interdépendance économique, facilitée par un abaissement progressif des barrières douanières. Cette vision donna naissance en 1947 au *General Agreement on Tariffs and Trade (GATT)*, un traité commercial qui évolua pour devenir une organisation internationale coordonnant des cycles majeurs de négociations tarifaires[1].

Cette politique de développement des échanges s'avéra un succès retentissant. Le commerce mondial de marchandises, reflet de cette libéralisation, passa d'environ 17 % du PIB mondial dans les années 1960 à près de 30 % dans les années 1980, pour atteindre environ 45 % depuis 2005. L'accélération fut particulièrement notable dans les années 1990, portée par la fin de la guerre froide. Le GATT fut alors transformé en 1995 en Organisation mondiale du commerce (OMC), un symbole fort de l'intensification de la mondialisation, marquée notamment par l'adhésion de la Chine en 2001[2]. Cette période fut celle d'un enthousiasme sans précédent pour le libre-échange parmi une large partie des élites, nourrie par l'idée que le commerce transcenderait les frontières et rendrait les conflits majeurs obsolètes, une vision popularisée par des ouvrages comme *La Terre est plate* de Thomas Friedman.

Cependant, l'ambiance a radicalement changé depuis. Le revirement le plus spectaculaire est venu des États-Unis, autrefois fer de lance du libre-échange. Sous la présidence de Donald Trump, l'arme douanière a été réhabilitée pour protéger l'industrie nationale, comme en témoignent les taxes imposées sur l'aluminium et l'acier chinois. En Europe, la critique du libre-échange, longtemps cantonnée aux partis radicaux, a gagné en légitimité. Alors qu'en 2017, Emmanuel Macron brandissait l'anathème "Le protectionnisme, c'est la guerre !", les discours se sont nuancés. Désormais, la défense du libre-échange se fait plus timide, souvent par la seule mise en garde contre les risques de représailles en cas de retour du protectionnisme. Lors des élections européennes de 2019, le terme même de "libre-échangisme", connoté négativement, fut dénoncé comme une idéologie, tandis que le protectionnisme retrouvait une justification au nom de la solidarité ou de l'écologie. Ce changement de perspective offre l'opportunité d'une évaluation plus complexe et nuancée de la relation entre commerce international et paix.

---

[1] Les quatre piliers du GATT sont l'élimination des quotas, l'abandon progressif des droits de douane, la clause de la nation la plus favorisée pour tous les partenaires et la non-discrimination des marchandises étrangères.

[2] Thomas L. Friedman, The World is Flat : A Brief History of the Twenty-first Century, Farrar, Straus and Giroux, New York, 2005.

Pendant que le débat global sur le libre-échange évolue, le continent africain poursuit son propre chemin vers l'intégration économique, un objectif de longue date enraciné dans l'idéal panafricain. Le Traité d'Abuja de 1991 a formalisé cette ambition en jetant les bases d'une Communauté économique africaine (CEA)[1], visant l'élimination progressive des barrières commerciales pour créer un marché continental unique. Des communautés économiques régionales (CER) ont été établies – comme le COMESA, la CEDEAO, la CAE, la SADC[2], la CEMAC[3] ou la SACU – agissant comme des piliers de cette intégration[4]. Malgré des avancées notables, telle la réduction significative des coûts de télécommunication dans la CAE grâce à une zone de réseau unique, des obstacles majeurs persistent[5]. Le commerce intra-africain demeure faible, représentant seulement 14 % des échanges du continent, loin derrière d'autres régions (plus de 60 % en Europe et en Asie). Cette situation s'explique par des infrastructures insuffisantes (coûts élevés du transport, réseaux limités), une mise en œuvre perfectible des accords, et un manque de mécanismes de suivi efficaces pour garantir le respect des engagements.

---

[1] L'Afrique est le premier continent à créer, en 1991, une communauté économique regroupant l'ensemble des Etats, alors qu'il est le dernier à émerger sur la scène internationale, puisque la majeure partie des pays africains étaient encore des territoires coloniaux au début des années 60.

[2] Kazadi Mpiana Joseph, Cours de Droit communautaire économique africain, L2 Droit, UPL, 2021– 2022, p. 366.

[3] La zone de libre-échange de la CEMAC est opérationnelle depuis 1998 avec effectivité du démantèlement des barrières tarifaires et non tarifaires sur le commerce entre les Etats membres. Les mesures suspensives du tarif préférentiel généralisé prises par la RCA en 2005 en application UEAC/CEMAC ont fait l'objet d'une notification de levée en décembre 2007.

[4] La SACU est la plus ancienne union douanière existante au monde. Elle a été créée en 1910 sous le nom de *Customs Union Agreement* entre l'Union sud-africaine et les Hauts-Commissariats des territoires du Bechuanaland, du Basutoland et du Swaziland. L'Union douanière d'Afrique australe (en anglais : *Southern African Customs Union*, SACU ; en afrikaans : *Suider-Afrikaanse Doeane-unie*, SADU) est une union douanière regroupant cinq pays d'Afrique australe. Bien qu'elle ait été créée en 1910, le traité actuel date de 2002. Les États membres sont : l'Afrique du Sud, le Botswana, le Lesotho, la Namibie et l'Eswatini.

[5] Daniel Bach, « Régionalismes, régionalisation et globalisation », dans Mamoudou Gazibo et Céline Thiriot (dir.), *Le politique en Afrique : État des débats et pistes de recherche,* Paris, Karthala, 2009, p. 351.

C'est dans ce contexte que la Zone de libre-échange continentale africaine (ZLECAf), lancée en 2019 avec son siège à Accra, représente un nouvel élan majeur. Héritière de l'ambition du Traité d'Abuja mais conçue pour surmonter les difficultés passées, la ZLECAf vise à créer le plus vaste marché libre du monde, englobant 1,3 milliard de personnes et un PIB combiné de 3 400 milliards de dollars. En s'attaquant à l'élimination des droits de douane sur 90 % des produits et en facilitant la circulation des biens et services, elle incarne l'espoir d'une transformation structurelle pour l'économie africaine, capable de renforcer les liens commerciaux internes et de stimuler le développement[1].

§.2. Intégration de la ZLECAf dans l'ordre juridique congolais

Depuis la ratification par la République démocratique du Congo de l'Accord portant création de la Zone de libre-échange continentale africaine (ZLECAf) en février 2019, de nombreuses interrogations se posent quant à l'impact de cet accord sur le droit douanier congolais. En effet, la ZLECAf introduit de nouvelles règles qui peuvent entrer en conflit avec la législation nationale existante. Il est donc légitime de se demander si les engagements internationaux pris par la RDC priment sur son droit interne, notamment en matière douanière.

Le caractère moniste du droit congolais, consacré par l'article 215 de la Constitution[2], implique en principe que les traités et accords internationaux ratifiés et publiés ont une valeur supérieure aux lois nationales. Ainsi, les dispositions de la ZLECAf devraient, en principe, s'appliquer directement en droit congolais et prévaloir sur les règles douanières nationales qui leur sont contraires. Toutefois, les articles 214 et 216 de la Constitution apportent certaines nuances à ce principe. Ils prévoient que les traités internationaux doivent être conformes à la

---

[1] Pieter Fourie et Brendan Vickers, « African Economic Pragmatism, NEPAD and Policy Prostitution », *Africa Insight*, vol. 33, n° 3, septembre 2003, p. 13-15.

[2] Article 215 de loi n° 11/002 du 20 janvier 2011 portant révision de certains articles de la Constitution de la République Démocratique du Congo du 18 février 2006 : « *Les traités et accords internationaux régulièrement conclus ont, dès leur publication, une autorité supérieure à celle des lois, sous réserve pour chaque traité ou accord, de son application par l'autre partie.* »

Constitution et qu'une loi d'habilitation peut être requise pour leur application.

Les États parties s'engagent à une élimination progressive des barrières tarifaires et non-tarifaires qui entravent le libre-échange des marchandises. Cela signifie qu'ils s'accordent à réduire progressivement, voire à supprimer totalement, les droits de douane, les taxes et les quotas qui alourdissent le coût des produits importés et exportés. De même, les obstacles non tarifaires, tels que les normes techniques, les procédures administratives complexes ou les restrictions sanitaires et phytosanitaires, doivent être simplifiés et harmonisés afin de faciliter les échanges commerciaux.[1]

Par ailleurs, les États parties conviennent de libéraliser progressivement le commerce des services. Cette libéralisation englobe une vaste gamme de services, tels que les services financiers, les télécommunications, les transports, le tourisme et les services professionnels. En outre, les États membres s'engagent à coopérer dans des domaines clés tels que l'investissement, les droits de propriété intellectuelle et la politique de concurrence.

Section IV. Panorama évolutif de la douane en RDC

§.1. Avant La Colonisation

L'histoire de l'administration douanière congolaise débute le 15 décembre 1885 avec l'instauration de droits de sortie sur les exportations de produits agricoles et animaux. En effet, elle trouve ses racines dans l'Acte général de Berlin[2] du 26 février 1885. Cet acte

---

[1] Ngoy Ndjibu Laurent, Cours de Relations économiques internationales, L1 Droit public, Unilu, 2016–2017, p.29.

[2] La conférence de Berlin marqua l'organisation et la collaboration européenne pour le partage et la division de l'Afrique. Aussi connue comme la conférence de l'Afrique de l'Ouest, elle s'ouvrit le 15 novembre 1884 à Berlin et finit le 26 février 1885. À l'initiative du chancelier Otto von Bismarck, l'Allemagne, l'Autriche-Hongrie, la Belgique, le Danemark, l'Empire ottoman, l'Espagne, la France, le Royaume-Uni, l'Italie, les Pays-Bas, le Portugal, la Russie, la Suède-Norvège ainsi que les États-Unis y participèrent.

historique transforma l'État Indépendant du Congo (EIC)[1] en une possession personnelle du Roi Léopold II de Belgique, ouvrant la voie à une période controversée connue sous le nom de régime léopoldien. L'acquisition du bassin du Congo par Léopold II résulte d'un concours de circonstances exceptionnelles et de l'esprit visionnaire du souverain belge. Son génie diplomatique et son alliance avec l'explorateur anglo-américain Henry Morton Stanley lui permirent de naviguer dans les rivalités coloniales de l'époque et de s'imposer comme acteur incontournable dans la région.

La reconnaissance internationale de la souveraineté de l'AIC, puis de l'EIC, s'appuie sur trois facteurs clés :

- L'engagement d'un État sans douane ;
- Le droit de préférence accordé à la France;
- La préférence pour une nation neutre.

En effet, contrairement aux pratiques coloniales de l'époque, Léopold II promit de créer un État où les échanges commerciaux ne seraient pas entravés par des droits de douane élevés. En 1884, Léopold II accorda à la France un droit de préférence sur les territoires du futur EIC. Cette concession diplomatique rassura la France, rivale potentielle de la Belgique, et contribua à apaiser les tensions coloniales. Le Royaume-Uni, la France et, dans une moindre mesure, la Prusse[2], préférèrent confier le contrôle du Congo à une petite nation neutre comme la Belgique plutôt qu'à un concurrent direct dans la course à l'impérialisme. Cette décision visait à préserver l'équilibre des pouvoirs en Europe et à éviter des conflits coloniaux majeurs.[3]

Par ailleurs, l'histoire de la douane congolaise est également marquée par un paradoxe dès ses origines. Alors que l'Acte général de Berlin de 1885, acte fondateur de l'État Indépendant du Congo (EIC), prônait un régime de liberté commerciale dans le bassin du Congo, le Roi Léopold II de Belgique implémenta une politique commerciale restrictive au profit de ses intérêts personnels et de ceux de la Belgique.

L'article 13 des résolutions de la Conférence de Berlin spécifiait clairement l'organisation d'un régime de liberté commerciale dans le

---

[1] Cornelis, S. Stanley au service de Léopold II : La fondation de l'Etat Indépendant du Congo (1878-1885). In Cornelis, S. (Ed), H.M Stanley : Explorateur au service du Roi pp. 41-60. Tervuren : Royal Museum for Central Africa. : 53-54.

[2] Ancien duché et royaume d'Europe. Son territoire le plus étendu était à cheval sur l'Allemagne, la Pologne et la Lituanie.

[3] Bulletin officiel de l'Etat Indépendant du Congo, années 1885 et 1886.

bassin du Congo. Cet article constituait l'un des fondements de la création de l'EIC. Malgré cet engagement solennel, Léopold II, animé par des ambitions coloniales démesurées et par la recherche du profit, s'affranchit des principes de libre commerce. Il établit un système douanier restrictif afin de réguler le commerce et maximiser les recettes fiscales au profit de l'EIC et de ses intérêts personnels.

La mise en place de droits de sortie sur les exportations de l'ivoire, du caoutchouc et de certains produits agricoles le 2 juillet 1890 marque l'avènement officiel de l'Administration douanière au Congo.[1] Cette mesure, en contradiction flagrante avec l'article 13 de la Conférence de Berlin, limita considérablement la liberté de commerce promise et entrava l'accès équitable aux ressources congolaises pour les autres nations. Au début du XXe siècle, le contexte politique et colonial international évoluait rapidement. Le Congo, sous le régime léopoldien, faisait l'objet de critiques croissantes, notamment de la part du Royaume-Uni, qui convoitait la région.

En 1900, la *Congo Reform Association*[2], une organisation internationale créée à l'initiative du Royaume-Uni, lança une campagne pour mobiliser l'opinion publique internationale contre le régime léopoldien. Sous le prétexte de dénoncer l'esclavage persistant au Congo, cette campagne avait pour objectif réel de pousser au partage du Congo entre les puissances coloniales, dont la Grande-Bretagne. La campagne de la Congo Reform Association omettait délibérément les efforts déployés par la Belgique pour lutter contre l'esclavage dans la région. En effet, des campagnes militaires victorieuses avaient été menées par les troupes belges contre les esclavagistes arabes, en application des accords de Berlin. Face aux pressions internationales croissantes et à la convoitise du Royaume-Uni, le Parlement belge se résolut à changer de stratégie. En 1908[3], un an avant la mort du Roi Léopold II, la Belgique annexa officiellement le Congo.

[1] Sophie Zala LIHAU N'KANZA, les origines du sous-développement politique au Congo « De Padroado à la loi fondamentale » (1482-1960), PUZ, Kinshasa, 1985, p. 175.

[2] La Congo Reform Association, une association se déclarant défenseur des intérêts et des droits des travailleurs indigènes de l'Etat Endépendant du Congo, est fondée en mars 1904 par Henry Grattan Guinness, Edmund Dene Morel et Roger Casement.

[3] Jean Stregers, La Fondation de l'Etat indépendant du Congo, Liège, Université de Liège, coll. « L'histoire aujourd'hui », p.5.

L'annexion du Congo par la Belgique permit au pays de garantir officiellement l'intégrité de sa conquête. L'administration de l'ex-État Indépendant du Congo se transforma en administration belge, avec pour objectif d'effacer l'image du régime léopoldien, souvent qualifié de tyrannique et d'exploiteur des populations congolaises. La campagne de communication orchestrée par la Belgique mettait en avant la diversité du personnel colonial, comptant plus de dix nationalités parmi les "coloniaux" de l'époque. Cependant, cette communication omettait les exactions commises sous le régime léopoldien et ne rendait pas compte de la réalité brutale de la colonisation.

En 1919, la Convention de Saint-Germain-en-Laye octroie à la Belgique la liberté de fixer les droits d'entrée et de sortie sur les produits congolais. Afin de mettre en œuvre cette nouvelle liberté tarifaire et de structurer l'administration douanière congolaise, la loi du 20 octobre 1919 crée l'Office Douanier Colonial (ODC). Basé à Anvers, l'ODC est chargé de la gestion des frontières douanières, de la perception des droits de douane et du contrôle des flux commerciaux.[1] La loi du 5 juillet 1920 va renforcer l'autonomie douanière du Congo belge en lui reconnaissant le droit de fixer librement sa taxation. En 1923, un nouveau tarif douanier est promulgué par Décret du 3 décembre. Parallèlement, afin de coordonner les différents textes régissant le fonctionnement de l'ODC, le Décret du 29 Janvier 1949 et l'Ordonnance n°33-9 du 6 Janvier 1950 sont promulgués.

Au cours de la période coloniale belge (1908-1960), la douane congolaise a dû faire face à des défis liés à la fraude douanière. Face à l'augmentation des tentatives de contournement des réglementations et des taxes, il est apparu nécessaire de renforcer les mécanismes de contrôle et de lutte contre la fraude. Jusqu'en 1926, la police administrative, chargée de la surveillance des frontières et de la lutte contre la fraude, était une branche de la Force Publique, corps militaire assurant le maintien de l'ordre colonial.

En 1926, un tournant important est franchi avec la création d'un corps de police administrative par Décret du 22 Novembre 1926. Ce corps, doté d'une plus grande autonomie par rapport à la Force Publique, permet à la douane de mieux se concentrer sur ses missions spécifiques de contrôle des flux commerciaux et de lutte contre la fraude. L'Ordonnance n°33/245 du 31 Juillet 1949 transforme le corps de police

---

[1] GUYOMAR, A., Economie et Gestion, Ed. Sirey, Paris, 1995, p. 26.

administrative en Garde-frontières, véritable précurseur de la Brigade douanière moderne. La Garde-frontières était placée sous la responsabilité directe de l'Administration douanière, renforçant ainsi l'autonomie et l'efficacité de la lutte contre la fraude. Ses missions principales étaient clairement définies :

- Contribuer à la surveillance générale des frontières ;
- Rechercher et constater tous les actes contraires aux lois, décrets, ordonnances, arrêtés et règlements en matière douanière;
- Dépister les tentatives de fraude et d'évasion fiscale.

Si l'histoire officielle de la douane congolaise débute à la fin du XIXe siècle, l'introduction des droits de consommation, également connus sous le nom droit d'accises[1], ne survient qu'environ quatre décennies plus tard. Les premiers décrets instituant des droits de consommation en douane congolaise sont promulgués dans les années 1930. Le Décret du 25 mars 1930 a marqué le début de cette nouvelle taxation, suivi par les Décrets du 22 février 1931 et du 18 mars 1931.[2]

En 1949, le Décret du 5 janvier vient réglementer les taux d'imposition des produits importés. Ce régime des droits de consommation, basé sur des droits spécifiques, ne concernait initialement que trois catégories de produits, notamment les boissons alcooliques, qu'elles soient importées ou fabriquées localement, les tabacs, également importés ou fabriqués au Congo Belge et les huiles minérales.

§.2. La douane post coloniale

L'histoire de la douane congolaise ne se limite pas à la période coloniale[3]. Il est important de souligner que l'essentiel de l'arsenal juridique actuel de la douane congolaise trouve ses racines dans la période coloniale. Le Code douanier et les dispositions légales et réglementaires qui l'accompagnent sont en grande partie issus de cette époque.

---

[1] Le droit d'accise est un impôt indirect perçu sur la consommation, parfois aussi le seul commerce de certains produits, en particulier le tabac, l'alcool et le pétrole et ses dérivés.

[2] AFOTO Jean ELENGA-di-OKANGA, Lutte contre la fraude douanière en RDC, Edition l'Harmattan RDC, Kinshasa, 2010, p.74

[3] GUYOMAR, A., Op. Cit ; p. 124.

Jusqu'en 2010, le régime douanier congolais était régi par le Décret (colonial) du 29 janvier 1949 et l'Ordonnance n°33-9 du 6 janvier 1950 portant mesures d'application dudit Décret. En 2010, une étape importante a été franchie avec la promulgation de l'Ordonnance-Loi n°10/002 du 20 août 2010 portant Code des douanes. Ce nouveau Code, complété par le Décret n°011/46 du 24 décembre 2011 portant mesures d'application de ladite Ordonnance-Loi, a permis de moderniser la législation douanière congolaise et de l'adapter aux exigences du commerce international contemporain.[1]

Le Décret (colonial) de base de 1949 a subi de nombreuses modifications au fil du temps, afin de l'adapter aux évolutions du commerce international et aux nouvelles réalités économiques du Congo. Si la législation douanière congolaise a connu des évolutions importantes depuis l'indépendance, l'organisation structurelle de l'administration douanière est restée relativement stable. Au lendemain de l'accession des Congolais à la direction politique du pays, de sérieuses difficultés surgirent par rapport au transfert de l'ensemble de l'appareil douanier aux autorités congolaises. Le service douanier qui, à cette période, fut organisé en OCD[2], commença à présenter un dysfonctionnement. Car, à l'export comme à l'import, toutes les marchandises ne sont déclarées qu'au port d'Anvers (Belgique) où toutes les formalités et opérations de dédouanement sont effectuées. A cela s'ajoute le refus pour le gouvernement belge de rétrocéder des devises au Congo. Devant cette situation de crise, les autorités du Congo « indépendant » prirent, le 1er juillet 1962, la décision de supprimer l'OCD et de réorganiser l'institution douanière au Congo en direction des douanes placée sous la tutelle du ministre des finances.

C'est ainsi que les ordonnances ci - dessous libellés furent signées :

- L'ordonnance - loi du 24 mai 1962 portant création de la Brigade Douanière ;
- L'ordonnance - loi du 13 janvier 1964 portant création au sein de la douane d'un service de recherche des infractions en matière douanière ;

[1] Alain Tenday Lupumba, « Les Procédures de dédouanement en RDC, l'expérience du guichet unique au poste de Matadi », L'Harmattan, p. 48.
[2] Office Douanier Colonial.

- L'ordonnance - loi du 4 septembre 1964 portant création et organisation de la Brigade financière, en vue d'un bon fonctionnement du service douanier.

a) La première tentative de la Brigade Financière (1962)

En 1962, l'Ordonnance n°77 du 22 Mai, en application du Décret du 22 Novembre 1926, a institué la Brigade financière. Cependant, la coexistence de la Brigade financière et des Gardes-frontières, déjà chargés du contrôle des frontières, a engendré des frictions et des confusions quant à leurs attributions respectives. En 1964, l'Ordonnance-Loi n°14 du 23 Janvier a permis de remédier à ces difficultés en créant, au sein de la Direction des douanes du Ministère des Finances, un Service de recherche des infractions douanières et financières. En 1970, le Service de recherche des infractions douanières et financières a été transformé en Brigade de la recherche.

L'aboutissement de ce processus est intervenu en 1978 avec l'Ordonnance n°78-302 du 6 janvier portant création de la Brigade douanière. Dans l'accomplissement de ses missions de surveillance des frontières, de lutte contre la fraude et de protection du patrimoine, la Brigade douanière congolaise ne travaillait pas isolément. Elle collaborait étroitement avec d'autres services étatiques et, si nécessaire, pouvait solliciter l'appui de la police nationale[1] ou des forces armées, les services de renseignements, les services de lutte contre la corruption et les administrations chargées de la protection de l'environnement et de la santé publique[2].

Sur autorisation du Directeur de la Brigade ou du Directeur Provincial selon le cas, les services de la Brigade pouvaient apporter leur concours aux services étatiques de Sécurité. Cela se traduisait par

---

[1] La Police Nationale Congolaise trouve son origine dans les troupes territoriales appelées gendarmerie, créées par l'ordonnance législative N°08/88 du 11 mai 1960 suite aux émeutes du 4 mai 1959, dans le but de restaurer l'ordre public. En 1971, suite au changement de nom du pays en Zaïre, elle fut intégrée aux Forces Armées Zaïroises. Après la délibération du 17 mai 1997 et le retour du nom de la République du Congo, l'armée fut renommée Police Nationale Congolaise. Il est à noter qu'avant cela, l'ordonnance loi n°72/031 du 31 juillet 1972 avait institué une gendarmerie nationale, suivie de la création de la Garde civile par l'ordonnance loi n° 84/036 du 28 août 1984. Actuellement, la PNC est régie par la LOI ORGANIQUE N°11/013 du 11 août 2011, qui a abrogé le décret-loi n° 002/01 de janvier 2002.

[2] Note de service N°DG/Cab/PDG/98/044 Portant structure et attributions de la Brigade douanière.

la participation à des opérations de surveillance, la mise à disposition d'experts en matière de fraude douanière ou l'utilisation des équipements spécialisés de la Brigade. En cas de besoin et sur autorisation du Directeur de la Brigade ou du Directeur Provincial selon le cas, la Brigade douanière pouvait requérir l'appui de la police nationale ou des forces armées pour la bonne exécution d'une mission qui lui est confiée.

b) L'Office des Douanes et Accises (OFIDA)

A l'indépendance du pays jusqu'au 15 mai 1979, la douane était organisée en un service public dépendant directement du Secrétariat Général aux Finances. Cependant, la désorganisation et l'inefficacité avaient vite gagné ce service avec, pour conséquence, un accroissement de la fraude et une baisse substantielle des recettes. Pour remédier à cette situation, il était nécessaire de restructurer le service de douane avec l'appui des partenaires extérieurs dont les institutions de Bretton Woods[1]. Dans ce contexte, le FMI[2] et la Banque mondiale, avaient imposé à la République Démocratique du Congo la mise en œuvre de programmes d'ajustement structurel. Ces programmes, conditionnés à l'octroi de prêts, visaient à stabiliser l'économie et à améliorer la gestion des finances publiques.

À cette époque, les services douaniers existaient sous l'appellation de « Corps des Grandes-Frontières », créé par l'ordonnance n° 33/245 du 31 janvier 1949, succédant à la « Section de Recherche et de

[1] Les accords de Bretton Woods, signés le 22 juillet 1944 à Bretton Woods (New Hampshire, États-Unis), ont redéfini le système financier international de l'après-Seconde Guerre mondiale. Issus de trois semaines de négociations intenses entre 730 délégués représentant 44 nations alliées. Deux institutions clés ont émergé de cette conférence :
La Banque internationale pour la reconstruction et le développement (BIRD), désormais connue sous le nom de Banque mondiale, et ses filiales : l'Association internationale de développement (IDA), la Société financière internationale (SFI), l'Agence multilatérale de garantie des investissements (MIGA) et le Centre international pour le règlement des différends relatifs aux investissements (CIRDI).
Le Fonds monétaire international (FMI).
Initialement, une troisième institution, dédiée au commerce international, était envisagée. Son aboutissement a été l'Organisation mondiale du commerce (OMC), créée en 1995 à l'issue des négociations du GATT (Accord général sur les tarifs douaniers et le commerce).
[2] Fonds Monétaire International

Surveillance Douanière », instaurée par l'ordonnance-loi n° 14 du 24 janvier 1964. Dans une volonté de nationaliser toutes les entreprises publiques, le 15 mai 1979, le président de la République du Zaïre, Mobutu Sese Seko, a signé l'ordonnance-loi n° 79/113, leur conférant ainsi une autonomie financière.

C'est à cette même date qu'a été créé l'Office des Douanes et Accises (OFIDA), actuel DGDA, par l'ordonnance n° 79-114, dont les objectifs et la mission sont restés traditionnels. Elle était dotée de la personnalité juridique et de l'autonomie de gestion, ce qui lui permettait de gérer ses propres ressources et d'exercer ses missions de manière plus indépendante.

En collaboration avec les services spéciaux tels que la Direction Générale de la Migration (DGM) et l'Agence Nationale de Renseignement (ANR), l'OFIDA contribuait à la sécurisation de l'espace économique de la zone OFIDA. Elle luttait contre les menaces telles que le terrorisme, le blanchiment de capitaux et le trafic de drogue en vue de protéger les intérêts économiques et la sécurité des États membres.

Dans le cadre d'une politique de protectionnisme, l'OFIDA[1] mettait en œuvre des mécanismes tarifaires. Ces mécanismes consistaient notamment à réduire les taxes à l'exportation pour certains produits, les rendant ainsi plus attractifs sur les marchés étrangers.[2] Trente ans après la création de l'OFIDA, des considérations d'ordre politique et économique ont conduit à une nouvelle réforme institutionnelle majeure. Le Décret n°09/43 du 03 décembre 2009 a supprimé l'OFIDA et créé, l'actuelle administration douanière, la Direction Générale des Douanes et Accises (DGDA).

---

1 Alexis S. THAMBWE-MWAMBA, droit douanier zaïrois, presse universitaire du Zaïre Kinshasa, 1996, p.38

2 BORDIN M, la survie économique et sociale des pays en voie de développement, Collection Hatier, Paris, 1973, p. 137.

Chapitre II. L'Administration Douanière Congolaise

Ce chapitre analyse l'administration douanière congolaise, avec un focus particulier sur la Direction Générale des Douanes et Accises (DGDA). Nous aborderons d'abord (Section I) le cadre institutionnel et juridique de la DGDA. Cette partie détaillera son statut de service public, les fondements légaux qui régissent son action et les contraintes inhérentes à ce cadre. L'objectif est de poser les bases de la légitimité et des limites de son fonctionnement. Ensuite (Section II), nous examinerons le fonctionnement opérationnel de la DGDA. Cette section analysera ses éléments structurants – ses missions principales, sa structure organisationnelle et sa zone d'intervention – avant de se pencher sur les mécanismes concrets de gestion, notamment pour la collecte des recettes douanières et les dispositifs de contrôle interne. Cette approche permettra de comprendre comment la DGDA s'organise et opère pour remplir ses fonctions.

Section I. Le cadre institutionnel et juridique de la DGDA

§.1. Le statut de service public

Jusqu'en janvier 2010, la Direction Générale des Douanes et Accises (DGDA) avait un statut d'entreprise publique[1], ce qui lui permettait de financer ses activités principalement grâce à une part des recettes qu'elle collectait elle-même.

Cependant, cette situation a changé. Depuis janvier 2010, la DGDA a été réintégrée au sein du Ministère des Finances. Elle fonctionne

[1] Aux termes de l'article 2 de la loi n°08/008 du 07 juillet 2008 portant dispositions générales relatives au désengagement de l'Etat des entreprises du portefeuille, il faut entendre pat entreprise publique : « *Toute entreprise du portefeuille de l'Etat dans laquelle l'Etat ou toute personne autre personne morale de droit public détient la totalité ou la majorité absolue du capital social.* »

désormais comme un service public de l'État[1], géré directement par l'administration sous la forme d'une "régie financière[2]". Concrètement, cela signifie qu'elle n'a pas de personnalité juridique distincte – elle n'est pas une entité légale indépendante comme pouvait l'être l'entreprise publique[3]. Sa gestion est assurée par le Ministère des Finances, sous la tutelle directe du Ministre concerné.

Il est important de noter que, même en étant une régie intégrée, la DGDA bénéficie d'une certaine autonomie dans sa gestion administrative et financière. Cette autonomie lui a été conférée par le décret n°09/43 du 3 décembre 2009, le même texte qui a officialisé sa succession à l'ancien Office des Douanes et Accises (OFIDA) [4].

§.2. Principes juridiques

Le régime juridique de la Direction Générale des Douanes et Accises (DGDA) s'articule autour de trois principes fondamentaux qui encadrent son action et garantissent son fonctionnement. Ces principes, souvent désignés sous le nom de "lois de Rolland"[5], (du nom du juriste qui les a formulés) sont au nombre de trois : le principe de continuité ; le principe d'adaptation ; le principe d'égalité.

a) Le principe de continuité

La continuité trouve sa justification dans un principe constitutionnel et politique, la permanence de l'Etat et dans une préoccupation sociologique : la nécessité d'éviter les désordres sociaux. Le principe de continuité s'analyse à plusieurs niveaux. La DGDA et son ministère de

---

[1] Le service public est une activité d'intérêt général, il est logique qu'il soit pris en charge par une personne publique. Il peut être géré soit directement par la collectivité (régie), soit confié à un établissement public. Avec la diversification des services publics, surtout ceux à caractère industriel et commercial, leur gestion a parfois été confiée à des personnes privées, soit exclusivement, soit en collaboration avec les autorités publiques. Ainsi, on distingue deux modes de gestion des services publics : par une personne publique ou par une personne privée.

[2] Félix VUNDUAWE te PEMAKO, Traité de droit administratif, éditions Larcier, Bruxelles, 2007, p.564

[3] Article 3 de la loi n°08/007 du 07 juillet 2008 portant dispositions générales relatives à la transformation des entreprises publiques.

[4] « Direction générale des douanes et accises Congo-RD », 17 décembre 2023.

[5] Les "lois de Rolland" font référence à un ensemble de principes fondamentaux qui ont façonné les services publics français au cours des siècles.

tutelle sont tenus d'en assurer le fonctionnement régulier et continu. Sous cet angle, l'obligation de l'Administration est double : celle d'action et celle d'adaptation.

Le principe de continuité souligne l'importance de maintenir des pratiques douanières cohérentes et prévisibles afin de favoriser un environnement commercial stable pour les commerçants, les commissionnaires en douane et les investisseurs. Ce principe guide l'approche de la DGDA vis-à-vis des changements de politique, en veillant à ce que toute modification des réglementations ou procédures douanières soit soigneusement évaluée et mise en œuvre de manière à minimiser les perturbations des activités commerciales.

L'obligation de continuité au niveau du personnel a deux volets, notamment l'obligation d'assurer le service et l'obligation d'accepter les modifications qui s'imposent à la gestion du service. En effet, l'obligation d'assurer le service s'impose aussi bien au personnel administratif qu'au personnel des entreprises privées, dans la mesure où ce personnel assure la gestion d'un service public. C'est ainsi que le droit de grève peut être strictement réglementé à l'égard de ce personnel[1].

Par contre, l'obligation d'accepter les modifications imposées par l'adaptation du service veut dire que du moment que les circonstances de droit ou de fait l'exigent ou les rendent nécessaires, les modifications doivent intervenir et doivent être acceptées. La situation des agents de l'Etat étant fixée par voie générale et réglementaire, ceux-ci ne sont pas autorisés à s'opposer aux modifications apportées à leur statut. Ils ne peuvent pas invoquer les droits acquis en cette matière.

b) Le principe d'égalité

Le principe d'égalité fiscale trouve son origine dans la Déclaration des Droits de l'homme et du citoyen de 1789, qui stipule en son article premier l'égale liberté de tous les hommes. La Constitution de la République Démocratique du Congo (RDC) réaffirme ce principe fondamental en son article 12, en déclarant : "*Tous les Congolais sont égaux devant la loi et ont droit à une égale protection des lois*".[2]

---

[1] M.PAILLET, Dalloz, 1980, Jurisprudence, p.106.

[2] Constitution de la République Démocratique du Congo modifiée par la loi n° 11/002 du 20 janvier 2011 portant révision de certains articles de la constitution du 18 février 2006.

En tant qu'institution publique, la DGDA a la responsabilité de respecter le principe d'égalité, en veillant à ce que tous les contribuables soient traités équitablement et sans discrimination. Par ailleurs, ce principe exige de la DGDA une application cohérente de ses règles et réglementations à l'ensemble des individus et entités, indépendamment de leur taille, nationalité ou secteur d'activité.

c) Le principe d'adaptation

Le principe d'adaptation se manifeste dans l'approche proactive de la Direction Générale des Douanes et Accises pour adopter les progrès technologiques au service de l'optimisation des processus douaniers et du renforcement des capacités de recouvrement des recettes. L'adoption de plateformes telles que SYDONIA Word et le Guichet Unique intégral du commerce extérieur illustre cette démarche d'innovation. La DGDA a également démontré son adaptabilité en révisant le Code des Douanes, notamment en alignant le tarif douanier sur le système HARMONISÉ de l'Organisation Mondiale des Douanes (OMD).

Section II. Le fonctionnement opérationnel de la DGDA

§.1. Les missions principales

Les missions de l'administration douanière en République démocratique du Congo sont multiples. Bien que l'on pense souvent en premier lieu à sa fonction de perception des droits et taxes sur les marchandises importées ou exportées, son rôle va bien au-delà.

a) Mission fiscale

La mission fiscale est celle ayant pour objet de percevoir, pour le compte du trésor public, les droits et taxes prélevés sur les marchandises lors de l'importation ou l'exportation. C'est l'aspect douanier. Lorsque la perception des droits et taxes s'opère sur des marchandises fabriquées localement ou importées dans le cadre des droits de consommation, c'est l'aspect accisien de la douane[1].

[1] Alexis S. THAMBWE-MWAMBA, droit douanier zaïrois, presse universitaire du Zaïre Kinshasa, 1996, pp. 19-22.

En raison de sa présence aux frontières et aux points d'entrée du pays, la DGDA est en mesure de contrôler tous les flux de marchandises. Cette position lui permet également de percevoir d'autres types de taxes pour le compte de l'État. Par exemple, en République démocratique du Congo, la douane collecte les taxes liées à l'OCC, la RTNC, l'OGEFREM, etc[1].

b) Mission socio-économique

Outre l'aspect douanier et l'aspect accisien, la DGDA est investie d'une mission économique et commerciale en tant qu'instrument d'exécution de la politique économique du Gouvernement. Cette mission économique se résume en quatre points : prévenir les autorités compétentes sur les impôts dont la hauteur ou l'espèce est de nature à compromettre le développement économique ou à stimuler la fraude ; indiquer aux autorités compétentes les impôts dont le niveau ne protège pas à suffisance les entreprises nationales de la concurrence étrangère ; perfectionner les régimes douaniers économiques ; suggérer des mesures tarifaires susceptibles d'inciter la transformation sur place des produits avant leur exportation. C'est la protection de l'industrie locale[2]. Ici, la DGDA joue un rôle économique important. C'est ainsi que la douane frappe des taux élevés et des surtaxes toutes les importations des marchandises qui peuvent être produites localement dans le but de promouvoir l'industrie de la consommation des produits locaux.

---

[1] Article 1 du décret n°13/052 du 11 novembre 2013 portant consolidation des perceptions opérées à l'occasion de l'importation et de l'exportation des marchandises.

[2] La Loi n°004/2002 portant Code des Investissements constitue la base légale pour réglementer les investissements en RDC. La Loi n° 14/022 du 07 juillet 2014 fixant le régime des Zones économiques spéciales (ZES), quant à elle, vient créer un environnement incitatif pour les investissements en simplifiant les procédures et en offrant des avantages spécifiques. En complément, la Loi n°14/023 du 07 juillet 2014 établit les règles pour le sauvetage des entreprises industrielles en difficulté, conditionné au maintien de l'emploi et à la valorisation des ressources locales. Bien que des mesures d'interdiction d'importation soient prises pour protéger l'industrie locale, leur efficacité sur le terrain semble limitée, soulevant des questions quant à leur application et à la nécessité de mesures d'accompagnement plus robustes. L'Agence Nationale pour la Promotion des Investissements (ANAPI) est réaffirmée comme guichet unique pour les investissements en RDC.

c) La mission de lutte contre la fraude[1]

On entend par fraude douanière « *toute fraude commerciale, toute infraction aux dispositions légales et réglementaires* » que les administrations sont chargées de faire appliquer, commises en vue de : éluder ou tenter d'éluder le paiement des droits, redevances et taxes applicables aux marchandises ; éluder ou tenter d'éluder les prohibitions ou restrictions applicables aux marchandises ; obtenir ou tenter d'obtenir des avantages commerciaux illicites portant atteinte aux principes et aux pratiques de la concurrence commerciale ;

d) La mission de la banque des données pour les statistiques du commerce extérieur

La douane constitue un cadre fiable pour la collecte des données statistiques relatives au commerce extérieur tant pour l'importation que pour l'exportation. Voilà pourquoi les procédures douanières sont, dans la plupart des pays, informatisées pour faciliter une collecte et un traitement en temps réel, rapide et fiable de l'information.

Les autres missions de la DGDA sont notamment :

La mission de lutte contre le blanchiment d'argent ; la protection de l'environnement conformément aux conventions internationales ; la protection de la chaîne logistique internationale ; la participation à la politique d'intégration du pays dans les communautés économiques régionales ; la protection de la société par la lutte contre le trafic illicite des marchandises dangereuses et des déchets toxiques, des produits qui appauvrissent la couche d'ozone ; la lutte contre le terrorisme et la criminalité transfrontière ; la lutte contre l'importation et l'exportation illégale d'armes à feu ; la lutte contre la contrefaçon et la piraterie, qu'on appelle aussi droits de propriété industrielle, intellectuelle et artistique.

§.2. Structure organisationnelle

La structure de la Direction Générale des Douanes et Accises (DGDA) se compose de trois niveaux hiérarchiques. Il y a

[1] Afoto Jean Elenga-di-Okanga, la lutte contre la fraude douanière en RD Congo, l'Harmattan, paris, 2010.

l'Administration centrale, les Services déconcentrés et la Représentations à l'étranger.[1]

a) L'administration centrale

L'administration centrale chapeaute l'ensemble des services et définit les orientations stratégiques de la DGDA. Elle est composée de 16 directions et services aux missions diverses et complémentaires :

- Bureau de Coordination ;
- Direction des Ressources Humaines ;
- Direction de Réglementation et Facilitation ;
- Direction de la Brigade et Lutte contre la Fraude ;
- Direction du Tarif et Règles d'origine ;
- Direction de la Valeur ;
- Direction des Huiles Minérales ;
- Direction des Autres Produits d'Accises ;
- Direction des Recettes du Trésor ;
- Direction des Finances Internes ;
- Direction des Equipements et Logistique ;
- Direction des Statistiques, Documentation et Etudes Economiques ;
- Directions des Affaires Juridiques et Contentieuses ;
- Direction des Systèmes et Technologies d'Information ;
- Direction de l'Audit Interne ;
- Direction de Réformes et Modernisation.

b) Les directions provinciales

Ces directions sont au nombre de 12, correspondant aux anciennes provinces administratives de la RDC, à l'exception de la Ville Province de Kinshasa qui compte deux directions provinciales (direction provinciale de Kin-Ville et direction provinciale de Kin-Aéro).

Ces 12 directions sont :

- Direction Provinciale de Kinshasa ville ;
- Direction Provinciale de Kinshasa Aéroport ;
- Direction Provinciale du Kongo-Central ;
- Direction Provinciale de l'Equateur ;
- Direction Provinciale de la Province Orientale
- Direction Provinciale du Nord Kivu ;

---

[1] Article 1er du Décret n°011/06 du 25 janvier 2011 portant institution du cadre organique de de la Direction Générale des douanes et accises.

- Direction Provinciale du Kasaï oriental ;
- Direction Provinciale du Kasaï Occidental ;
- Direction Provinciale du Sud Kivu ;
- Direction Provinciale du Katanga ;
- Direction Provinciale du Bandundu ;
- Direction Provinciale du Maniema.

c) Les Représentations à l'étranger

Hormis la représentation de la DGDA au niveau de l'organisation mondiale des douanes (OMD), la douane congolaise a des représentants à :

- Bruxelles (Royaume de Belgique) ;
- Mombasa (République de Kenya) ;
- Dar es Salaam (République unie de Tanzanie) ;
- Kampala (République d'Ouganda) ; et
- Douala (République du Cameroun.

§.3. Zone d'intervention des douanes

1. Le rayon des douanes

Le rayon des douanes est une zone de surveillance spéciale établie le long des frontières maritimes et terrestres d'un pays. Le rayon des douanes se compose de trois zones distinctes[1] :

a) Zone maritime

La zone maritime s'étend du littoral jusqu'à une limite extérieure située en mer, à une distance de 12 milles marins (environ 22,2 kilomètres) mesurés à partir des lignes de base de la mer territoriale. Cette zone englobe :

- Les eaux intérieures c'est-à-dire les eaux situées à l'intérieur de la ligne de base de la mer territoriale, y compris les ports, les baies et les rades ;
- Les eaux territoriales comprennent une bande de mer d'une largeur de 12 milles marins adjacente aux eaux intérieures, sur laquelle l'État côtier exerce sa souveraineté pleine et entière ;

---

[1] Article 21 de l'ordonnance-loi n° 10/002 du 20 aout 2010 portant code des douanes.

- Enfin, la zone contiguë qui s'étend sur une distance de 50 kilomètres au-delà de la limite des eaux territoriales.[1]

b) La zone fluviale ou lacustre

La zone fluviale ou lacustre, également appelée zone de surveillance douanière fluviale ou lacustre, est une zone définie par la législation douanière d'un pays qui s'étend le long des cours d'eau et des lacs navigables situés sur le territoire national. Cette zone est soumise à un régime de surveillance douanière spécifique en raison de sa configuration géographique et des facilités d'accès qu'elle offre pour le transport de marchandises. La zone fluviale ou lacustre est comprise entre la rive et le tracé de la frontière.

c) Zone terrestre

La zone terrestre s'étend sur une distance qui peut aller jusqu'à 60 kilomètres calculés à vol d'oiseau sans égard aux sinuosités des routes. Elle comprend :

- La zone littorale qui s'étend du littoral jusqu'à une ligne tracée à 20 kilomètres en deçà ;
- Et, la zone frontalière qui s'étend de la frontière terrestre jusqu'à une ligne tracée à 20 kilomètres en deçà.

Le rayon des douanes favorise la coopération entre les différentes agences gouvernementales impliquées dans la sécurité des frontières. En effet, la nature stratégique de cette zone permet aux autorités douanières de collaborer étroitement avec les forces de l'ordre, les services de renseignement et d'autres organismes compétents pour échanger des informations, coordonner leurs actions et mener des opérations conjointes de lutte contre les activités illégales.

2. Zone de libre-échange

Une zone de libre-échange (ZLE) est un espace économique au sein duquel des États partenaires s'accordent pour éliminer les barrières douanières et tarifaires sur certains, voire tous les secteurs commerciaux entre eux. Ce mécanisme n'est pas nouveau sur le continent africain ; son développement est intimement lié à l'essor des Communautés Économiques Régionales (CER). Actuellement,

---

[1] Dans cette zone, l'État côtier a le droit d'exercer certains droits en matière de lutte contre la fraude, la contrebande et la pollution.

l'Afrique compte huit CER reconnues par l'Union Africaine, qui toutes, à des degrés divers, œuvrent à l'établissement du libre-échange au niveau sous-régional[1].

Il est crucial de souligner que l'inscription de la création d'une ZLE dans le traité constitutif d'une CER ne signifie pas son entrée en vigueur immédiate[2]. Son opérationnalisation effective requiert généralement la négociation et l'adoption d'un protocole ou d'un traité additionnel par les États membres. Certaines CER ont rencontré des difficultés à concrétiser leurs ZLE, parfois en raison de désaccords entre États membres ou d'un manque d'adhésion aux protocoles finaux. L'adhésion à la ZLE par un État membre de la CER n'est donc pas toujours automatique et peut nécessiter une ratification ou une notification formelle. En règle générale, l'accès à une ZLE régionale est réservé aux États membres de la CER concernée[3].

Au sein d'une ZLE, chaque État membre conserve sa souveraineté tarifaire vis-à-vis des pays tiers. C'est une distinction fondamentale avec l'union douanière, qui, en plus de la libre circulation des biens en interne, impose un Tarif Extérieur Commun (TEC) à l'ensemble de ses membres pour les importations provenant de l'extérieur de l'union[4]. Si une ZLE décide d'adopter un TEC, elle évolue et devient de facto une union douanière. L'Afrique compte des exemples notables d'unions douanières, telles que l'Union Douanière d'Afrique Australe (SACU), la plus ancienne au monde encore en activité (origine en 1889), et celle de la Communauté d'Afrique de l'Est (EAC).

---

[1] Cécile Bastidon, Azzedine Ghoufrane, Ahmed Silem « *Zone de Libre-échange Continentale et intégration régionale en Afrique* », l'Harmattan, France, 2020.

[2] El Chab, Marwa. "La migration régionale et entrepreneuriale des Libanais de Dakar, Abidjan et Ouagadougou." Emulations – Revue de sciences sociales, n°. 17, 2016, pp 81–95.

[3] García, De La Rosa Ricardo. "Régionalisme économique et Zone de Libre-échange des Amériques (ZLÉA)." Lyon 3, 2008.

[4] Une union douanière est une forme d'intégration régionale où les pays membres s'accordent pour éliminer tous les obstacles tarifaires et non tarifaires au commerce entre eux et appliquer des tarifs extérieurs communs (TEC) sur les importations provenant de pays non membres. Un exemple concret en Afrique est l'UEMOA (Union Économique et Monétaire Ouest Africaine), formée par le Bénin, le Burkina Faso, la Côte d'Ivoire, le Mali, le Niger, le Sénégal et le Togo, qui a mis en place ces principes à partir d'un accord signé en 1994, avec une application intégrale effective au 1er janvier 2000.

La République Démocratique du Congo (RDC) est engagée dans cette dynamique d'intégration. Elle est membre de plusieurs organisations régionales ayant mis en place des ZLE, notamment la Communauté Économique des États de l'Afrique Centrale (CEEAC) et la Communauté de Développement de l'Afrique Australe (SADC) [1]. Plus significativement encore, la RDC a adhéré à la Zone de Libre-Échange Continentale Africaine (ZLECAf), une initiative panafricaine ambitieuse visant à créer le plus grand marché unique de biens et services au monde, stimulant ainsi le commerce intra-africain et la transformation structurelle des économies du continent.

3. Le territoire douanier

La notion de territoire en droit douanier est fondamentale, mais diffère de celle employée en droit constitutionnel ou administratif. Alors qu'un territoire administratif est une subdivision géographique, un territoire douanier est une zone géographique où s'applique un régime douanier unique. Il délimite l'espace dans lequel un État exerce son contrôle sur les flux de marchandises, assurant ainsi la protection de son économie et la collecte des droits de douane[2]. En RDC, le territoire douanier englobe le territoire terrestre, les eaux territoriales et l'espace aérien[3]. Toute marchandise entrant, sortant ou transitant sur ce territoire est soumise à la réglementation douanière, sans distinction de personnes.

Les territoires douaniers peuvent être nationaux ou supranationaux[4]. Un État souverain dispose généralement de son propre territoire douanier, appliquant ses propres droits de douane sur les produits en provenance de pays tiers. Cependant, dans le cadre d'intégrations économiques régionales comme la Zone de Libre-Échange

---

[1] MAKINDU MASAMBA KABA Hilaire et EMANGONGOKUNGA, apport de la zone de libre-échange continentale africaine au développement socio-économique de la République démocratique du Congo, dans RAZLC n°06 volume 2, juin 2023, pp 429-442.

[2] La convention de Kyoto abonde dans le même sens, Le territoire douanier est "le territoire dans lequel les dispositions de la législation douanière d'un État sont pleinement applicables" (Convention de Kyoto, annexe A.1, p. 6).

[3] Article 3 du code des douanes.

[4] En droit douanier, l'émergence d'un territoire douanier supranational se manifeste par l'établissement d'un territoire douanier unique entre plusieurs États, souvent dans le cadre d'une coopération douanière.

Continentale Africaine (ZLECAF), les États membres s'accordent pour harmoniser leurs politiques douanières, créant ainsi un espace douanier commun. L'évolution vers le libre-échange et l'intégration régionale pousse à une harmonisation accrue des régimes douaniers. Néanmoins, chaque État membre conserve une certaine autonomie dans la gestion de sa politique douanière, notamment en ce qui concerne les produits sensibles ou stratégiques.

4. Bureau de douane

Un bureau de douane est une unité administrative de l'État relevant de la Direction Générale des Douanes et Accises (DGDA). Il constitue le point de contrôle officiel et réglementé par où doivent passer les personnes et les marchandises pour franchir les frontières nationales.

Selon la définition du Code des douanes congolais, un bureau de douane n'est pas seulement le local physique[1] ; il englobe également toute unité administrative compétente et tous les lieux spécifiquement approuvés par la douane pour l'accomplissement des formalités. Cela inclut les zones d'inspection, les entrepôts agréés, ou encore certains terminaux portuaires ou aéroportuaires désignés à cet effet.

C'est un lieu central essentiel : l'article 26 du Code des douanes impose que toutes les formalités obligatoires liées à l'entrée[2], la sortie ou le transit des marchandises sur le territoire douanier ne peuvent être accomplies que dans un bureau de douane. Chaque bureau est placé sous la responsabilité d'un chef nommé par le Directeur Général des douanes[3].

5. Les brigades douanières

Les brigades douanières sont des unités spécialisées de l'administration douanière chargées de la recherche, de la constatation et de la répression des infractions à la législation douanière, notamment la fraude et la contrebande.[4]. Elles sont créées et supprimées par décision du directeur général des douanes.[5]

---

[1] Article 5 point 4 de l'ordonnance-loi n° 10/002 du 20 aout 2010 portant code des douanes.

[2] Article 26 de l'ordonnance-loi n° 10/002 du 20 aout 2010 portant code des douanes.

[3] Article 24 de l'ordonnance-loi n° 10/002 du 20 aout 2010 portant code des douanes.

[4] Article 2 de l'ordonnance 78-302 du 6 juillet 1978 portant création de la brigade douanière.

[5] Article 27 de l'ordonnance-loi n° 10/002 du 20 aout 2010 portant code des douanes.

Leur travail consiste à contrôler les marchandises circulant sur le territoire national et, plus particulièrement, dans le “rayon des douanes” (la zone frontalière). Dans cette zone sensible, toute marchandise détenue ou transportée doit impérativement être accompagnée d'une justification d'origine. À défaut de cette preuve, les marchandises sont présumées de contrebande.

La lutte contre la fraude est l'essence même de leur activité. Bien que corps en uniforme, leurs agents mènent également des enquêtes, parfois en civil, s'appuyant sur le renseignement et la surveillance.

Pour accomplir ces missions, les agents des brigades sont dotés de pouvoirs étendus. Ils peuvent intercepter tout véhicule transportant des marchandises d'origine étrangère pour en vérifier la situation, et ont accès à divers lieux (à l'exception, généralement, des domiciles privés) pour leurs recherches. En cas de flagrant délit de fraude, ils sont habilités à appréhender les personnes impliquées ainsi qu'à saisir les marchandises illicites et les moyens de transport utilisés.

Suivant la nature des activités qu'elles exercent, les brigades de douane comprennent :

- Des unités de surveillance ;
- Des unités de protection du patrimoine ;
- Des unités de recherche ;
- Des unités des stupéfiants ;
- Des unités spécialisées.[1]

Sur le terrain, les brigades s'organisent généralement en deux types d'unités : les unités mobiles et les unités sédentaires. Les unités mobiles sont chargées de la surveillance et de la traque de la fraude le long des frontières et à l'intérieur du territoire, opérant souvent entre les postes. Les unités sédentaires, quant à elles, sont stationnées aux points de passage officiels (postes frontière, ports, aéroports) pour contrôler le flux des personnes et des marchandises et veiller au respect des formalités douanières.

[1] Article 123 de décision n° dg/dgda/dg/2011/296 du 11 aout 2011 portant mesures d'application de l'ordonnance loi n°10/002 du 20 aout 2010 portant code des douanes.

§.4. Les mécanismes de gestion de la régie financière

1. La gestion par une personne morale

Un service public est en régie lorsque la collectivité le gère elle-même avec ses propres finances, équipements et agents. La régie n'a pas de personnalité juridique propre. Quand une commune gère un service public en régie, cela signifie que le service utilise les ressources financières et humaines de la commune. La régie n'a pas d'autonomie financière : elle ne gère pas ses propres recettes, et ses dépenses ne sont pas séparées des autres dépenses de la collectivité.[1]

Pour les services de l'État, la régie est utilisée pour la justice, les impôts, la défense nationale, etc. Pour les collectivités territoriales, l'assemblée délibérante décide du mode de gestion de chaque service. La plupart des services administratifs sont gérés en régie. Il existe deux types de régies : la régie simple et la régie autonome.

a) La régie simple

La régie simple est quand la collectivité gère le service public en utilisant son propre budget, son matériel, et ses employés. C'est la méthode la plus courante pour gérer un service public. Le service n'a pas de personnalité juridique propre, mais il dispose d'une certaine autonomie pour gérer son personnel, ses finances et son patrimoine. Par exemple, la Direction Générale des Douanes et Accises (DGDA) et la Direction Générale des Impôts (DGI) sont des régies directes.[2]

b) La régie autonome

Une régie est autonome lorsqu'elle a une certaine indépendance financière sans pour autant avoir de personnalité juridique propre. Cela permet à certains services d'avoir un budget distinct. Les régies autonomes sont créées par une décision de l'assemblée locale, qui leur alloue un budget initial et fixe les règles de leur fonctionnement. Les décisions sont prises par les organes de la collectivité où la régie fonctionne[3].

---

[1] RICHER L., Droit des contrats administratifs, 1ère éd. L.G.D.J., Paris, 1995, p. 91.

[2] Prof. IPAYA IKOKO. Cours de Grands services publics et marchés publics. Première Licence Journalisme, Politique Extérieure/UNIKIN 2018-2019, p. 22.

[3] Guillaume Kulonga Nana, apport d'une régie financière dans les recettes de l'Etat, Editions universitaires européennes, paris, 2015, P. 27.

Il y a aussi la régie personnalisée, qui a sa propre personnalité juridique. Elle fonctionne presque comme un établissement public, mais avec un régime juridique spécifique. La régie personnalisée a des compétences propres, mais la collectivité qui l'a créée conserve un droit de contrôle sur son fonctionnement.[1]

2. La gestion par un établissement public

Un établissement public est une personne morale de droit public créée par l'État ou une collectivité territoriale. Il reste attaché à la collectivité qui l'a créé, mais se distingue de celle-ci. L'activité d'un établissement public est guidée par le principe de spécialité, contrairement aux collectivités territoriales qui ont une compétence générale.

En effet, en vertu de la loi[2] portant sur la transformation des entreprises publiques, la Direction Générale des Douanes et Accises (DGDA) se voit conférer le statut juridique d'une entreprise publique. Cette dernière dispose désormais d'une plus grande liberté dans la gestion de ses ressources humaines, financières et matérielles. En tant qu'entreprise publique, la DGDA est tenue de rendre compte de ses résultats aux autorités compétentes et au public. Elle veille à la bonne gestion des ressources qui lui sont confiées et à la satisfaction des attentes de ses parties prenantes. Le statut d'entreprise publique implique la mise en place d'une structure de gouvernance plus rigoureuse, avec des organes décisionnels clairement définis et des mécanismes de contrôle interne renforcés.

---

[1] Gilles J. GUGLIELMI, introduction au droit du service public, paris, 1994, p. 31.

[2] Loi n° 008/007 du 07 juillet 2008 portant dispositions générales à la transformation des entreprises publiques.

Chapitre III. Les réseaux douaniers internationaux, régionaux et nationaux

Ce chapitre examine comment les administrations douanières sont influencées, directement ou indirectement, par les politiques et accords définis à ces différents niveaux de gouvernance. Dans une première section, nous aborderons l'organisme international qui joue un rôle directeur pour les administrations douanières mondiales : l'Organisation Mondiale des Douanes (Section I). La deuxième section sera consacrée aux réseaux douaniers régionaux (Section II). Nous y étudierons comment les administrations douanières sont impactées par les accords signés entre États parties dans le cadre de leurs relations régionales, en particulier ceux visant l'établissement de zones de libre-échange. La troisième section explorera la dimension nationale des réseaux douaniers (Section III), montrant comment l'administration douanière nationale interagit avec d'autres services publics qui influencent son organisation et ses méthodes de travail. Enfin, la quatrième section (Section IV) analysera les instruments des réseaux douaniers. Nous verrons comment des instruments indispensables, tels que le Guichet Unique Intégral du Commerce Extérieur et le Système Douanier Automatisé SYDONIA, transforment le fonctionnement des douanes aujourd'hui.

Section I. Organisation Mondiale des Douanes

§.1. Genèse et rôle de l'Organisation mondiale des douanes (OMD)

La coopération douanière internationale est encadrée par l'Organisation mondiale des douanes (OMD), organisme intergouvernemental clé dans la promotion du libre-échange[1]. Fondée après la Seconde Guerre mondiale en réponse aux difficultés

[1] Nathalie Carrée de Malberg, « *Le grand état-major financier : les inspecteurs des finances, 1918-1946* », éd. Institut de la gestion publique et développement économique, Comité pour l'histoire économique et financière de la France, Paris, 2011, p.17.

économiques de l'entre-deux-guerres[1] (récession, inflation, protectionnisme)[2], l'OMD trouve son origine dans le Groupe d'études pour l'union douanière (1948) [3]. Bien que n'ayant pas créé une union douanière intereuropéenne, ce groupe a élaboré des conventions sur la nomenclature tarifaire et l'évaluation en douane, bases des unions douanières futures[4]. Le groupe a également initié la création d'une instance internationale consultative, menant à la Convention établissant le Conseil de coopération douanière (CCD) en 1950, devenu officieusement l'OMD en 1994. L'OMD[5] a émergé de la nécessité d'uniformiser les techniques et procédures douanières face à la mondialisation. Des conventions fondamentales, telles que celles sur la valeur en douane[6] (1953) et la nomenclature tarifaire (1959), ont été adoptées sous l'égide du CCD. La session inaugurale du CCD s'est tenue le 26 janvier 1953, marquant la Journée mondiale de la douane. La RDC a adhéré au CCD et adopté la nomenclature de Bruxelles en 1972.

---

[1] Celles-ci amenèrent plusieurs pays à pratiquer le protectionnisme et le « *bilatérisme* » par l'adoption de mesures protectionnistes (droits de douane exorbitants, contingentement, interdictions à l'entrée, Etc.) et de concessions réciproques.

[2] C'est dans ces circonstances que l'accord général sur les tarifs douaniers et le commerce (GATT : General Agreement on Tariffs and Trade) a été adopté le 30 octobre 1947 et est entré en vigueur le 1er janvier 1948.

[3] Hans von der Groeben, « *The EEC is now a Customs Union* », Intereconomics, vol. 3, août 1968, p. 226–229.

[4] Organisation mondiale de Douane, Histoire de l'OMD en un clin d'œil 1952-2023, aout 2023, p. 4.

[5] MOKANDA-EKA : l'Organisation Mondiale des Douanes en quelques mots, ULB, 2007.

[6] Antonio Nicali et Giuseppe Favale, The History of the Customs. A Historical Outline of Customs and Trade Policy in Europe and World, De Luca Editori d'Arte, 2004, p. 212.

§.2. Domaines d'action de l'OMD

L'Organisation mondiale des douanes (OMD) est une organisation intergouvernementale[1] dont le siège est à Bruxelles, en Belgique. En tant qu'association d'États souverains établie par traité international, elle possède la personnalité juridique internationale et compte parmi les sujets du droit international[2]. Elle est largement considérée comme le porte-parole de la communauté douanière internationale.

L'OMD a pour mission d'élaborer des conventions, instruments et outils couvrant un large éventail de sujets douaniers essentiels. Cela inclut le classement et l'évaluation des marchandises, les règles d'origine, la perception des recettes, la sécurité de la chaîne logistique, la facilitation des échanges internationaux, ainsi que la lutte contre la fraude et la contrefaçon (notamment le respect des droits de propriété intellectuelle). Elle promeut également l'éthique et le renforcement des capacités pour soutenir les réformes et modernisations douanières.

Un rôle majeur de l'OMD est la gestion du Système harmonisé (SH), la nomenclature internationale de classification des marchandises. Elle gère également les aspects techniques des accords de l'Organisation mondiale du commerce (OMC) concernant l'évaluation en douane et les règles d'origine.

Plus largement, l'OMD s'inscrit dans le paysage des organisations internationales, qui sont des groupements permanents d'États, établis par traité, dotés d'organes propres et d'une volonté distincte de celle de leurs membres. Ces organisations interviennent dans des domaines variés pour coordonner l'action étatique. Certaines, comme de nombreuses Institutions spécialisées des Nations Unies[3] (ex: OMS, UNESCO, OIT), couvrent des domaines économiques, sociaux ou culturels. D'autres, comme l'OMC pour le commerce ou le FMI et la Banque Mondiale pour les questions monétaires et financières, se

---

[1] La doctrine n'est pas unanime sur la définition de l'expression « *Organisation Internationale* ». La Convention de Vienne sur le droit des traités du 23 mai 1969, la définit comme « *une organisation intergouvernementale* » mais cette définition est trop laconique (concise). Selon le Lexique des Termes Juridiques, c'est « *un groupement permanent d'Etats doté d'organes destinés à exprimer sur des matières d'intérêt commun, une volonté distincte de celle des Etats membres* »..

[2] Article 57 de la charte de San Francisco, adoptée à la clôture de la conférence de San Francisco, le 26 juin 1945.

[3] Article 63 de la Charte.

concentrent sur la régulation économique internationale. Bien que l'OMD, l'OMC, le FMI et la Banque Mondiale jouent tous des rôles cruciaux pour l'économie mondiale et le commerce, leurs mandats et leurs fonctions sont distincts et complémentaires. L'OMD se concentre spécifiquement sur les questions douanières qui facilitent et sécurisent les échanges, là où l'OMC établit les règles générales du commerce international.

§.3. Missions

Les missions principales de l'Organisation Mondiale des Douanes (OMD) s'articulent autour de :

- L'élaboration de normes ;
- La facilitation des échanges ;
- La lutte contre la fraude.

L'OMD développe et gère des instruments techniques essentiels tels que le Système harmonisé (SH) pour la classification des marchandises, ainsi que les règles d'évaluation et d'origine des marchandises, souvent en lien avec les accords de l'OMC. Elle promeut l'harmonisation des procédures douanières à travers le monde pour simplifier les échanges et renforcer les capacités des administrations nationales.

Parallèlement, l'OMD est active dans la lutte contre les activités illégales transfrontalières. Elle met en œuvre des programmes de lutte contre la fraude et les trafics illicites (contrefaçon, biens dangereux, espèces protégées, etc.). Elle encourage la coopération internationale, l'échange d'informations et la coordination entre les administrations douanières pour garantir la sécurité de la chaîne logistique et protéger les sociétés, contribuant ainsi à la fois au bien-être économique et à la sécurité des citoyens.

§.4. Structure de l'OMD

La structure de l'Organisation Mondiale des Douanes (OMD) est conçue pour servir efficacement ses Membres et mettre en œuvre son vaste mandat.

Le Secrétariat est le pilier administratif et opérationnel. Il composé d'une équipe internationale dirigée par le Secrétaire général, il assure le support technique, prépare les travaux des divers organes et gère les instruments clés de l'OMD comme la Convention de Kyoto révisée et le Système harmonisé (SH). Son organisation interne en directions spécialisées (questions tarifaires et commerciales ; contrôle et facilitation ; renforcement des capacités) reflète les priorités de la douane moderne.

Les décisions stratégiques et techniques sont prises par le Conseil, l'organe suprême de l'OMD, soutenu par une série de comités spécialisés qui rassemblent des experts des administrations membres pour élaborer les normes, outils et meilleures pratiques dans des domaines précis comme l'évaluation, la facilitation des échanges, la lutte contre la fraude, ou encore la modernisation douanière.

L'action de l'OMD se déploie sur le terrain grâce à ses entités régionales. Des Bureaux de liaison pour le renseignement (BRLR) facilitent l'échange d'informations pour la lutte contre les trafics, tandis que les Centres de formation (CRF) et les Bureaux de renforcement des capacités (BRRC) adaptent et délivrent le soutien de l'OMD au plus près des besoins régionaux.

Section II. Le réseau douanier régional

§.1. Zone de libre-échange

Au niveau régional, l'établissement d'une zone de libre-échange chapeaute l'organisation des réseaux douaniers. La mise en œuvre de ce libre-échange est un objectif poursuivi activement par les Communautés Économiques Régionales (CER).

On parle généralement de "zone de libre-échange" lorsque les pays signataires de l'accord appartiennent à un espace géographique relativement circonscrit. Dans les autres configurations, on utilise plus simplement le terme "accord de libre-échange".

Dans le cadre d'une zone de libre-échange simple, chaque pays membre conserve sa propre politique commerciale à l'égard des nations tierces.

Si les pays membres de la zone adoptent un tarif extérieur commun, applicable à tous les pays non-membres, la zone de libre-échange évolue vers une union douanière[1].

---

[1] Cette union peut concerner l'ensemble des produits, à l'instar de l'Union douanière d'Afrique australe, ou prévoir certaines exceptions, comme c'est le cas du Marché

Une union douanière qui approfondit son intégration, notamment par l'harmonisation des normes de produits et de certains aspects de la politique fiscale, ou en garantissant la libre circulation des personnes, se transforme en une union économique. L'adoption d'une monnaie unique marque la transition vers une union économique et monétaire, dont l'Union européenne est un exemple, tandis que la zone euro constitue une union économique et monétaire.

Aujourd'hui, on dénombre près de 150 zones de libre-échange à travers le monde, dont plus de la moitié ont vu le jour depuis 1990. La plus vaste de ces zones est le Partenariat économique régional global, entré en vigueur le 1er janvier 2022.

Concernant l'Afrique, il existe plusieurs zones de libre-échange (ZLE) à différents niveaux d'intégration. La Zone de Libre-Échange Continentale Africaine (ZLECAf) constitue la plus grande zone de libre-échange au niveau régional africain. On retrouve également d'autres zones de libre-échange au sein des différentes Communautés Économiques Régionales (CER).

§.2. Les communautés économiques régionales (CER)

Les Communautés Économiques Régionales (CER) d'Afrique rassemblent des nations au sein de sous-régions spécifiques, œuvrant à faciliter l'intégration économique à l'échelle régionale. Les CER les plus influentes se distinguent par leur étendue géographique, englobant plusieurs pays voisins. Cette configuration s'explique souvent par un socle commun d'aspirations économiques, une histoire partagée et des affinités culturelles entre les nations membres.

L'UA reconnaît huit CER comme des piliers de l'intégration continentale :

a) Communauté économique des États de l'Afrique de l'Ouest (CEDEAO)

La Communauté Économique des États de l'Afrique de l'Ouest (CEDEAO), créée en 1975 (Lagos), est un acteur majeur de l'intégration

---

commun du Sud ou de l'union douanière entre l'Union européenne et la Turquie, qui exclut l'agriculture et l'acier.

régionale africaine. Elle regroupe quinze États membres[1] avec pour objectif principal la coopération et l'intégration économique vers une union économique et monétaire[2]. La CEDEAO comprend deux sous-ensembles : l'Union Économique et Monétaire[3] Ouest-Africaine (UEMOA, pays francophones, union économique et monétaire plus intégrée) et la Zone Monétaire Ouest-Africaine (ZMOA, pays anglophones, convergence monétaire). Cette dualité influence l'intégration commerciale.

L'établissement d'une zone de libre-échange (première étape vers une union douanière et un marché commun) s'appuie sur le Schéma de Libéralisation des Échanges Commerciaux (SLEC, 1983)[4], visant la suppression progressive des droits de douane et des barrières non tarifaires pour les produits originaires des États membres[5]. La mise en œuvre complète du SLEC reste incomplète en raison d'obstacles structurels et politiques (barrières non tarifaires, procédures douanières).

Pour l'union douanière, la CEDEAO a adopté un Tarif Extérieur Commun (TEC) en 2013. Basé sur le TEC de l'UEMOA (quatre tranches : 0%, 5%, 10%, 20%), son élaboration a révélé des divergences d'intérêts. L'introduction d'une cinquième tranche à 35%, obtenue par le Nigéria pour des produits spécifiques, illustre la nature intergouvernementale des décisions au sein de la CEDEAO, où les intérêts nationaux restent prépondérants.

La pleine application du SLEC et du TEC dépend de la conformité des États membres au droit communautaire. La CEDEAO a une autorité supranationale limitée, avec un déficit de mécanismes de sanction contraignants et de règlement des différends commerciaux efficaces. La Cour de Justice de la CEDEAO a un rôle crucial mais l'exécution de ses décisions est difficile. La Commission de la CEDEAO s'appuie

---

[1] Les pays membres sont le Bénin, le Burkina Faso, le Cap-Vert, la Côte d'Ivoire, la Gambie, le Ghana, la Guinée, la Guinée-Bissau, le Liberia, le Mali, le Niger, le Nigeria, la Sierra Leone, le Sénégal et le Togo.

[2] Article 3 du traité révisé de la CEDEAO.

[3] Articles 55-59 du traité révisé de la CEDEAO.

[4] Le SLEC est un outil qui vise la mise en place effective d'une zone de libre-échange. Son mécanisme assure la libre circulation des marchandises sans le paiement des droits de douanes et des taxes d'effet équivalent à l'importation dans l'espace CEDEAO.

[5] Article 3 d et i du traité révisé de la CEDEAO.

principalement sur la persuasion, le dialogue, l'assistance technique et le suivi pour la mise en œuvre du programme commercial. Le succès de l'intégration économique régionale dépend fortement de la volonté politique et de l'appropriation nationale des objectifs.

b) Communauté d'Afrique de l'Est (CAE)

L'EAC est un accord commercial regroupant six pays de la région des grands lacs d'Afrique de l'Est[1], elle vise l'intégration économique depuis sa réactivation en 2000 (après une première existence de 1967 à 1977)[2]. En 2008, l'EAC a étendu son marché de libre-échange en accord avec la SADC et le COMESA. En 2010, une étape significative a été franchie avec l'approbation par les directeurs des douanes des politiques douanières communes (Opérateurs économiques agréés, gestion des risques, contrôles a posteriori), faisant de l'EAC la deuxième région mondiale (après l'UE) à introduire la reconnaissance mutuelle de ces pratiques.

Le Traité de la CAE prévoit l'établissement d'un marché commun avec la libre circulation des marchandises, des personnes, de la main-d'œuvre, des services, des capitaux, de l'information et de la technologie[3]. Les États membres s'engagent à éliminer les obstacles à cette libre circulation et à coopérer dans les affaires fiscales et monétaires, notamment en harmonisant leurs politiques macroéconomiques, en vue de créer une stabilité monétaire et de faciliter l'intégration économique. L'objectif est de bâtir une économie orientée vers l'exportation.

---

[1] Les pays membres sont le Kenya, la Tanzanie, l'Ouganda, le Burundi, le Rwanda, le Sud-Soudan et la RDC. La République démocratique du Congo (RDC) est officiellement devenue le 7e membre de la Communauté économique des États de l'Afrique de l'Est (CAE) suite au dépôt des instruments de ratification à Arusha, en Tanzanie. Son adhésion avait été approuvée par les autres États membres en avril 2022 et autorisée par le Parlement congolais en juin de la même année.

[2] La Communauté est-africaine (EAC) a été rétablie le 7 Juillet 2000, lorsque le traité portant création de la Communauté d'Afrique de l'Est qui a été signé en le 30 novembre 1999 est entré en vigueur après sa ratification par les trois Etats fondateurs (Kenya, Tanzanie et Ouganda). La Communauté avait été mise sur pied en 1967 mais s'est par la suite effondré en 1977. Le 18 Juin 2007, les républiques du Rwanda et du Burundi ont adhéré au Traité de l'EAC et sont devenus membres à part entière de la communauté le 1er Juillet 2007.

[3] Article 104 alinéa 2 du traité pour l'établissement de la Communauté d'Afrique de l'Est tel que modifié en date du 14 décembre 2006 et du 20 aout 2007.

c) Communauté de développement de l'Afrique australe (SADC)

L'actuel accord de commerce et de coopération a été adopté en 1992, mais les origines de la SADC remontent aux années 1980[1]. La SADC comprend 16 États membres[2]. La SADC compte une population de 345 millions d'habitants.

La SADC visait une zone de libre-échange dès 2008 via son Protocole commercial, cherchant à stimuler commerce, croissance et investissement en libéralisant les échanges intra-régionaux de biens et services. Atteinte formellement en 2008 avec 85% du commerce à tarif zéro, la libéralisation complète des produits sensibles prit plus de temps, s'achevant majoritairement en 2012 (avec des exceptions notables pour le Mozambique et la SACU). Malgré le doublement du commerce intra-SADC entre 2000 et 2009, sa part dans le commerce total n'a augmenté que modestement. Treize des quinze États membres y participent (l'Angola et la RDC étant absents). La suppression des tarifs sur les produits sensibles offre encore un potentiel d'expansion, et un mécanisme de suivi est mis en place pour éliminer les obstacles non tarifaires et fluidifier la circulation des marchandises.

d) Union du Maghreb arabe (UMA)

Dans le cadre de l'Union du Maghreb Arabe, les pays membres[3] ont créé en 1989 cette communauté avec comme objectif la libre circulation progressive des personnes, biens, services et capitaux[4]. Poursuivant

---

[1] En 1992, les chefs de gouvernement de la région ont décidé de transformer la SADCC en la Communauté de développement d'Afrique australe (SADC), en mettant l'accent sur l'intégration du développement économique.

La SADCC avait été formé en 1980 à Lusaka en Zambie pour faire avancer la cause de la libération politique nationale en Afrique du Sud, et pour réduire la dépendance envers l'Afrique du Sud alors sous le régime de l'Apartheid , grâce à une coordination efficace de l'utilisation des caractéristiques et des atouts spécifiques de chaque pays et ses ressources.

Le Traité de la SADC a été signé pour succéder à la Conférence de Coordination pour le Développement de l'Afrique Australe (SADCC).

[2] Les pays membres de la SADC sont : L'Afrique du Sud, l'Angola, le Botswana, les Comores, la République démocratique du Congo, l'Eswatini, le Lesotho, Madagascar, le Malawi, Maurice, le Mozambique, la Tanzanie, la Namibie, les Seychelles, la Zambie et le Zimbabwe.

[3] L'UMA réunit cinq pays d'Afrique du Nord. Les États membres – Maroc, Algérie, Libye, Tunisie et Mauritanie.

[4] Article 2 du traité constitutif de l'Union du Maghreb Arabe signé le 17 février 1989.

cette dynamique d'intégration régionale, la Grande Zone Arabe de Libre Échange (GZALE) fut lancée en 1997 au sein de la Ligue Arabe. Ce projet visait initialement à créer une ZLE pour dynamiser les échanges. Il prévoyait l'exonération totale des droits de douane pour les produits industriels dès 2005 et la libéralisation du commerce des produits agricoles et agro-industriels.

e) Marché commun de l'Afrique orientale et australe (COMESA)

Le COMESA, qui compte actuellement 21 États membres[1], est immense et s'étend de l'Afrique du Nord à l'Afrique australe pour créer un marché de 583 millions de personnes. Il a été créé en 1994 et dispose d'une zone de libre-échange élargie couvrant la CAE et la SADC.

La COMESA a fait évoluer une zone d'échange préférentiel vers une zone de libre-échange (ZLE), lancée par neuf États membres en 2000 et progressivement étendue pour inclure treize pays. Au-delà de la suppression des obstacles au commerce des biens (incluant l'interdiction du dumping préjudiciable), la COMESA vise la libre circulation des personnes et des capitaux. En 2008, elle s'est engagée dans la création d'une ZLE élargie avec les membres de la CAE et de la SADC.

f) Communauté économique des États d'Afrique centrale (CEEAC)

La Communauté Economique des Etats de l'Afrique Centrale (CEEAC) a été instituée le 18 octobre 1983 par la signature à Libreville de son Traité constitutif qui a fait l'objet d'une révision adoptée le 18 décembre 2019 et entrée en vigueur le 28 août 2020. Elle est l'une des huit Communautés Economiques Régionales (CERs) reconnues comme piliers de l'intégration régionale en Afrique et de ce fait, pleinement engagée dans de multiples dynamiques en lien avec la construction de la Communauté Economique Africaine prévue par le Traité d'Abuja.

[1] Les pays membres sont le Burundi, les Comores, la République démocratique du Congo, Djibouti, l'Égypte, l'Érythrée, l'Eswatini, l'Éthiopie, le Kenya, la Libye, Madagascar, le Malawi, Maurice, le Rwanda, les Seychelles, la Somalie, le Soudan, la Tunisie, l'Ouganda, la Zambie et le Zimbabwe.

Composée de 11 pays membres[1] francophones, lusophones et hispanophones, la CEEAC a vu le jour en 1985 mais est restée inactive pendant de nombreuses années. Elle aspire à intégrer l'Afrique centrale.

La CEEAC a pour objectif central de promouvoir l'intégration régionale, visant notamment l'établissement d'une union économique. Un pas majeur a été la mise en place d'une Zone de Libre Échange (ZLE), effective depuis 2004. Cette ZLE cherche l'élimination des droits de douane[2] et taxes équivalentes entre États membres, avec l'ambition d'évoluer vers une Union Douanière dotée d'un Tarif Extérieur Commun. Au-delà du commerce des biens, la CEEAC travaille à la facilitation des procédures douanières et promeut la libre circulation des personnes et des capitaux pour réaliser un vaste marché commun régional[3].

g) Communauté des États sahélo-sahariens (CEN-SAD)

La Communauté des États Sahélo-Sahariens (CEN-SAD), créée le 4 février 1998 à Tripoli (Libye), a été reconnue comme l'une des communautés économiques régionales lors de la Conférence de l'Organisation de l'Unité Africaine à Lomé en juillet 2000[4].

Ses objectifs principaux incluent la mise en place d'une union économique intégrée via des plans de développement nationaux, l'élimination des obstacles à l'unité par la facilitation de la libre circulation des personnes, des capitaux, des biens et services, la liberté d'établissement et d'activité économique, le renforcement du commerce extérieur et l'amélioration des infrastructures de transport et de communication.

Les principaux organes de la CEN-SAD sont la Conférence des Chefs d'État, le Conseil exécutif, le Secrétariat général, la Banque Sahélo-Saharienne pour l'Investissement et le Commerce, et le Conseil

---

[1] Les États membres sont l'Angola, le Burundi, le Cameroun, la République centrafricaine, le Tchad, la République du Congo, la République démocratique du Congo, la Guinée équatoriale, le Gabon, São Tomé et Príncipe et le Rwanda.

[2] Selon l'article 1 du traité instituant la CEEAC, on entend par 'droit de douane : le droit protecteur et les taxes d'effet équivalent perçus sur les marchandises importées hors de l'espace communautaire.

[3] Article 4 point d du traité révisé instituant la Communauté Economique des Etats de l'Afrique Centrale.

[4] Bénéficiant du statut d'observateur à l'ONU depuis 2001 (résolution A/RES/56/92), la CEN-SAD a établi des partenariats pour renforcer la coopération dans divers domaines.

Économique, Social et Culturel. Elle compte 23 États membres[1] et son siège est à Tripoli.

*h) **Autorité intergouvernementale pour le développement (IGAD)***

L'IGAD a été créée en 1996 et est issue de l'Autorité intergouvernementale sur la sécheresse et le développement (IGADD), qui se concentrait sur l'environnement et le développement. 70 % de la région de l'IGAD connaît des précipitations très faibles, tandis que les jeunes représentent la moitié des 230 millions de personnes couvertes.

L'Autorité Intergouvernementale pour le Développement (IGAD) a pour objectif de promouvoir l'intégration économique régionale, incluant le libre-échange. L'IGAD s'est engagée dans la mise en œuvre d'une zone de libre-échange (ZLE), bien que son avancement et sa pleine opérationnalisation rencontrent divers défis liés aux infrastructures, aux barrières non tarifaires, à la diversification économique et à la stabilité régionale. Les efforts de l'IGAD dans ce domaine visent à faciliter le commerce transfrontalier, harmoniser les politiques douanières et stimuler les échanges entre ses États membres[2].

Section III. La dimension nationale du réseau douanier

Le passage frontalier est un processus qui mobilise, au-delà de la douane, une diversité de services publics pour sa fluidité et sa sécurité. Ces acteurs interviennent à différentes étapes de la chaîne logistique et de contrôle : les gestionnaires d'infrastructures et de transport (comme l'ONATRA ou la SNCC) assurent le mouvement physique des

---

[1] Le CEN-SAD a été fondé en 1998 par le Burkina Faso, la Libye, le Mali, le Niger, le Soudan et le Tchad. Par la suite, l'organisation s'est élargie avec l'adhésion de la République centrafricaine et de l'Érythrée en 1999, suivies par Djibouti, la Gambie et le Sénégal en 2000. L'année 2001 a vu l'intégration de l'Égypte, du Maroc, du Nigeria, de la Somalie et de la Tunisie, tandis que le Bénin et le Togo ont rejoint en 2002. La Côte d'Ivoire et la Guinée-Bissau ont adhéré en 2004, en même temps que le Liberia, qui figure également parmi les anciens membres, tout comme le Ghana et la Sierra Leone en 2005, les Comores et la Guinée en 2007, et enfin la Mauritanie en 2008. Le Cap-Vert, le Kenya et Sao Tomé-et-Principe sont répertoriés comme anciens membres.

[2] Les huit pays membres de l'IGAD sont situés dans la Corne de l'Afrique (Érythrée, Somalie, Éthiopie, Djibouti), la vallée du Nil (Soudan, Sud-Soudan) et les Grands Lacs (Kenya et Ouganda).

marchandises ; les organismes de contrôle technique et de qualité (tel l'OCC) vérifient la conformité aux normes ; enfin, les services de gestion des recettes et institutions financières (dont la BCC et la DGRAD) perçoivent taxes et bénéficient des échanges sans intervenir directement dans les procédures douanières.

§.1. La BCC et les banques commerciales

Conformément à la loi n°005/2002 du 7 mai 2002, la Banque Centrale du Congo, BCC est une institution, de droit public, dotée de la personnalité juridique[1]. Son objectif principal est d'assurer la stabilité générale des prix, mais cela passe aussi par la gestion des flux financiers transfrontaliers.

Dans ce cadre, et sous sa responsabilité en matière de réglementation des changes, la BCC supervise, via les banques commerciales agréées, l'utilisation de déclaration de change, couramment appelée licence d'importation ou licence d'exportation.

A l'exception du commerce frontalier, toute opération d'exportation ou d'importation de biens, quel que soit le mode de financement, requiert la souscription préalable, auprès d'une banque agréée ou de tout autre mandataire désigné par la Banque Centrale à cet effet, d'une Déclaration modèle « EB » pour les exportations et modèle « IB » pour les importations des biens[2].

La réglementation prévoit notamment un contrôle physique des marchandises importées ou exportées avant leur embarquement. Cette tâche est confiée à l'Office Congolais de Contrôle (OCC) ou à l'un de ses mandataires[3]. De plus, toute transaction financière avec l'étranger est soumise à une redevance de contrôle de 2 pour mille, prélevée par la BCC.

Il est intéressant de noter que la RDC, en tant qu'exportateur principalement de matières premières plutôt que de produits manufacturés, ne dispose pas d'une politique explicite et structurée de promotion des exportations. Il n'y a donc pas d'agence dédiée à cela, ni

---

[1] Article 1 de la loi n°005/2002 du 07 mai 2002 relative à la constitution, à l'organisation et au fonctionnement de la Banque Centrale du Congo.

[2] Article 23 de la Loi n°2010-033 du 20 juillet 2010 portant Réglementation du change.

[3] Article 14 alinéa 2 de la circulaire centrale-réglementation de la banque centrale du 22 février 2001.

de mécanismes comme le remboursement des droits de douane sur les intrants importés pour les exportateurs ("duty drawbacks"), ni de zones franches spécifiques.

Concrètement, lorsqu'une déclaration ou licence de change est validée par une banque commerciale agréée, elle vaut intention officielle pour l'opération commerciale (importation ou exportation de biens ou services) et crée la volonté de réaliser les paiements associés par voie bancaire.

Pour une déclaration ou licence d'exportation de biens, elle doit être accompagnée de plusieurs documents justificatifs, parmi lesquels :

- Le contrat de vente ;
- La facture commerciale ;
- Le certificat de vérification avant embarquement (délivré par l'OCC ou son mandataire) ;
- Le certificat de qualité (si applicable) ;
- La liste de colisage (packing list) ;
- Un certificat d'expertise est spécifiquement requis pour les pierres précieuses ;
- Les autorisations spécifiques des ministères concernés pour certains produits (par exemple, le certificat CITES pour les espèces protégées)[1].

Cependant, certaines exportations sont exemptées de ces formalités. Il s'agit typiquement :

- Des échantillons commerciaux sans valeur marchande ;
- Des bagages et effets personnels ;
- Des journaux, périodiques et revues destinés à usage personnel ;
- Des objets sans valeur commerciale notable.
- Pour les exportations de biens, une déclaration ou licence est obligatoire uniquement si leur valeur dépasse 2500 USD, sauf dans le cadre spécifique du commerce frontalier.

Le système de la BCC utilise cinq modèles principaux de déclarations de change, couvrant les différentes natures d'opérations

a. Modèle IB[2] : pour l'importation de biens (validité 12 mois) ;

---

[1] Article 89 de la Loi n°2010-033 du 20 juillet 2010 portant Réglementation du change.

[2] Conformément à l'article 30 sur la réglementation de change de la BCC, le contrôle des biens à importer ou importés est conditionné par l'existence de la Déclaration

b. Modèle IS : pour l'importation de services (validité 12 mois) ;
c. Modèle EB : pour l'exportation de biens (validité 3 mois) ;
d. Modèle ES : pour l'exportation de services (validité 3 mois) ;
e. Modèle RC : pour les transferts internationaux de revenus et de capitaux (validité 3 mois).

Ces déclarations sont généralement émises en plusieurs exemplaires, ou "volets", destinés à différents acteurs pour assurer le suivi : un pour la BCC (pour le contrôle et les statistiques), un pour la banque commerciale (qui valide et traite les paiements), un pour les administrations fiscales et douanières (comme la DGI et la DGDA, pour les taxes et droits), et un pour le souscripteur (l'opérateur économique) lui-même.

Il est crucial de savoir qu'il est formellement interdit de vendre, prêter, céder ou transférer de quelque manière que ce soit une licence ou déclaration de change à une autre personne. Ces documents sont strictement nominatifs et non négociables.

Pour obtenir l'une de ces licences ou déclarations auprès d'une banque commerciale agréée, l'opérateur doit généralement remplir certaines conditions :

Disposer d'un compte courant ouvert auprès de cette banque ;

- Présenter la facture commerciale, le contrat (pour les services) et les autres documents justificatifs de l'opération ;
- Fournir une garantie (souvent sous forme de provision sur compte) pour couvrir les frais de contrôle physique de la marchandise par l'OCC ou son mandataire.
- Le coût de la licence ou déclaration elle-même peut varier légèrement d'une banque à l'autre.

§.2. Le Ministère en charge du Commerce Extérieur

Le Ministère du Commerce Extérieur intervient à plusieurs stades au niveau des opérations du commerce extérieur. Il perçoit des taxes

---

modèle « IB » s'y rapportant. Tout résident désireux d'effectuer une opération d'importation de biens est tenu d'obtenir l'Attestation de Vérification (AV) ou l'Avis de Refus d'Attestation (ARA) du mandataire de l'OCC après le contrôle avant embarquement. Par ailleurs, tout résident ayant importé des biens en haute mer, des biens exemptés de l'inspection ou des biens qui ont échappé à l'inspection avant embarquement, est tenu de les faire contrôler à l'arrivée, le Certificat de Vérification à l'Importation de l'OCC faisant foi.

annuelles payées par les importateurs et les exportateurs pour le droit d'exercer le commerce et des prélèvements sur les documents utilisés pour chaque exportation et importation[1].

Par ailleurs, le ministre en charge du commerce extérieur est habilité à proposer des mesures visant à ajuster les taxes à l'importation et à l'exportation. Ainsi, ce dernier exerce un rôle déterminant dans la régulation des échanges commerciaux et, par conséquent, dans le processus de passage frontalier en République démocratique du Congo. Depuis 2017, un arrêté interministériel conjoint des ministères du Commerce extérieur et des Finances fixe les taux de droits, taxes et redevances applicables, sur proposition du ministère du Commerce extérieur. Toute opération d'exportation, de réexportation ou de transit, irrégulière de produits pétroliers et autres, effectuée sans l'autorisation préalable du ministère du Commerce extérieur, est passible d'une amende équivalant à 0,05 % de la valeur CIF ou FOB des produits concernés[2].

En effet, la mise en œuvre du libre-échange, notamment dans le cadre de la Zone de Libre-Échange Continentale Africaine (ZLECAf) souhaitée par la République Démocratique du Congo (RDC), est placée sous la supervision de ce ministère. Afin de concrétiser cet engagement, la RDC a mis en place, en 2021, un Comité National ZLECAf[3]. Cette structure, placée sous la tutelle du Ministère du Commerce Extérieur, est spécifiquement chargée de la mise en œuvre effective de l'accord de libre-échange sur le territoire congolais.

---

[1] Tous les importateurs (ou exportateurs) réguliers doivent avoir un numéro import-export obtenu au Ministère en charge du commerce extérieur, avec le paiement d'un montant annuel de 250 dollars EU pour les personnes morales et 125 dollars EU pour les personnes physiques. Ils doivent, en outre, s'adresser à un transitaire agréé en tant que commissionnaire en douane.
Les importations et exportations de marchandises dont la valeur f.o.b. est supérieure à 2 500 dollars EU requièrent la souscription préalable, auprès d'une banque agréée, d'un document intitulé "Déclaration". Il s'agit de la déclaration modèle IB (Importation des biens) ou EB (Exportation des biens) pour les exportations. En outre, l'importation des produits agricoles est sujette à la détention d'une autorisation délivrée par le Ministère de l'agriculture.

[2] Article 3 de l'arrêté interministériel n°006/CAB/MINETAT.COMEXT/2017 et n° CAB/MIN/FINACES/2017/ 034 du 10 août 2017 portant fixation des taux des droits ; taxes et redevances à percevoir à l'initiative du ministre du commerce extérieur.

[3] Ordonnance n°21/060 portant institution du Comité nationale de mise en œuvre de la Zone de Libre-Échange Continentale Africaine du 28 juillet 2021.

Cependant, la question de la tutelle de la Direction Générale des Douanes et Accises (DGDA) continue de susciter des débats entre le Ministère du Commerce Extérieur et le Ministère des Finances. Actuellement, la DGDA est placée sous la tutelle du Ministère des Finances, ce qui soulève des interrogations quant à l'implication directe du Ministère du Commerce Extérieur dans les décisions et directives douanières liées au libre-échange. Certains observateurs considèrent qu'il serait pertinent que le Ministère du Commerce Extérieur ait une voix plus directe auprès de la DGDA, étant donné que cette dernière est l'organe chargé d'appliquer les dispositions relatives au libre-échange.

Bien que la DGDA ait mené de nombreuses études sur le libre-échange, le législateur congolais n'a pas encore procédé à l'harmonisation des textes réglementaires de la DGDA. Cette adaptation législative pourrait notamment se traduire par la création d'une direction ou d'un service spécifiquement dédié aux questions de libre-échange au sein de la DGDA. Dans cette perspective, il apparaît logique, pour assurer le succès du libre-échange en RDC, que le Ministère du Commerce Extérieur et le Ministère des Finances exercent conjointement une autorité de tutelle sur la DGDA. Cette double tutelle permettrait un suivi plus efficace et une meilleure coordination dans l'application des mesures liées au libre-échange, garantissant ainsi une mise en œuvre harmonieuse et bénéfique pour l'économie congolaise.

§.3. OGEFREM

L'OGEFREM a été créé en 1980[1] dans le contexte de la Loi de Commerce de 1973, de la Charte d'Abidjan de 1975 et du Code de Conduite des Conférences Maritimes de 1983. Il avait pour compétence entre autres de protéger la Compagnie Maritime Nationale, à travers la répartition des cargaisons ; réglementer et réguler les taux de fret payés par les chargeurs congolais ; chercher à améliorer la desserte maritime régionale, en coopération avec les Conseils des chargeurs et autres organismes, rechercher la simplification des formalités administratives et juridiques maritimes ; et défendre et représenter les intérêts des chargeurs.

[1] Ordonnance 80-256 du 12 novembre 1980.

Elle a compétence pour gérer, sur le territoire national et dans les principaux corridors de désenclavement, l'ensemble de charge qui constitue le fret national à l'importation et à l'exportation[1].

L'OGEFREM intervient financièrement dans les exportations et les importations à travers l'imposition des prélèvements sur le fret maritime, la valeur FOB des exportations et la valeur CIF des importations l'obligation faite aux importateurs de se procurer moyennant paiement une Fiche de Renseignement des Importations (FERI[2] - système mis en place en 2005) ; l'obligation imposée par l'Administration de Transports aux armateurs de souscrire un contrat d'adhésion afin d'obtenir le droit de faire escale à la frontière enfin à travers les contrats d'agence aux transitaires.

§.4. L'ONATRA

L'ONATRA a été créé par le Décret n° 0051 du 7 novembre 1995 portant création et statuts d'une entreprise publique dénommée Office national des transports, en abrégé « ONATRA ». À sa création, l'ONATRA est une entreprise publique à caractère industriel et commercial, dotée de la personnalité juridique. Elle est placée sous la tutelle du ministère ayant les transports dans ses attributions et reste soumis au régime des Entreprises publiques du fait de sa transformation depuis 2008[3].

L'Office national des transports (ONATRA), devenue depuis quelques années la Société Congolaise de Transport et Port (SCTP), a toujours été à la pointe de l'innovation pour faciliter les échanges commerciaux. Elle a repris son appellation d'origine en 2023 pour témoigner ainsi de sa volonté de renouveau. L'ONATRA gère les chemins de fer, les ports et les voies fluviales. Son objectif ? Faciliter

---

[1] Article 6 du décret n°09/63 fixant les statuts d'un établissement Office de gestion du fret multimodal du 10 décembre 2009.

[2] Conformément aux décisions n° 004 du 20/02/2023 et DG-n° 003/05/2021 du 18/05/2021, toute cargaison importée en République Démocratique du Congo, quelle que soit sa destination finale, doit être accompagnée d'une Fiche Électronique de Renseignement à l'Importation (FERI) valide. Cette FERI doit être émise par l'Office de Gestion du Fret Multimodal (OGEFREM) ou son représentant autorisé. Chaque connaissement (B/L ou AWB) doit être régularisé par une FERI distincte.

[3] Loi n°08/007 du 07 juillet 2008 portant dispositions générales relatives à la transformation des entreprises publiques.

le transport de marchandises et de personnes sur l'ensemble du territoire.

Pour accélérer les échanges commerciaux, l'ONATRA a mis en place une mesure révolutionnaire : la réduction des formalités douanières dans les ports de Matadi[1] et de Boma. Ainsi, les importateurs peuvent désormais récupérer leurs marchandises beaucoup plus rapidement. Afin de financer la modernisation de ses infrastructures et de ses équipements, le gouvernement congolais a instauré une redevance logistique terrestre. Cette taxe, perçue sur les marchandises transportées a permis à l'entreprise de réaliser d'importants investissements pour améliorer la qualité de ses services.

§.5. La Régie des voies maritimes (RVM)

La Régie des voies maritimes est créée par l'ordonnance-loi 71-003 du 26 janvier 1971. La RVM actuellement CVM, est une entreprise publique à caractère technique et commercial, dotée de la personnalité juridique. Elle a pour activité les voies de navigation du bief maritime du fleuve Congo[2]. À cette fin, elle est notamment chargée des études et de l'exécution des travaux de balisage; de l'aménagement et de l'entretien des passes de navigation ainsi que du curage du rivage des ports; de l'établissement des levés et des cartes hydrographiques; du pilotage des bateaux.

---

[1] Matadi, capitale de la province du Kongo-Central, est une ville portuaire d'une importance capitale pour l'économie de la République Démocratique du Congo. Son port est le principal point d'entrée et de sortie des marchandises, concentrant ainsi une grande partie de l'activité douanière du pays.

Parmi les infrastructures remarquables de Matadi, on trouve : Le pont de Matadi (anciennement pont Maréchal) : Ce pont suspendu, d'une longueur de 722 mètres, a été construit en 1983. Il relie la ville à la rive droite du fleuve Congo, facilitant l'accès à Boma et aux barrages hydroélectriques d'Inga. Considéré comme le plus long pont suspendu d'Afrique, il attire de nombreux touristes.

Le port de Banana : Situé à quelques kilomètres de Matadi, ce port se trouve à l'embouchure du fleuve Congo, dans l'océan Atlantique. Il est protégé par une bande de terre de 3 km de long, ce qui le met à l'abri des vagues de l'océan. Le port de Banana fait l'objet d'un projet de développement majeur pour devenir un port en eau profonde, capable d'accueillir des navires de grande taille.

[2] Camille NGOMA KHUABI, le régime juridique de navigation dans le bassin du fleuve Congo : entre centralisation, application et du rejet d'un cadre conventionnel régional mal négocié en République démocratique du Congo, KAS African Law Library-Library africaine d'Etudes Juridiques (2014), p.360.

En vue de la réalisation de son objet, la Régie est habilitée, moyennant l'approbation du ministre des Transports et voies des Communications, à facturer toutes les prestations fournies à des tiers et à en majorer, le cas échéant, les tarifs. La CVM est placée sous la tutelle des départements des Transports et Communications, et du Portefeuille, chacun y intervenant dans la sphère de ses attributions spécifiques[1].

§.6. Office Congolais de Contrôle (OCC)

L'Office Congolais de Contrôle (OCC), créé initialement par l'ordonnance-loi n° 74/01 du 10 janvier 1974 et transformé depuis en établissement public à caractère scientifique et technique par la loi n° 08/009 de 2008 et le décret n° 09/44 de 2009, détient une personnalité juridique.

Le mandat de l'OCC est large et obligatoire : il intervient non seulement dans certaines transactions intérieures, mais surtout, et de manière impérative selon la réglementation, au niveau des exportations et des importations[2].

Dans le cadre des importations, le rôle de l'OCC est particulièrement marqué. Tout contrôle des biens est conditionné par l'existence de la Déclaration modèle « IB ». Le résident désireux d'importer est tenu d'obtenir une Attestation de Vérification (AV) ou, le cas échéant, un Avis de Refus d'Attestation (ARA) délivré par le mandataire de l'OCC (tel que BIVAC, son mandataire officiel pour la pré-inspection) suite au contrôle avant embarquement[3]. Ce contrôle avant embarquement par le mandataire de l'OCC est la première étape.

Toutefois, l'intervention de l'OCC ne s'arrête pas là : le contrôle à l'arrivée est systématiquement requis pour les biens ayant échappé à l'inspection avant embarquement, ceux arrivés en haute mer, ou les biens prétendument exemptés. Ce contrôle post-arrivé est attesté par le

---

[1] Article 22 de l'ordonnance n°78-198 du 5 mai 1978 portant statuts d'une entreprise publique dénommée Régie des Vois maritimes.

[2] Initialement, son mandat englobait le contrôle de qualité, de quantité et de conformité de toutes les marchandises, ainsi que l'analyse de produits et les contrôles techniques d'appareils et de travaux. Bien que ses statuts renouvelés en 2009 semblent théoriquement exclure les missions de contrôle de quantité et de valeur, son intervention reste une étape incontournable dans la circulation des biens.

[3] Article 30 de la Loi n°2010-033 du 20 juillet 2010 portant Réglementation du change.

Certificat de Vérification à l'Importation (CVI) de l'OCC. Pour les régimes spécifiques comme les importations temporaires (location, réparation, travail à façon), un certificat d'inspection ou une attestation de vérification de l'OCC ou de son mandataire est également exigé pour spécifier l'état et la valeur des biens.

Quant aux exportations, l'OCC assure également un contrôle systématique. C'est l'Office Congolais de Contrôle qui délivre le Certificat de Vérification à l'Exportation et à l'Embarquement (CVEE), document essentiel attestant de la qualité, de la quantité et de la valeur réelle des biens destinés à l'export. Ce rôle de contrôle à l'exportation est majoritairement dévolu à l'OCC, avec un chevauchement moindre comparativement aux importations, BIVAC n'étant pas mandaté pour ces contrôles.

Les services de l'OCC ont un coût : il facture 1% des valeurs FOB à l'exportation et 2% des valeurs CIF à l'importation, complétés par des prélèvements forfaitaires pour des opérations spécifiques comme le "tally[1] " à l'import, ou variables pour les contrôles qualité et les éventuelles amendes. Le paiement de ces prestations à l'OCC est obligatoire et s'effectue, souvent par prélèvement, sur présentation des bordereaux de frais accompagnés des documents de contrôle pertinents (AV, ARA, CVEE, ou Certificat de non Exportation - CNE[2]).

Il est important de noter que le rôle de l'OCC présente des zones de chevauchement avec d'autres administrations. Ses procédures de contrôle, notamment sur la quantité et la valeur à l'importation, sont souvent similaires à celles de la Direction Générale des Douanes et Accises (DGDA), entraînant des recoupements. Des chevauchements existent également pour les contrôles sanitaires avec les ministères sectoriels (santé, agriculture). De plus, l'OCC agit pour le compte d'autres entités, contrôlant par exemple les valeurs de fret et d'assurance pour l'OGEFREM, et semble avoir un mandat du Ministère de l'Economie pour vérifier le paiement des taxes sur les licences

---

[1] Les services de tally sont essentiels dans le transport maritime pour assurer une gestion précise des marchandises lors de leur chargement ou déchargement. Ce document permet de vérifier la progression du travail, d'éviter les erreurs de comptage ou d'emplacement et de faciliter la communication entre les différents intervenants du transport maritime. Il sert également de base pour la facturation et la résolution de litiges éventuels.

[2] Article 30 de la Loi n°2010-033 du 20 juillet 2010 portant Réglementation du change.

d'import/export et infliger des amendes, consolidant ainsi sa position centrale, bien que parfois complexe, dans l'écosystème du commerce extérieur congolais.

Section IV. Instruments des réseaux douaniers

§.1. Le Guichet Unique Intégral du Commerce Extérieur

Le Guichet Unique Intégral du Commerce Extérieur (GUICE) est une plateforme informatique centrale conçue pour simplifier et rationaliser les procédures liées aux opérations d'importation, d'exportation, de transit et de transbordement des biens. Administré par SEGUCE RDC SA[1], un opérateur privé dans le cadre d'un partenariat public-privé, le GUICE permet aux acteurs du commerce extérieur et du transport de déposer informations et documents standardisés en un point d'entrée unique, afin d'accomplir l'ensemble des formalités officielles requises[2].

L'instauration du GUICE s'inscrit dans un effort plus large de la RDC, entamé depuis les années 1990 avec le soutien du FMI[3] et de la Banque Mondiale, visant la réforme de son administration douanière et l'amélioration du climat des affaires[4]. Le GUICE a été institué par le décret N° 05/160 du 30 décembre 2005, avec pour objectif initial de centraliser la perception de tous les droits, impôts, taxes et redevances liés au dédouanement[5].

Bien que sa mise en œuvre ait rencontré des difficultés opérationnelles initiales, nécessitant une phase d'adaptation de l'administration, le déploiement progressif du GUICE sur le territoire

---

[1] La Société d'exploitation du Guichet Unique Intégral en RDC (SEGUCE RDC en sigle) est chargée de mettre en œuvre une réforme visant à faciliter le commerce extérieur de la République Démocratique du Congo par la mise en place d'une plateforme électronique fluidifiant les échanges entre différents acteurs.

[2] Article 1 de l'instruction n° 29 relative à la gestion des opérations d'exportation, d'importation et de transit des biens.

[3] Fond Monétaire International (FMI) est une institution internationale regroupant 190 pays, dont le but est de promouvoir la coopération monétaire internationale, garantir la stabilité financière, faciliter les échanges internationaux, contribuer à un niveau élevé d'emploi, à la stabilité économique et faire reculer la pauvreté.

[4] Abdoullah FAOUZI, Op. Cit, p. 12.

[5] Article 1 du décret N° 05/160 du 30 décembre 2005 portant création du GUICE.

national s'est poursuivi, avec l'ouverture de guichets dans des points stratégiques comme Kasumbalesa[1] et le port de Matadi autour des années 2010.

En 2014, pour accélérer et moderniser le processus, le gouvernement a signé un contrat de concession avec le groupement Bureau Veritas – SOGET (qui a créé SEGUCE RDC SA) pour la conception, la mise en œuvre et la gestion du GUICE via le PPP[2]. L'objectif principal était alors de simplifier et de dématérialiser la gestion des flux import-export, en s'appuyant sur les meilleures pratiques internationalement reconnues. Un décret ultérieur, le N° 019/15 du 14 octobre 2015, a renforcé la structure de gouvernance en mettant en place des comités de supervision[3] (pilotage stratégique sous l'autorité des ministères concernés, notamment le Ministère du Commerce Extérieur et le Ministère des Finances) et de suivi (gestion opérationnelle).

Le fonctionnement du GUICE, conforme aux définitions internationales (comme celle de l'expert Ibrahima Diagne le qualifiant de "facilité" centralisant la soumission d'informations), s'articule autour de trois phases[4] :

- Pré-dédouanement: Déclaration, demandes de licences, paiement préliminaire.
- Dédouanement: Soumission électronique des documents, paiement et consultation en ligne.
- Post-dédouanement: Vérification des documents, délivrance de certificats, suivi des régimes suspensifs[5].

---

[1] Kasumbalesa est une localité du territoire de Sakania, dans la province du Haut-Katanga en République démocratique du Congo. Elle constitue le poste frontière entre la RDC et la Zambie et se trouve à 96 km de Lubumbashi.

[2] Partenariat Public Privé.

[3] Article 2 du décret n°15/018 du 14 octobre 2015.

[4] Selon la Recommandation 33 publiée en 2005 : *"Le Guichet Unique est une facilité permettant aux parties impliquées dans le commerce et le transport de déposer des informations et des documents normalisés auprès d'un point d'entrée unique afin de remplir toutes les formalités officielles liées à l'importation, à l'exportation et au transit".*

[5] Les arrêtes et règlements ministériels qui completent le décret, tels que l'arrêté interministériel n° 035/cab/min/finances/2316 et 005/cab/min-com/2016.

Le GUICE se distingue des autres guichets uniques existants en RDC (pour la création d'entreprise1, la déclaration d'impôts, les permis de construire[2], etc.) par sa focalisation exclusive sur la centralisation de *toutes* les formalités administratives (publiques et privées) requises pour le commerce extérieur. Son adoption s'inscrit dans une tendance régionale et internationale soutenue par des organisations comme l'OMC, l'OMD, la Banque Mondiale et les Nations Unies, visant à résoudre le problème des coûts de transport élevés en Afrique, souvent dus à des procédures frontalières lentes et complexes.

Conformément aux dispositions légales, telles que celles énoncées dans l'Instruction n° 29 relative à la gestion des opérations d'exportation, d'importation et de transit des biens, la procédure de traitement de ces opérations s'opère de manière intégrée via le GUICE et le système ISYS-DDR de la Banque Centrale du Congo (BCC). Les formalités de pré-dédouanement, incluant la souscription des Déclarations modèles EB ou IB, sont réalisées par l'opérateur économique directement dans le GUICE. Ces données sont initialement considérées comme provisoires. Elles ne deviennent accessibles aux différents services intervenants qu'après leur validation dans ISYS-DDR par la banque concernée. Un Protocole d'accord a été signé entre la BCC et SEGUCE RDC pour régir l'échange automatique d'informations entre ISYS-DDR et le GUICE, assurant ainsi la fluidité des processus. Les Déclarations validées dans ISYS-DDR sont automatiquement transmises au GUICE pour consultation et exploitation, et réciproquement, les informations sur le dénouement des opérations de change disponibles dans le GUICE sont envoyées vers ISYS-DDR3.

L'instauration du GUICE a contribué à fluidifier les échanges transfrontaliers et à accroître les recettes douanières en centralisant la perception des droits et taxes. Cependant, elle a également suscité des résistances en raison du bouleversement des pratiques antérieures (processus manuels, autonomie des services). La gestion de certains aspects par la Direction Générale des Douanes et Accises (DGDA) a, par moments, fragilisé la collaboration avec l'Office Congolais de

---

[1] Créé par le décret n°14/014 du 08 Mai 2014.

[2] Créé par le décret n°22/21 du 24 mai 2022.

[3] ISYS-DD est la plate-forme informatique administrée par la Banque Centrale dédiée à la gestion des opérations d'importation, d'exportation et de transit des biens;

Contrôle (OCC), malgré un protocole d'accord datant de mai 2012 visant à harmoniser leurs interactions, y compris la perception par la DGDA de certains frais pour le compte de l'OCC.

§.2. Système douanier automatisé (SYDONIA)

Le logiciel SYDONIA est un outil essentiel de gestion et de contrôle douanier automatisé qui a modernisé et accéléré les procédures de dédouanement des marchandises en RDC, s'alignant sur les standards internationaux[1].

Le logiciel SYDONIA (Système Douanier Automatisé) a été développé par la CNUCED au début des années 1980[2].Conçu initialement pour collecter des données fiables afin d'aider au calcul des compensations liées à la réduction des tarifs douaniers au sein de la CEDEAO, il a rapidement évolué pour devenir un outil complet de gestion des procédures de commerce extérieur pour les administrations douanières.

SYDONIA permet de gérer les manifestes et déclarations, de calculer les droits et taxes, de suivre les marchandises en transit, d'appliquer les régimes économiques et de générer des statistiques fiables[3].

La Direction Générale des Douanes et Accises (DGDA) de la RDC utilise SYDONIA depuis les années 90, ayant adopté différentes versions (SYDONIA 2.3, 2.7, SYDONIA++) pour automatiser progressivement ses procédures. L'implémentation de la version la plus récente, SYDONIAWorld[4], autour de 2013, a marqué une étape majeure. Cette modernisation a considérablement réduit les délais de traitement des déclarations douanières, passant d'une dizaine de jours à un ou trois jours selon les points d'entrée (comme Matadi ou MGT en 2018). Il est important de noter que le délai total de dédouanement peut

---

[1] SYDONIA tient compte des codes internationaux et des normes développés par l'OSI (l'Organisation de Standardisation Internationale), OMD (Organisation Mondiale des Douanes) et les Nations Unies.

[2] Ce logiciel a été développé à Genève. Il fonctionne dans un environnement client-serveur sous les systèmes d'exploitation UNIX et DOS et le système de gestion de base de données Relations SGBDR.

[3] Le décret n°011/18/ du11 avril 2011 portant manuel des procédures harmonisées transitoires applicables au Guichet Unique à l'importation et à l'exportation.

[4] SYDONIAWorld est la dernière évolution du système douanier automatisé SYDONIA.

encore être influencé par des facteurs non douaniers (dépôt tardif de la déclaration, présentation de la marchandise, paiement).

Adopté par plus de 180 administrations douanières dans le monde, SYDONIA est un système modulaire, configurable selon les besoins de chaque pays, qui utilise les codes et normes internationaux (ISO, OMD, ONU). Il est compatible avec l'échange de données électroniques (EDI), permettant aux opérateurs économiques de soumettre leurs déclarations par voie électronique. Son utilisation est d'ailleurs obligatoire pour tous les partenaires de la DGDA, tels que les commissionnaires en douane.

SYDONIA joue un rôle clé dans le contrôle. Il permet aux vérificateurs d'analyser les documents, d'inspecter les marchandises si nécessaire, et de saisir ou ajuster les valeurs déclarées en justifiant leur évaluation dans le système. Basé sur l'analyse des données et potentiellement la correction de valeur, SYDONIA participe à l'évaluation du risque et au routage automatique des déclarations (par exemple, vers un circuit de contrôle différé pour les cas jugés à faible risque).

Chapitre IV. Les partenaires agréés de la douane

L'administration douanière ne travaille pas de manière isolée. Elle s'appuie au contraire sur une collaboration étroite avec une série d'acteurs, qu'elle agrée officiellement pour garantir la fluidité, la conformité et la sécurité des opérations. Ce chapitre se propose d'explorer la place de ces partenaires privilégiés. Dans un premier temps, nous analyserons le commissionnaire en douane (Section 1). Nous retracerons l'origine de cette profession, détaillerons les conditions et procédures d'accès à cet agrément en RDC, et examinerons en profondeur les fonctions multiples ainsi que les responsabilités significatives qui incombent à ces professionnels. Par la suite, nous aborderons une notion plus récente mais tout aussi fondamentale dans la modernisation des relations douane-entreprise en RDC : l'Opérateur Économique Agréé (Section 2). Reconnu sur la base de critères de fiabilité et de sécurité, l'OEA incarne une forme de partenariat renforcé. Nous étudierons le contexte de l'émergence de ce statut en RDC, analyserons son cadre juridique national, et présenterons les différents types de certification OEA existants.

Section I. Le commissionnaire en douane agrée

§.1. Origines et fondements du commissionnaire en douane agrée

L'étymologie du terme "commissionnaire" remonte au latin médiéval "*commissarius*", dérivé du verbe "*committere*", signifiant "confier" ou "charger d'une mission". Cette origine latine souligne l'idée fondamentale d'une personne mandatée pour agir au nom d'autrui, une notion centrale qui s'applique également au commissionnaire en douane.

L'évolution du concept de commissionnaire est intimement liée aux pratiques commerciales historiques. Dès le XVIIe siècle, des figures comme Jacques Savary, dans son influent ouvrage "Le Parfait négociant" (1675), décrivent minutieusement la pratique de la commission, bien qu'une définition juridique formelle n'ait pas été immédiatement établie[1]. Le commissionnaire, au sens commercial large de l'époque, était une personne chargée de régler une affaire pour le compte d'un commettant, agissant souvent en son propre nom mais pour le bénéfice de ce dernier.

Au sens spécifique du droit douanier, le commissionnaire en douane désigne une personne physique ou morale agréée par l'administration pour effectuer, pour le compte de ses clients (les opérateurs économiques), les formalités douanières nécessaires[2]. Cela inclut traditionnellement l'établissement des déclarations en douane, la liquidation provisoire des droits et taxes, et la présentation des marchandises aux services douaniers lors des opérations d'importation, d'exportation, de transit ou d'entrepôt.

Historiquement, le commissionnaire en douane a longtemps été perçu comme un auxiliaire de l'administration douanière, agissant comme un intermédiaire facilitant la relation entre les opérateurs économiques et la douane en se chargeant des procédures complexes[3]. Son rôle principal était d'assurer la conformité administrative pour permettre le passage des marchandises.

Cependant, le rôle du commissionnaire en douane a évolué. Avec la complexité croissante du commerce international, marquée par l'augmentation des échanges transfrontaliers et la diversification des réglementations, le commissionnaire en douane est de plus en plus un partenaire stratégique de l'administration douanière et un conseiller indispensable pour les entreprises. Au-delà de la simple exécution des formalités, il apporte son expertise pour optimiser les opérations douanières, conseiller sur les régimes les plus appropriés et gérer les risques.

---

[1] J. Savary, Le parfait négociant, éd. Paris, L. Billaine, 1675, t. II, p. 176-177.

[2] Un commissionnaire, tout court, est un intermédiaire qui agit pour le compte d'une autre personne, appelée commettant, dans le cadre d'une opération juridique. Il accomplit les actes juridiques nécessaires à la réalisation de cette opération, sans s'engager en son propre nom. Il est mandaté par le commettant pour agir en son nom et pour son compte. Le commissionnaire représente son donneur d'ordre auprès de l'administration des douanes. Ce mandat peut être donné de manière expresse ou implicite. On distingue plusieurs types de commissionnaires, notamment le commissionnaire de transport, le commissionnaire de vente, le commissionnaire d'achat, le commissionnaire d'assurance.

[3] J.L Albert, Fasc. 502 : Union douanière – Acheminement des marchandises, LexisNexis, JurisClasseur Europe Traité, 2022, paragraphe n°46.

Il est important de distinguer le rôle du commissionnaire en douane de celui du transitaire (ou *freight forwarder*). Alors que le transitaire a une mission plus large d'organisation de l'ensemble de la chaîne de transport d'une marchandise, incluant la liaison entre différents transporteurs et diverses opérations administratives (transport, assurance, logistique, etc.), le commissionnaire en douane se concentre spécifiquement sur les formalités et procédures requises par l'administration des douanes pour le passage des frontières. Un transitaire peut proposer des services de dédouanement, mais il agit alors en tant que commissionnaire en douane si l'activité est réalisée pour le compte de son client et qu'il est agréé à cet effet. Le commissionnaire en douane, lui, est le spécialiste agréé dont l'expertise principale réside dans le domaine douanier.

Pour accomplir leurs missions, les commissionnaires en douane s'appuient sur le Code des douanes (Ordonnance-loi n° 10/002 du 20 août 2010) et ses mesures d'application, notamment l'Arrêté Ministériel n°016/Cab/Min/Finances/2011. Ce cadre légal régit la profession, définissant son organisation, les conditions d'exercice, les droits et obligations des commissionnaires, ainsi que leur déontologie.

Selon le Code, un commissionnaire en douane est un professionnel qui, à titre principal ou complémentaire[1], effectue les opérations de dédouanement (importation ou exportation) pour le compte de tiers. Il agit pour le compte de ses clients afin de réaliser les formalités douanières nécessaires[2].

§.2. Accès à la profession de commissionnaire en douane agrée

1. Les conditions d'agrément

L'agrément pour exercer la profession de commissionnaire en douane est exclusivement réservé aux personnes morales[3]. Cependant, cet agrément revêt un caractère personnel et *intuitu personae* : il est

[1] Article 116 du code des douanes.

[2] E. Dereviankine, L. Garcia-Campillo, C. Humaan, Le Lamy transport Tome 2, Lamyline, paragraphe n°234.

[3] L'article 117 du code des douanes assimile le commissionnaire en douane à une société commerciale dotée de la personnalité juridique pour être considéré comme sujet de droit. Il est tenu, pour sa formation, de respecter les prescris de l'Acte Uniforme OHADA portant sur le droit des sociétés commerciales et des groupements d'intérêt économique.

accordé non seulement à la société elle-même, mais il requiert également la désignation de personnes physiques habilitées à la représenter et à agir en son nom.

En effet, le Code des Douanes établit un principe fondamental du droit douanier congolais : seuls les commissionnaires en douane dûment agréés sont habilités à accomplir, pour le compte d'autrui, les formalités douanières relatives à la déclaration de marchandises[1].

Afin d'obtenir ce précieux agrément, les sociétés dont l'objet social couvre notamment les activités d'import-export doivent soumettre une demande écrite détaillée à la Direction Générale des Douanes et Accises. Cette demande doit impérativement être accompagnée d'un dossier justificatif complet[2], comprenant notamment :

a) Une copie conforme de l'acte constitutif de la société ou un extrait du journal officiel contenant ses statuts à jour ;

b) Les copies certifiées conformes des actes justifiant l'immatriculation au Registre de Commerce et du Crédit Mobilier, ainsi que les numéros d'Identification Nationale et d'Impôt ;

c) L'attestation fiscale de la société postulante et, le cas échéant, une attestation de situation fiscale en cours de validité des dirigeants principaux ;

d) Une copie certifiée conforme du procès-verbal de l'assemblée générale extraordinaire désignant la ou les personnes ayant le pouvoir d'engager la société, si ces pouvoirs ne sont pas explicitement prévus par les statuts ;

e) Des documents détaillés sur l'identité, le niveau d'études, l'expérience professionnelle et la moralité des principaux dirigeants. Pour les ressortissants étrangers, le dossier doit également inclure la preuve du visa d'établissement et de la carte de travail en RDC ;

f) Des éléments justifiant auprès de la douane la disponibilité d'infrastructures (bureaux adéquats, équipements informatiques) et la capacité technique de se connecter à distance aux systèmes informatiques douaniers ;

---

[1] Article 116, al.1 de l'ordonnance-loi n° 10/002 du 20 aout 2010 Portant Code des douanes.

[2] Article 26, point 2 de l'Arrêté Ministériel n°016/Cab/Min/Finances/2011 du 11avril 2011 portant mesures d'applications de l'ordonnance-loi n° 10/002 du 20 aout 2010 Portant Code des douanes.

g) Une déclaration écrite autorisant l'accès de la douane à la comptabilité et aux systèmes informatiques de l'entreprise ;

h) L'engagement à signer la charte de sécurité informatique de la douane.

Une fois l'agrément obtenu[1] et avant de débuter ses activités opérationnelles, le commissionnaire en douane agréé est tenu de **constituer une garantie préalable** sous forme de cautionnement bancaire. Le montant de cette garantie varie en fonction de la nature des marchandises qu'il est autorisé à déclarer : il s'élève à 100 000 USD pour les marchandises diverses, à 250 000 USD spécifiquement pour les produits pétroliers. Pour obtenir l'autorisation de déclarer toutes les natures de marchandises, le cautionnement requis est de 350 000 USD.

Lors de l'octroi de l'agrément, la Douane attribue à la société agréée un numéro unique. La demande d'agrément initiale est formellement adressée au Directeur Général des Douanes et Accises[2], avec une copie de courtoisie réservée à la Direction des Affaires Juridiques et Contentieuses.

2. Des incompatibilités et forme juridique

Les agents en douane, ainsi que tous les autres agents relevant des carrières des services publics de l'État, ont l'interdiction formelle d'être associés actifs dans une société commerciale exerçant les activités de commissionnaire en douane. Cette prohibition signifie qu'il leur est impossible de détenir des parts sociales, des actions ou tout autre titre de participation dans de telles entités. Elle s'étend également à la fourniture de prestations de services de toute nature à ces sociétés de commissionnaires, quel que soit le titre sous lequel ces services seraient rendus. Qu'il s'agisse de conseil, d'assistance, de formation ou de représentation, toute collaboration rémunérée ou active entre un agent de l'État et une société de commissionnaire en douane est proscrite.

Ce cadre réglementaire impose, comme principe directeur, que le commissionnaire en douane soit obligatoirement une personne morale, c'est-à-dire une entité constituée sous une forme juridique reconnue par le droit congolais. Cependant, si le Code des douanes congolais pose clairement cette exigence de personnalité morale, il ne précise pas

[1] L'agrément est formellement accordé, ou temporairement suspendu, voire définitivement retiré, par décision du Directeur Général des douanes.

[2] Article 116, point 2 du Code des douanes.

expressément quelle forme juridique spécifique doit revêtir cette personne morale[1] (Société à Responsabilité Limitée, Société Anonyme[2], etc.[3]).

§.3. Fonctions et responsabilités du commissionnaire en douane

1. Le rôle du Commissionnaires en douanes

En droit congolais, et plus précisément en vertu de l'Ordonnance-Loi n° 10/002 du 20 août 2010 portant code des douanes, le commissionnaire en douanes occupe une place fondamentale. Il se positionne comme un partenaire privilégié, voire incontournable, de l'administration douanière, agissant toujours pour le compte des opérateurs économiques qu'il représente[4].

Cette reconnaissance lui confère des pouvoirs étendus : il détient le monopole de la déclaration en douane et jouit du pouvoir de représentation légale. Le code des douanes lui attribue ainsi l'accomplissement exclusif de cette formalité, faisant de lui

---

[1] Cette imprécision dans le Code des douanes actuel laisse subsister un certain flou juridique, d'autant plus notable depuis l'adhésion de la RDC à l'Organisation pour l'Harmonisation du Droit des Affaires en Afrique (OHADA) en 2012.

[2] Parmi ces formes juridiques, la Société Anonyme (SA) est souvent perçue comme celle offrant la plus grande robustesse juridique et la meilleure capacité à gérer des structures et des opérations d'envergure. Au regard de ces avantages, il serait pertinent, voire souhaitable, que le Code des douanes congolais soit révisé pour imposer expressément la forme juridique de la SA aux commissionnaires en douane. Une telle évolution permettrait d'aligner leur statut juridique sur celui d'autres acteurs économiques stratégiques pour lesquels la forme SA est déjà requise, comme c'est le cas pour les sociétés d'assurances depuis le Code des assurances de 2016.

[3] L'Acte Uniforme portant sur le droit des sociétés commerciales et des groupements d'intérêt économique en Afrique (OHADA) définit les différentes formes de sociétés commerciales autorisées. Nous citons :

- Société à Responsabilité Limitée (SARL) ;
- Société Anonyme (SA) ;
- Société en Commandite Simple (SCS) ;
- Société en Nom Collectif (SNC) ;
- Société par Action Simplifié (SAS.

[4] Article 117 de l'Ordonnance-Loi n° 10/002 du 20 août 2010 portant code des douanes

l'intermédiaire indispensable entre les entreprises et l'administration chargée du contrôle des flux de marchandises[1].

2. Droits de commissionnaire en douane

a) Droit à une rémunération

Son statut lui confère le droit de percevoir une rémunération pour les services rendus à ses clients. Les principes de liberté contractuelle, d'exécution de bonne foi[2] et de prévention de l'enrichissement sans cause sont pris en compte dans cette détermination. En vertu de ces principes, le commissionnaire en douanes et son client sont libres de négocier le montant de la rémunération, à condition que cet accord respecte l'ordre public et les bonnes mœurs. Il est fortement recommandé que le commissionnaire en douanes et son client formalisent leur accord sur les honoraires par écrit afin de prévenir d'éventuels litiges et de protéger les droits des deux parties.[3]

b) Droit au principe de l'autonomie

L'autonomie du commissionnaire en douane dans l'accomplissement de certaines formalités s'articule autour de deux points fondamentaux :

- Le commissionnaire en douane a le droit d'accomplir en son propre nom tous les actes et formalités prévus par la législation douanière[4];
- La loi indique que les actes effectués par le commissionnaire en douanes, en vertu de son autonomie, ne sont pas soumis aux dispositions relatives au contrôle a posteriori. Cela signifie que les opérations menées par le commissionnaire en douanes bénéficient d'une certaine exemption par rapport aux vérifications et contrôles qui s'appliquent aux déclarants traditionnels.

Cependant, il sied de souligner que l'autonomie du commissionnaire en douanes n'est pas absolue. Elle s'exerce strictement dans le cadre

---

[1] Arrêté Ministériel n°016/Cab/Min/Finances/2011 du 11avril 2011 portant mesures d'applications de l'ordonnance-loi n° 10/002 du 20 aout 2010 Portant Code des douanes.

[2] Article 33 du code civil congolais livre 3.

[3] Article 32 de l'Arrêté Ministériel n°016/Cab/Min/Finances/2011 du 11avril 2011 portant mesures d'applications de l'ordonnance-loi n° 10/002 du 20 aout 2010 Portant Code des douanes.

[4] Article 33, point 1 de l'Arrêté Ministériel n°016.

des dispositions légales en vigueur et n'exonère pas le commissionnaire en douanes de ses obligations légales et professionnelles. Il demeure entièrement responsable de la bonne exécution des formalités qu'il accomplit et doit toujours agir en conformité avec les intérêts de son client.

3. La nature contractuelle

Ce contrat signé entre le commissionnaire en douane et le donneur d'ordre[1] est généralement considéré comme un contrat de mandat[2]. En vertu de ce contrat, le donneur d'ordre (le mandant) confie au commissionnaire en douane (le mandataire) le pouvoir d'accomplir en son nom et pour son compte les formalités douanières nécessaires pour l'importation, l'exportation ou le transit de marchandises.

Cependant, certains auteurs considèrent la relation contractuelle entre le commissionnaire en douane et le donneur d'ordre comme un contrat de commission plutôt qu'un contrat de mandat.

La distinction réside principalement dans l'étendue du pouvoir de représentation conféré au commissionnaire. Dans un contrat de commission, le commissionnaire agit en son propre nom, mais pour le compte du donneur d'ordre. Il a donc le pouvoir de conclure des contrats avec des tiers au nom du donneur d'ordre. Par contre, dans un contrat de mandat, le commissionnaire agit toujours au nom du donneur d'ordre. Il n'a pas le pouvoir de conclure des contrats avec des tiers en son propre nom, même pour le compte du donneur d'ordre.

En conséquence, et en adéquation avec le cadre légal congolais, il s'avère pertinent d'opter pour la terminologie du contrat de mandat pour désigner la relation contractuelle entre le commissionnaire en douane et

---

[1] Le donneur d'ordre du commissionnaire en douane est toute personne physique ou morale qui lui confie un mandat pour effectuer des opérations en douane. C'est généralement l'opérateur économique pour lequel il agit. Il peut être :
Importateur ou exportateur ;
Expéditeur ou destinataire ;
Transitaire ;
Autre entité impliquée dans la chaîne d'approvisionnement, telle qu'un agent de fret ou un courtier en douane.

[2] Aux termes de l'article 526 du Décret du 30 juillet 1888 relatif aux contrats ou obligations conventionnelles, le mandat ou procuration est un acte par lequel une personne, le mandant, donne à une autre, le mandataire, le pouvoir de faire quelque chose en son nom. Le contrat de mandat se forme par l'acceptation expresse ou tacite du mandataire.

son donneur d'ordre. Cette approche s'aligne sur la terminologie employée par la législation douanière congolaise, qui ne fait mention que du contrat de mandat. En droit comparé et ce, depuis longtemps, la jurisprudence française a considéré que la commission en douane relève du régime applicable au contrat de mandat[1].

4. Les obligations du commissionnaire en douane

a) Obligation à une garantie préalable

Tout commissionnaire en douane a l'obligation de constituer une garantie préalable avant de débuter ses activités[2]. Il est tenu de constituer une garantie préalable auprès de la douane avant d'exercer sa profession. Le montant de cette garantie est fixé, généralement, à 0,50% du chiffre prévisionnel[3] des opérations du commissionnaire en douanes. Ce chiffre prévisionnel varie selon que celui-ci est nouvellement agréé ou déjà en activité. Il représente une projection des opérations douanières futures de ce dernier, calculée en fonction de critères spécifiques déterminés par la réglementation douanière. Pour un commissionnaire en douanes nouvellement agréé, le chiffre prévisionnel des opérations est déterminé par la douane en appliquant un taux moyen de taxation sur la valeur en douane annuelle des marchandises à déclarer.

Par contre, pour un commissionnaire en douanes déjà en activité, le chiffre prévisionnel est basé sur le montant total des droits et taxes douanières versés sur les déclarations de marchandises faites durant le dernier exercice. Le montant de la garantie est réévalué annuellement, en fonction du chiffre d'affaires réel du commissionnaire en douanes à la fin de chaque exercice comptable. Pour garantir un équilibre entre la protection des intérêts de l'administration douanière et la capacité financière des commissionnaires en douanes, la loi fixe des limites au montant de la garantie. Celle-ci ne peut être inférieure à 50 000 dollars ni excéder 250 000 dollars[4].

---

[1] Cass. com., 4 oct. 1988, n° 87-10.471, Jurisdata, n°1988-00169, Bull. civ. IV, n° 259

[2] Article 35 de l'Arrêté Ministériel n°016.

[3] Le chiffre prévisionnel est une estimation financière anticipée utilisée pour établir le montant des garanties exigées par l'administration douanière pour le commissionnaire en douanes.

[4] Article 35, point 4 de l'Arrêté Ministériel n°016.

b) Mise à disposition de locaux professionnels adéquats

Le commissionnaire en douanes doit impérativement disposer de locaux à usage de bureaux, aménagés et équipés pour l'exercice de sa profession. Il doit en justifier auprès de l'administration douanière dans un délai maximum de 6 mois suivants la notification de son agrément. Si les locaux sont loués, le contrat de bail doit avoir une durée d'au moins un an. [1]

c) Connexion obligatoire au système informatique de la douane

Dès réception de la notification d'agrément, et avant tout commencement d'activité, le commissionnaire en douanes doit impérativement se doter d'une connexion à distance au système informatique de la douane. Le délai imparti pour s'acquitter de cette obligation est de 30 jours. Cette connexion est indispensable pour permettre au commissionnaire en douanes d'accomplir les formalités douanières dématérialisées à l'aide du système informatique SYDONIAword qui constitue depuis plus d'une décennie la seule plateforme utilisée dans le traitement des opérations douanières.

d) Tenue de répertoires annuels des opérations douanières

Le commissionnaire douane doit obligatoirement inscrire, sur des répertoires annuels, toutes les opérations douanières qu'il accomplit pour le compte de ses clients. Cette inscription se fait de manière chronologique, suivant une série ininterrompue de numéros. Il doit tenir des répertoires distincts pour les opérations d'importation et d'exportation.

e) Conservation des documents douaniers

Il est tenu de conserver tous les documents douaniers qu'il détient à la suite des opérations en douane pendant le délai prévu par la législation douanière. Les documents douaniers sont conservés dans des conditions de sécurité adéquates. Le commissionnaire en douanes peut opter pour une conservation physique ou électronique.

Il est également attendu de ce professionnel qu'il recueille des informations relatives aux caractéristiques de la marchandise exportée, afin qu'il puisse attester de la conformité des documents douaniers aux

---

[1] Article 36 de l'Arrêté Ministériel n°016.

éléments transmis par le client. Cette obligation de renseignements se confond avec le devoir de conseil qui incombe au commissionnaire en douanes. « *Il y a là une approche très extensive de la mission du commissionnaire* ».[1]

f) Obligation d'établir les déclarations de marchandises

Les obligations imposées au commissionnaire en douanes, notamment en matière d'établissement des déclarations de marchandises, ne sont pas de simples formalités administratives.[2] L'établissement de déclarations détaillées et conformes par le commissionnaire en douanes permet à l'administration douanière de disposer d'une vision claire et précise de chaque opération d'importation ou d'exportation. En cas de non-respect des procédures douanières ou de fraude, l'administration douanière peut aisément identifier le commissionnaire en douanes responsable et prendre les mesures adéquates. La douane peut aisément contacter le commissionnaire en douanes ou son client pour obtenir des informations complémentaires ou pour procéder à des contrôles a posteriori[3].

Le droit congolais pose selon lequel : « *le commissionnaire en douanes doit impérativement justifier son pouvoir de représentation lorsqu'il agit en douane pour le compte d'un tiers* »[4].

5. Les régimes de responsabilité

Le commissionnement en douanes est responsable tant sur le plan civil que sur le plan pénal.

a) La responsabilité civile

Conformément au droit civil congolais du Code civil, «*Le mandataire est tenu d'accomplir te mandat tant qu'il en demeure chargé, et répond*

[1] S. le Roy et V. Courcelle, « Les responsabilités inhérentes au devoir de conseil du commissionnaire en douane », Rev. dr. transp n°3, 2014, dossier 5, paragraphe n°4.
[2] Article 38 de l'Arrêté Ministériel n°016.
[3] Mayana, Ndigungue. *Les auxiliaires de l'administration des douanes: Transitaires et commissionnaires en douane*. [Yaoundé]: République du Cameroun, Ministère de la fonction publique et du contrôle de l'Etat, Centre national d'administration et de magistrature, Ecole nationale d'administration et de magistrature, Division des régies financières, 1990.
[4] Article 39 de l'Arrêté Ministériel n°016.

des dommages et intérêts qui pourraient résulter de son inexécution»[1]. Toute personne qui conclut un contrat et s'engage à exécuter des obligations est susceptible d'être condamnée au versement de dommages et intérêts s'il commet une inexécution contractuelle. Le commissionnaire en douane, en tant que mandataire, peut voir engager sa responsabilité contractuelle dans le cas où il contreviendrait aux obligations auxquelles il est tenu en vertu du contrat de mandat. Le mandataire répond non seulement du dol, mais encore des fautes qu'il commet dans sa gestion. Néanmoins, la responsabilité relative aux fautes est appliquée moins rigoureusement à celui dont le mandat est gratuit qu'à celui qui reçoit un salaire. »[2]

Cependant, ils apportent une précision importante puisque la responsabilité du mandataire à l'égard du mandant est conditionnée à la démonstration d'une faute. Ceci s'explique par le fait que les obligations du représentant en douane sont des obligations de moyens. A cet égard, les juges français du fond rappellent que « *l'obligation du commissionnaire agréé en douane n'est que de moyen, et sa responsabilité ne se présume pas, mais doit être prouvée.* »[3] Par voie de conséquences, la charge de la preuve de la faute repose sur le mandant.

L'appréciation de la faute du mandataire se fait toujours *in abstracto*, c'est-à-dire en prenant pour référence le comportement d'une personne raisonnable. L'article 533 du Code civil opère tout de même une distinction selon que le mandat soit à titre gratuit ou à titre onéreux. Autrement dit, la faute est appréciée différemment en fonction que le mandataire ait la qualité de professionnel ou celle de bénévole. « *Ce sont les règles protectrices de l'équilibre général du contrat qui imposent de tempérer l'appréciation de la faute de celui qui ne reçoit aucune rémunération en contrepartie des services rendus.* »[4]

Lorsque l'administration des douanes procède à une vérification de la déclaration en douane, elle est susceptible de relever des omissions, des inexactitudes et des irrégularités. Dans l'hypothèse où la déclaration irrégulière entraîne des conséquences sur le montant des droits de douane et des taxes afférentes à la marchandise, le client sera tenu de

---

[1] Article 532 du Code Civil Congolais livre III.
[2] Article 533 du Civil Congolais livre III.
[3] CA Paris, 14 mars 2007, n° 06/18119, JurisData n° 2007-343293, Lexis360
[4] S. Bertolaso, Fasc.415 : Mandataire, JurisClasseur Responsabilité civile et Assurances, 2023, paragraphe n°28

payer le supplément de droits et taxes, et pourra se voir infliger, le cas échéant, une sanction.[1]

b) La responsabilité pénale

La responsabilité pénale du représentant en douane se caractérise par la répression des infractions à la réglementation douanière qui lui sont imputables. Cette responsabilité trouve son assise juridique aux articles 373 et 377 du Code des douanes. « *La responsabilité du déclarant ou du commissionnaire en douane vis-à-vis de l'Administration des Douanes est spécifique et ne peut être confondue avec la responsabilité du mandant vis-à-vis de son mandataire, responsabilité contractuelle de droit commun n'intéressant pas les juridictions répressives.* »[2]

Section II. Opérateur Economique Agrée (OEA)

§.1. Contexte et fondement juridique

Avant l'introduction de la notion d'Opérateur Economique Agréé (OEA) en République Démocratique du Congo, l'administration douanière collaborait traditionnellement avec des partenaires agréés tels que les commissionnaires en douane. En effet, c'est l'article 14 de la loi de finances n° 22/071 du 28 décembre 2022 pour l'exercice 2023 qui a formellement introduit le statut d'OEA dans le paysage douanier congolais. Désormais, le statut d'Opérateur Economique Agréé peut être reconnu aux sociétés établies sur le territoire congolais et exerçant des activités industrielles, commerciales et de services, liées au commerce international, tant à l'importation qu'à l'exportation[3]. Il est notable que l'ordonnance-loi n° 10/002 du 20 aout 2010 portant code des douanes ne faisait pas explicitement référence aux OEA. Néanmoins, certains experts, comme le professeur Godé MPOYI

---

[1] Article 45 et suivant de l'Arrêté Ministériel n°016.

[2] CA Douai, chambre 2, section 1, 10 mars 2005, n°99/07941, 00/00250.

[3] Article 119 bis du code des douanes tel que modifié et complété par les lois de finances 2017 à 2024, textes coordonnés et mise à jour par Christella MOTANDI ADOUMA.

KADIMA[1], avaient déjà anticipé l'émergence de ce statut dans le secteur du commerce extérieur.

§.2. Définition, portée et avantages du statut OEA

Un opérateur économique agréé (OEA), ou *Authorized Economic Operator* (AEO) en anglais, est une entreprise reconnue comme fiable par les autorités douanières afin de permettre à l'entreprise de bénéficier de facilités douanières sur l'ensemble du territoire national. La démarche OEA est volontaire et s'inscrit dans un partenariat entre l'entreprise et l'administration douanière[2].

Ouvert à tous, y compris aux petites et moyennes entreprises, le programme OEA ne constitue aucune obligation légale. Cependant, il offre de nombreux avantages aux opérateurs économiques, quel que soit leur rôle dans la chaîne d'approvisionnement internationale. Il est important de noter que la notion d'opérateur économique agréé est une des innovations majeures de la Convention de Kyoto révisée au niveau international.

Le statut d'opérateur économique agréé est un dispositif facultatif qui reconnaît la fiabilité et la conformité d'une entreprise. Il offre de nombreux avantages, tels que des contrôles douaniers simplifiés, des délais de dédouanement réduits et une meilleure visibilité dans la chaîne logistique. S'inscrivant dans le cadre du partenariat Douane-Entreprise préconisé par l'Organisation mondiale des douanes, le statut d'opérateur économique agréé (OEA) est attribué aux entreprises répondant à des critères définis par l'administration des douanes.

Ce statut, délivré au niveau national, confère à l'entreprise des avantages significatifs en matière de facilitation des échanges. En outre, dans le cadre d'accords de reconnaissance mutuelle, le statut OEA congolais peut être reconnu dans d'autres pays, notamment au sein de la Zone de libre-échange continentale africaine. Ainsi, les programmes similaires mis en place par d'autres administrations douanières peuvent être considérés comme équivalents à celui de la RDC, sous réserve de respecter des critères communs.

---

[1] MPOYI KADIMA Godé, Droit douanier en République démocratique du Congo, volume 1 de lege lata, Edit. PUC, Kinshasa, 2014, p.232.

[2] Article 5, point 5 du code des douanes de l'Union (CDU), un règlement européen n°952/2013 entré en vigueur le 1er mai 2016 qui fixe le cadre juridique des opérations douanières au sein de l'Union Européenne.

§.3. Les types et conditions d'octroi du statut OEA

Le statut d'opérateur économique agréé (OEA) se décline en deux types :

- OEA pour simplifications douanières qui permet aux entreprises de bénéficier de procédures douanières simplifiées, conformément à la législation en vigueur ;
- OEA pour la sécurité et la sûreté afin d'accorder aux entreprises des facilités en matière de sécurité et de sûreté dans le cadre de leurs opérations douanières.

Il est important de noter qu'une entreprise peut obtenir les deux types de statut simultanément. Dans les deux cas, il bénéficie d'un traitement préférentiel par rapport aux autres opérateurs économiques. En fonction du type d'autorisation obtenue, il peut bénéficier de simplifications douanières, notamment en matière de contrôles physiques et documentaires.

Le statut d'opérateur économique agréé peut être accordé, sous certaines conditions, même à des entreprises établies à l'étranger. Néanmoins, cette attribution est subordonnée au respect de la législation congolaise et repose sur le principe de réciprocité, notamment dans le cadre des accords internationaux ou des réglementations de la Zone de libre-échange continentale africaine (ZLECAf).

En République démocratique du Congo, le cadre juridique relatif à l'octroi et au retrait du statut d'opérateur économique agréé est défini par le ministre des Finances. Bien qu'aucun arrêté ministériel n'ait encore été publié à ce sujet, une décision du Directeur Général de la DGDA datant de 2011 avait déjà établi des critères d'agrément pour les opérateurs économiques souhaitant bénéficier de ce statut[1]. En effet, l'obtention du statut d'opérateur économique agréé est conditionnée par une demande écrite adressée à l'administration des douanes et suivie d'une évaluation favorable de la part de celle-ci. Le demandeur doit obligatoirement remplir le formulaire d'enquête prévu à cet effet.

---

[1] Article 16 de la décision n° DG/DGDA/DG/2011/296 du 11 aout 2011 portant mesures d'application de l'ordonnance loi n°10/002 du 20 aout 2010 portant code des douanes.

L'éligibilité au statut d'opérateur économique agréé est subordonnée au respect cumulatif de plusieurs critères[1]. Pour obtenir le statut d'opérateur économique agréé, l'entreprise doit satisfaire aux critères suivants :

Le premier critère porte sur l'intégrité de l'entreprise. Il exige notamment l'absence, au cours des trois dernières années, d'infractions douanières graves et répétées commises par les dirigeants, les principaux actionnaires ou les représentants légaux de la société. Outre le respect des critères d'intégrité, une garantie financière suffisante et permanente doit être constituée. L'entreprise doit mettre en place un système permettant de tracer de manière fiable les flux de marchandises soumis aux réglementations douanières, et ce, tout au long de la chaîne logistique. Elle doit adopter des pratiques commerciales transparentes, mettre en place des actions de formation pour sensibiliser son personnel aux risques de fraude douanière et garantir la sécurité des données douanières.

Par ailleurs, l'entreprise doit démontrer sa capacité à assurer la sécurité des marchandises entreposées et à collaborer étroitement avec l'administration des douanes, notamment en informant celle-ci de toute difficulté rencontrée et en garantissant la sécurité de ses systèmes d'information. Enfin, l'entreprise doit être solvable, comme en attestent ses bilans des trois dernières années, et disposer de procédures adaptées à la gestion des marchandises sensibles.

[1] La décision N° DG/DGDA/DG/2011/296 du 11 août 2011.

DEUXIEME PARTIE : L'ADAPTATION DES PROCEDURES DE DEDOUANEMENT A LA MONDIALISATION DES ECHANGES

L'avènement du numérique en République démocratique du Congo a démocratisé et simplifié les transactions commerciales. Les consommateurs accèdent désormais facilement à l'information, comparent les prix et effectuent leurs achats en ligne, y compris à l'étranger. Cette facilité, conjuguée à la dépendance vis-à-vis des produits étrangers, a contribué à positionner la RDC parmi les grands importateurs. Parallèlement, la RDC est un acteur majeur du commerce international grâce à ses vastes richesses minières (cobalt, etc.), faisant du secteur minier un moteur de l'économie et une source majeure d'exportations. Pour encadrer ces dynamiques, l'État congolais a légiféré, notamment avec l'ordonnance-loi n° 23/010 du 13 mars 2023 portant Code numérique, visant entre autres à sécuriser les transactions électroniques, et la loi n°18/001 modifiant le Code minier, cherchant à maximiser l'exploitation et attirer les investissements directs étrangers. Ces échanges commerciaux transfrontaliers, qu'ils soient virtuels ou physiques, soulèvent une question essentielle : comment les marchandises franchissent-elles les frontières ? La réponse réside dans les procédures de dédouanement. L'adhésion de la RDC aux accords de libre-échange a introduit de nouvelles pratiques en la matière. Comprendre ces impacts implique d'analyser les formalités préalables au dédouanement (Chapitre I) ainsi que l'importance croissante de la dématérialisation et la procédure de dédouanement elle-même (Chapitre II).

Chapitre I. Les formalités préalables au dédouanement

Ce chapitre a pour objectif d'explorer les formalités préalables au dédouanement, du fait qu'elles contiennent des étapes essentielles à maîtriser avant d'aborder les procédures de dédouanement proprement dites. Dans un premier temps, nous poserons le cadre et éléments constitutifs des formalités préalables (section I). Nous nous pencherons sur des notions clés telles que la marchandise, les différents modes de transport et les assurances de transport. Ensuite, nous examinerons le cadre spatial des opérations douanières (section II). Nous verrons également les procédures préalables à accomplir avant d'entamer le dédouanement. Nous aborderons successivement la conduite en douane (section III), la prise en charge des marchandises (section IV), le dépôt temporaire qui permet de stocker les marchandises dans un entrepôt douanier sous un régime douanier suspensif, en attendant leur mise en consommation ou leur réexportation (section V).

Section I. Le cadre et éléments constitutifs des formalités préalables

§.1. La marchandise

Selon l'article 5 du Code des Douanes de la République Démocratique du Congo (RDC), le terme « marchandises » englobe « *toutes choses, sans exception, telles que matières brutes ou ouvrées, denrées, animaux, véhicules, instruments de paiement (monnaies métalliques ou fiduciaires), effets publics, titres de sociétés, originaires ou non de la République Démocratique du Congo, commerçables ou non, ayant ou non une valeur commerciale, soumises ou non aux droits et taxes à l'importation ou à l'exportation* »[1].

Juridiquement, et particulièrement en droit congolais, la marchandise se situe dans la catégorie des "biens"[2]. Un bien est une chose susceptible d'appropriation et dotée d'une valeur économique, contrairement à la

---

[1] Article 5 point 26 du code des douanes.

[2] Karl Marx, Le Capital, chapitre I : la marchandise, 1867, p. 143.

“chose” qui est une notion plus large englobant toute entité matérielle ou immatérielle[1].

Cependant, le droit douanier concentre son champ d’application sur une catégorie spécifique de biens : les biens meubles corporels[2]. Le droit civil congolais distingue en effet les biens immeubles (non déplaçables sans altération) [3] des biens meubles. Parmi ces derniers, seuls les biens meubles corporels – tangibles, physiquement déplaçables[4] (objets manufacturés, matières premières, véhicules, etc.) – relèvent du droit douanier. Cette limitation est inhérente à la nature même du contrôle douanier, qui s’exerce physiquement sur les mouvements transfrontaliers de biens. Les biens immeubles ne franchissent pas les frontières, et les biens incorporels[5] (droits, brevets, marques[6]), bien que valorisables et échangeables, ne sont pas des objets physiques susceptibles d’inspection ou de stockage aux points d’entrée/sortie ; leur circulation relève d’autres branches du droit.

C’est donc cette marchandise, définie comme bien meuble corporel, qui constitue l’objet central de l’activité douanière[7]. Sa qualification en tant que telle déclenche un ensemble de procédures obligatoires. Une fois identifiée comme marchandise franchissant la frontière, elle doit impérativement faire l’objet d’une déclaration en douane par l’opérateur ou le déclarant[8], indiquant le régime douanier souhaité et

---

[1] Jean Baudrillard, La société de consommation, ses mythes, ses structures, Denoël, 1970, p. 17.

[2] KIFWABALA TEKILAZAYA Jean Pierre, droit civil les biens tome II droits réels mobiliers et immobiliers, les analyses juridiques, février 2016, p.11.

[3] Article 2 de loi n° 73-021 du 20 juillet 1973 portant régime général des biens, régime foncier et immobilier et régime des suretés telle que modifiée et complétée par la loi n° 80-008 du 18 juillet 1980 dispose : Tous les biens sont mobiliers ou immobiliers.

[4] Article 5-8 du code foncier congolais.

[5] Vincent KANGULUMBA MBAMBI, droit civil: les biens, inédit, p.53.

[6] La RDC est membre de la convention instituant l'Organisation mondiale de la propriété intellectuelle (OMPI) depuis le 28 janvier 1975, et du Traité de Singapour sur le droit de marques depuis le 28 mars 2006. Elle est également signataire de la Convention de Berne pour la protection des œuvres littéraires et artistiques depuis le 8 octobre 1963; de la Convention de Paris pour la protection de la propriété industrielle depuis le 31 janvier 1975; et de la Convention de phonogrammes pour la protection des producteurs de phonogrammes contre la reproduction non autorisée de leurs phonogrammes depuis le 29 novembre 1977.

[7] Article 67 du code des douanes.

[8] Au sens de l’article 5 du code des douanes, le déclarant est toute personne qui fait la déclaration de marchandises.

fournissant les éléments nécessaires à l'administration. Cette déclaration repose sur des caractéristiques intrinsèques de la marchandise qui deviennent alors déterminantes pour l'application de la loi douanière :

a) Son origine

Le droit douanier congolais établit des règles précises pour déterminer l'origine d'une marchandise[1], qu'elle soit "entièrement obtenue" dans un pays ou qu'elle résulte d'une "dernière transformation ou ouvraison substantielle" dans un pays où sont intervenus plusieurs États. L'origine est cruciale pour l'application des droits de douane (tarifs préférentiels ou non) et des mesures de politique commerciale.

b) Sa valeur

La valeur en douane des marchandises importées, basée principalement sur la valeur transactionnelle (le prix effectivement payé ou à payer), constitue l'assiette de calcul des droits de douane et taxes à l'importation[2]. Pour les marchandises soumises à droits et taxes, cette valeur doit être précisément déterminée selon les règles établies par le Code.

c) Son espèce tarifaire (nature)

La classification tarifaire de la marchandise (basée sur sa nature, composition, fonction) est une conséquence directe de sa qualification et détermine les taux de droits et taxes ainsi que les réglementations spécifiques applicables[3].

Ainsi dit, la marchandise est avant tout un bien meuble corporel dont le franchissement de frontière impose sa déclaration, la détermination de son origine et de sa valeur (lorsque pertinente), déclenchant ainsi l'application du régime douanier approprié et le paiement des éventuels droits et taxes.

Il est pertinent de noter que, malgré l'accent mis sur les biens corporels, des situations très spécifiques, non commerciales, peuvent nécessiter une gestion douanière en raison du mouvement physique

---

[1] Article 52 du code des douanes.

[2] Article 61 du code douanes.

[3] Selon l'article 54 du code des douanes, l'espèce des marchandises est la dénomination qui leur est attribuée, selon les règles en vigueur, dans les tarifs des droits et taxes à l'importation et à l'exportation.

transfrontalier, comme potentiellement le cas du cadavre humain[1] pour les strictes formalités de transfert international, démontrant une adaptation fonctionnelle de la définition aux impératifs de contrôle.

§.2. Le transport et les documents associés

En droit douanier, le transport désigne le mouvement physique des marchandises à travers les frontières, un processus étroitement encadré par un ensemble de règles et procédures. Ce mouvement est au cœur de la logistique internationale, dont le droit douanier régule les flux physiques depuis l'origine jusqu'à la destination finale. La logistique assure la planification, l'organisation et le contrôle de ces flux (transport, entreposage, manutention[2]), tandis que le droit douanier fixe les conditions légales de franchissement des frontières.

Le transport des marchandises s'effectue principalement par voie maritime, aérienne ou routière. Si le transport ferroviaire[3] existe nationalement, son usage transfrontalier pour le fret est moins répandu, souvent limité par l'interopérabilité des réseaux ou ciblant des flux spécifiques.

---

[1] Le cadavre est le corps humain privé de vie. Il n'est pas considéré comme une chose ordinaire, mais comme un bien hors commerce qui bénéficie d'un respect dû à la personne humaine. Ce respect se traduit par des règles juridiques qui visent à protéger le cadavre contre toute atteinte à son intégrité, à sa dignité ou à sa destination. Le cadavre n'est pas un objet de propriété. Il n'appartient ni à lui-même, ni à ses héritiers, ni à l'État. Il est soustrait au commerce juridique et ne peut faire l'objet d'aucune disposition volontaire ou forcée. Il ne peut être vendu, donné, loué, hypothéqué ou saisi. Il ne peut pas faire l'objet des droits de douaniers à l'importation ni à l'exportation. Il ne peut pas également faire l'objet d'un testament ou d'une donation. Il ne être transféré que dans le respect des règles relatives au transport et à l'inhumation des corps.

[2] Robert, jean, Eléments d'une politique des transports maritimes (Transport et environnement), Editions Eurolles, Paris, 1978, p.272.

[3] Le code des douanes, dans sa formulation actuelle, ne prévoit pas explicitement le transport ferroviaire parmi les modes de transport réglementés. Cette lacune juridique soulève une question fondamentale : la République démocratique du Congo est-elle reliée à ses voisins par voie ferrée ? Historiquement, avant l'accession à l'indépendance, une liaison ferroviaire existait entre la RDC et l'Angola. Cependant, cette infrastructure a été laissée à l'abandon. Aujourd'hui, face aux enjeux économiques et environnementaux, les autorités congolaises, angolaises et zambiennes envisagent de revitaliser cet héritage colonial. L'objectif est de réhabiliter les voies ferrées reliant le nord-est de la Zambie au port de Lobito en Angola, en traversant le territoire congolais.

a) Transport maritime

Historiquement dominant, ce mode reste essentiel pour le commerce international, particulièrement adapté au transport de gros volumes, de matériaux lourds (métaux, ciment), véhicules, et hydrocarbures[1]. Sa rentabilité sur longues distances et son impact environnemental (par tonne transportée) le rendent stratégique. Les porte-conteneurs modernisent la manutention et la préservation. Le cadre juridique international (diverses conventions) côtoie des législations nationales. En RDC, l'ordonnance-loi de 1966[2], bien que partiellement complétée par l'adhésion à des conventions comme celle de l'ONU de 1978[3], nécessite une actualisation pour une pleine conformité et efficacité face aux défis modernes du secteur.

b) Transport aérien

Le transport aérien des marchandises a commencé peu de temps après l'invention de l'avion[4]. Caractérisé par sa rapidité, il est privilégié pour les marchandises de haute valeur, périssables, urgentes ou de faible volume/poids.

Ce mode de transport peut être défini comme l'acheminement par aéronef, d'un point d'origine à un point de destination de marchandises ou de la poste C'est une activité économique qui implique de nombreux acteurs : compagnies aériennes, aéroports, autorités de l'aviation civile[5], etc.

Contrairement au maritime, il impose des contraintes strictes de dimensions, poids et nature des biens, notamment pour les

---

[1] Robert, jean, Eléments d'une politique des transports maritimes (Transport et environnement), Editions Eurolles, Paris, 1978, p.277.

[2] L'ordonnance-loi n° 66-98 du 14 mars 1966, instituant le Code de la navigation maritime, a longtemps servi de fondement juridique au transport maritime en République Démocratique du Congo.

[3] La convention de BRUXELLE du 25 août 1924 relative au transport maritime.

[4] Le premier vol de fret aérien a eu lieu le 7 novembre 1910 aux États-Unis. Un avion Wright Model B, piloté par Philip Orin Parmelee, a transporté environ 91 kg (200 livres) de soie de Dayton à Columbus, dans l'Ohio, pour l'ouverture d'un magasin. Ce vol sur une distance de 105 km (65 miles) a duré 57 minutes et a été le premier vol "cargo uniquement" commandé par un client dans le seul but de transporter des marchandises.

[5] Koran, Valentino, « Transport aérien et maritime et les règles de concurrence de la CEE », Lloyd's Maritime and Commercial Law Quarterly, 1987, pp. 14-18.

marchandises dangereuses dont le transport est réglementé[1]. Le cadre juridique est largement internationalisé (ex: Convention de Montréal 1999[2]), complété par des lois nationales. En RDC, la loi sur l'aviation civile de 2023 encadre spécifiquement le transport des matières dangereuses, soumis à l'autorisation de l'Autorité de l'Aviation Civile[3].

c) Transport par route (TRM)

Le transport routier désigne un mode de transport terrestre utilisant la route pour l'acheminement de marchandises ou de personnes. Il se distingue ainsi du transport maritime, aérien ou ferroviaire par ses caractéristiques propres[4]. Flexible et permettant le porte-à-porte, ce mode est crucial pour les liaisons nationales et régionales[5]. Pour le transport international entre États membres de l'OHADA, l'Acte uniforme de 2003[6] sur les contrats de transport de marchandises par route (CMR) constitue le cadre juridique principal[7]. Cet Acte régit le contrat de transport (sauf exclusions spécifiques comme les matières dangereuses[8], déménagements, courrier postal), indépendamment de la nationalité des parties. Le document clé matérialisant ce contrat est la

---

[1] Mateesco-Matte, Mircea, « Droit maritime, droit aérien, droit extra-atmosphérique et droit international : Quel rapport ? », ADMA, vol. 5, 1980, pp. 301-354.

[2] La République Démocratique du Congo est partie à la Convention de Chicago du 07 décembre 1944 relative à l'aviation civile internationale qu'elle a ratifiée depuis le 27 juillet 1961, au lendemain de son indépendance.

[3] Article 179 quinquies de la loi n° 23/001 du 12 janvier 2023 modifiant et complétant la Loi n°10/014 du 31 décembre 2010 relative à l'aviation civile.

[4] En pratique, le transport routier fait principalement référence au transport de marchandises à l'intérieur du territoire national ou à l'international, et est souvent désigné par l'abréviation TRM (Transport Routier de Marchandises).

[5] Ju, Wei Jia, « La Convention des Nations Unies sur le transport multimodal », Journal of World Trade Law, vol. 15, 1981, pp. 283-304.

[6] BOKALI Victor Emmanuel, SOSSA Cossi Dorothé, Droit des contrats de transport de marchandises par route, Agence Universitaire de la Francophonie, collection Droit uniforme Africain, réalisation Juriscope, Bruylant, 2006, p.3 et s.

[7] Cet Acte Uniforme OHADA s'applique lorsque le lieu de prise en charge et le lieu de livraison des marchandises, tels qu'indiqués dans le contrat, se situent sur le territoire d'un ou de plusieurs États membres de l'OHADA.

[8] Article 1 alinéa 2 de l'Acte Uniforme sur le contrat de transport de marchandises par routes.

lettre de voiture (CMR) [1], qui atteste de l'accord et accompagne la marchandise. Bien que le droit OHADA n'impose pas toujours un écrit *pour la validité* du contrat, la lettre de voiture est indispensable pour les contrôles et prouve les conditions du transport. La RDC, membre de l'OHADA depuis 2012, applique donc cet Acte Uniforme.

Un aspect très important en droit douanier est le transport sous douane. Ce régime permet le déplacement de marchandises non encore dédouanées à l'intérieur du territoire douanier, mais sous la surveillance et le contrôle de l'administration (par exemple, d'un port d'arrivée à un entrepôt sous douane). Les opérateurs souhaitant effectuer ce type de transport par voie terrestre doivent obtenir un statut spécifique, celui de Transporteur par Voie Terrestre (TVT) sous douane, soumis à des conditions strictes incluant des exigences légales, matérielles, informatiques et financières[2].

Pour toute marchandise transportée, quel que soit le mode, le manifeste de transport (ou déclaration de chargement) est un document douanier fondamental. Il s'agit d'une liste récapitulative des marchandises transportées, fournissant aux autorités une vue d'ensemble précise du fret. Ce document, exigé dès l'arrivée ou avant le départ, permet la prise en charge initiale et la traçabilité des marchandises sous contrôle douanier.

Conformément au Code des Douanes, le transport de marchandises, notamment dans le "rayon des douanes", doit être couvert par des justifications d'origine appropriées[3]. De plus, les entreprises de transport (routières, agences de fret) sont tenues de détenir des registres et documents spécifiques (lettres de voiture, bordereaux, etc.) pour

---

[1] La lettre de voiture en droit Ohada est un document, qui permet de constater l'existence d'un contrat de transport de marchandises par voie routière, entre la personne expéditrice de la marchandise et la personne chargée de transporter la marchandise d'un point de départ à un point de livraison entre les mains de la personne destinataire. Cette personne destinataire, adhère à la lettre de voiture dès l'acceptation de la livraison de la marchandise par le transporteur. Il est important de noter que, le législateur Ohada n'a pas exclu l'éventualité d'un contrat verbal, bien qu'un contrat écrit soit le principe en la matière.

[2] L'instruction n° DGDA/DG/DGA.T/DRM/DG/040/2017 du 17 avril 2017, qui modifie et complète l'Instruction n° DGDA/DG/DGA.T/DG/2014/003 du 30 mai 2014, ainsi que celles de l'Instruction n° DGDA/DG/DRM/DG/2016/518 du 25 juillet 2016 relative au système de suivi électronique des cargaisons.

[3] Art. 20 du code des douanes.

faciliter le contrôle douanier[1]. Il est également à noter que les frais de transport jusqu'à la frontière de sortie sont pris en compte dans la détermination de la valeur en douane des marchandises exportées[2].

En droit douanier, le manifeste est une liste récapitulative exhaustive des marchandises chargées pour un trajet donné, quel que soit le mode de transport (maritime, aérien, routier, ferroviaire). Sa fonction principale est de fournir aux autorités douanières une vision précise de la nature, quantité et provenance/destination du fret transporté[3]. C'est un "document de bord" indispensable pour les contrôles. Exigé en support papier ou électronique, il doit pouvoir être traduit si nécessaire. Son dépôt auprès du bureau de douane marque le début de la prise en charge et du contrôle des marchandises par l'administration. L'enregistrement des marchandises assure leur traçabilité, même avant le dépôt formel[4].

§.3. Assurance de transport des marchandises

Si les expéditions de marchandises se déroulent souvent sans encombre, le transport international est une activité intrinsèquement exposée à de nombreux risques. Des incidents – qu'il s'agisse de dommages, de pertes, de retards majeurs, voire d'événements exceptionnels comme l'avarie commune en transport maritime – peuvent survenir à tout moment. Les distances parcourues, la diversité des modes de transport et des juridictions traversées, ainsi que les aléas économiques, rendent les cargaisons particulièrement vulnérables[5].

Face à cette réalité, un malentendu persiste souvent : les opérateurs économiques confiant leurs biens à des transporteurs ou des transitaires peuvent croire, à tort, que ces derniers assument l'entière responsabilité en cas de problème. Or, la réalité juridique est bien plus complexe. Les conventions internationales et les législations nationales qui régissent le transport limitent strictement la responsabilité des transporteurs,

---

[1] Art. 46 *c & d* du code des douanes.

[2] Art. 72 du code des douanes.

[3] Article 5 point 9 du code des douanes.

[4] Article 104 du code des douanes.

[5] Vignes, Daniel-Henri. "Droit de la mer et droit douanier : jugement Koru North America v. United States, de l'US Court of international trade et pratique conventionnelle de la CEE" *Annuaire français de droit international* 34, no. 1 (1988) : pp.786-94.

souvent par des plafonds d'indemnisation calculés au poids de la marchandise plutôt qu'à sa valeur réelle, et prévoient de nombreuses clauses d'exonération.

C'est dans ce contexte que l'assurance transport des marchandises apparaît comme une précaution indispensable. Il s'agit d'une convention par laquelle, en échange d'une prime, un assureur s'engage à indemniser l'assuré (le propriétaire de la marchandise ou toute partie ayant un intérêt assurable) des pertes ou dommages subis par la marchandise durant son acheminement, dans les conditions et limites du contrat[1]. L'assurance vient ainsi pallier les insuffisances des indemnités versées par les transporteurs[2]. En cas de sinistre engageant la responsabilité du transporteur, l'assureur peut indemniser l'assuré puis se retourner contre le transporteur (principe de subrogation[3]).

Il est crucial de distinguer les rôles : le transporteur réalise le déplacement physique des marchandises[4]. Le transitaire (ou commissionnaire de transport) est un organisateur de transport qui coordonne les différentes opérations pour le compte de son client ; sa responsabilité est généralement plus limitée que celle du transporteur direct. L'assurance transport couvre les risques liés à la marchandise elle-même pendant toutes les étapes du processus logistique, de l'enlèvement à la livraison finale, incluant manutention et stockage temporaire.

a) Le cas particulier en droit congolais

Reconnaissant la vulnérabilité des échanges commerciaux, le législateur congolais a rendu l'assurance transport obligatoire pour toutes les marchandises importées en République Démocratique du Congo. Toute personne ou entreprise important des biens à but

---

[1] Article 4 de la loi n°15/005 du 17 mars 2015 portant code des assurances.

[2] Article 231 du code des assurances.

[3] Selon l'Article 147 du code civil congolais livre III, la subrogation est le mécanisme par lequel une tierce personne qui paie un créancier est transférée dans les droits (actions, privilèges, hypothèques) de ce créancier contre le débiteur. Celui qui paie prend ainsi la place du créancier initial. La subrogation est soit conventionnelle ou légale.

[4] Maurin, Laurence. "*Transport de marchandises et logistique urbaine à Paris.*" Transports urbains N°137, no. 2 (2020): 29.

commercial ou industriel, quel que soit le mode de transport (maritime[1], aérien, ferroviaire, routier, multimodal), doit obligatoirement souscrire cette assurance auprès d'une compagnie agréée en RDC.

Dès la souscription, l'assureur doit remettre immédiatement un certificat d'assurance[2]. Ce document tripartite est essentiel : un exemplaire est conservé par l'assuré, un par l'assureur, et le troisième doit être présenté aux autorités douanières congolaises pour dédouaner la marchandise.

En cas de transport multimodal impliquant une étape maritime, les règles de l'assurance maritime s'appliquent souvent à l'ensemble du voyage, même si d'autres segments (terrestre, aérien, fluvial) sont utilisés.

§.4. Concepts clés de l'assurance transport

1. La notion d'avarie

Avaries particulières désignent les dommages ou pertes matériels affectant individuellement la marchandise, résultant de causes externes (accident, vol, avarie de manutention, etc.) ou, parfois, de vices propres de la marchandise si couvert. Elles peuvent survenir quel que soit le mode de transport.

Avarie commune, il s'agit d'un sacrifice volontaire (comme jeter une partie de la cargaison par-dessus bord) ou d'une dépense exceptionnelle (comme frais de remorquage) décidés dans l'intérêt commun pour sauver le navire et le reste de la cargaison d'un péril imminent. Les conséquences financières sont réparties proportionnellement entre tous les intéressés (propriétaires du navire, du fret, et de la cargaison). L'assurance transport couvre la contribution de l'assuré à l'avarie commune.

2. Les risques couverts et exclus

Les garanties varient selon les polices (souvent basées sur des clauses types internationales, comme les clauses de *l'Institute of London*

[1] Driscoll, William, « La Convention sur le transport multimodal international – Un rapport d'étape », Journal of Maritime Law and Commerce, vol. 9, 1978, pp. 441-460.
[2] Article 236 point 3 du code des assurances.

Underwriters[1]), mais couvrent généralement les pertes et dommages matériels subis par la marchandise résultant d'accidents majeurs (naufrage, abordage, incendie, déraillement, accident de circulation, crash aérien), de vols, de pertes de colis entiers, d'avaries de manutention, etc. La couverture s'étend généralement du point de départ au point de destination désigné dans le contrat.

Certains risques sont couramment exclus : la faute intentionnelle de l'assuré, les guerres et émeutes (sauf garantie spécifique), les activités illégales, le vice propre de la marchandise (sauf exceptions), l'insuffisance ou le défaut d'emballage, les retards, et les pertes financières consécutives au sinistre.

3. Incoterms® et allocation des risques

En droit douanier congolais, les importations et exportations des biens sont réalisées FOB, CIF ou selon d'autres termes du commerce international (incoterms) en vigueur, édictés par la Chambre de Commerce Internationale[2].

Les Incoterms®[3]sont des règles internationales (publiées par la Chambre de Commerce Internationale, version la plus récente : Incoterms 2020) qui définissent les obligations réciproques de l'acheteur et du vendeur dans le cadre de contrats de vente internationale[4]. Ils précisent notamment qui du vendeur ou de l'acheteur organise et paie le transport, les formalités douanières, mais surtout, qui

---

[1] Les clauses de l'Institute of London Underwriters (souvent appelées Institute Clauses) sont des libellés types internationalement reconnus pour les polices d'assurance maritime, standardisant la couverture des risques. Les plus courantes sont les Institute Cargo Clauses (ICC) — A, B et C — qui définissent les niveaux de garantie pour les marchandises transportées, allant de la couverture "Tous risques" (A) aux périls spécifiquement dénommés (B et C, par ordre décroissant de couverture).

[2] Article 28 de loi n°2010-033 du 20 juillet 2010 portant réglementation du change.

[3] Incoterms (contraction de l'expression anglaise INternational COmmercial TERMS) est un terme normalisé qui sert à définir les droits et devoirs des acheteurs et vendeurs participant à des échanges internationaux et nationaux. La réglementation applicable est édictée et publiée par la Chambre de commerce internationale (« ICC » pour International Chamber of Commerce) à Paris. La dernière réglementation, entrée en vigueur le 1er janvier 2020, s'appelle Incoterms 2020. Elle a remplacé la précédente réglementation, Incoterms 2010 en vigueur depuis le 1er janvier 2011.

[4] Incoterms ». Dans *Encyclopédie de la gestion de la chaîne logistique* , 514–516. CRC Press, 2015.

assume les risques de perte ou de dommage de la marchandise et à quel moment exact ce risque est transféré[1].

Il existe plusieurs types des Incoterms, nous pouvons citer les plus usités :

- **FAS** : *Free Alongside Ship* (transfert de risque sur le quai du port de départ) l'exportateur dépose la marchandise le long du bateau. L'acheteur s'occupe du chargement sur le bateau et de la suite du transport, y compris du dédouanement à l'importation.
- **FOB** : *Free On Board* (transfert de risque une fois la marchandise chargée sur le bateau par le vendeur) l'acheteur s'occupe de la suite du transport, y compris du dédouanement à l'importation.
- **CFR :** *Cost and Freight* (transfert de risque une fois la marchandise chargée dans le bateau) c'est donc idem FOB, mais le vendeur supporte les frais de transport jusqu'au port d'arrivée, hormis l'assurance pour le transport. Le vendeur ne s'occupe pas du déchargement du navire à son arrivée. les frais de déchargement peuvent être inclus ou non dans le contrat.
- **CIF** : *Cost, Insurance And Freight* : idem CFR, mais le vendeur supporte en plus l'assurance pour le transport sur le bateau[2].
- **EXW** : *Ex Works* (en sortie d'usine) (transfert du risque au départ en sortie d'usine, non charge, non dédouane export ni import). Le vendeur doit mettre à disposition ses biens en sortie de son usine, à une date définie à l'avance. L'acheteur Supporte tous les coûts de transport, de douane Ainsi que les risques jusqu'à la destination finale[3].
- **FCA :** *Free Carrier* (franco transporteur) (transfert du risque, chargement et dédouanement export chez le transporteur ou le commissionnaire de transport désignés par l'acheteur). Les formalités et frais d'exportation sont à la charge du vendeur. L'acheteur paye le transport jusqu'à ses locaux, effectue les formalités à l'import et acquitte les droits et taxes liés.

---

[1] HUR, HAI-KWAN. « Incoterms et incoterms révisés 2020 ». *International commerce & law review* 89 (28 février 2021) : 1–28.

[2] Les résultats montrent que les Incoterms les plus fréquemment utilisés par les entreprises sont FOB, CFR et CIF. Enfin, une utilisation plus fréquente des Incoterms par les entreprises a un impact positif sur l'augmentation de leurs bénéfices.

[3] Muthig, Jürgen. "Incoterms 2010." *Classe bancaire* 33, no. 1 (janvier 2011)

- **CPT :** *Carriage Paid To*[1] (port payé jusqu'à): livraison au premier transporteur à l'étranger, frais payés par le vendeur, sans assurance pour le transport. Le vendeur organise le transport et supporte les frais de transport jusqu'au point de destination à l'étranger, déchargement compris. Le transfert de risque est établi à ce point. En d'autres termes, le vendeur organise le transport, mais au risque de l'acheteur (les frais d'assurance sont à la charge de ce dernier).
- **CIP :** *Carriage and Insurance Paid to* (port payé jusqu'à, assurance comprise) : idem **CPT**, mais le vendeur prend en charge l'assurance du transport.
- **DAT** : *Delivered At Terminal*[2]: marchandises (déchargées) livrées au terminal convenu du pays étranger. L'acheteur supporte le dédouanement import et les frais de post-acheminement. Le vendeur organise et paye le transport et le déchargement des biens au point de destination (terminal convenu). Le transfert de risque s'effectue à ce point. L'acheteur effectue les formalités d'importation et acquitte les droits[3].
- **DAP :** *Delivered At Place*: marchandises (non déchargées) mises à disposition par le vendeur dans le pays étranger au lieu convenu. L'acheteur supporte le déchargement et le dédouanement import.

---

[1] Kim, Sang Man. « Choix judicieux de la DPU dans les Incoterms 2020 », *Global Trade and Customs Journal* 16, numéro 3 (1er février 2021), pp. 114–19.

[2] En 1936, la Chambre de commerce internationale (CCI) a publié les premiers Incoterms afin d'établir des définitions et des règles communément acceptées concernant la livraison de marchandises entre le vendeur et l'acheteur. La CCI a régulièrement révisé les Incoterms pour refléter l'évolution des pratiques commerciales. Le 10 septembre 2019, la CCI a publié les Incoterms 2020, la huitième révision, entrée en vigueur le 1er janvier 2020. Dans les Incoterms 2020, la méthode DAT (Delivered at Terminal) a été supprimée et remplacée par la méthode DPU (Delivered at Place Unloaded).

La méthode DPU signifie que le vendeur livre les marchandises à l'acheteur lorsque celles-ci, une fois déchargées du moyen de transport d'arrivée, sont mises à la disposition de l'acheteur au lieu de destination convenu (ou au point convenu à l'intérieur de ce lieu, si un tel point est convenu). La méthode DPU est similaire à la méthode DAP (Delivered at Place) plutôt qu'à la méthode DAT. La seule différence entre DPU et DAP réside dans la responsabilité du déchargement des marchandises du moyen de transport à destination.

[3] Davis, Jonathan et John Vogt. « Risques cachés de la chaîne d'approvisionnement et Incoterms® : analyse et stratégies d'atténuation ». *Journal of Risk and Financial Management* 14, n° 12 (20 décembre 2021), p.619.

- **DDP** : *Delivered Duty Paid* : biens livrés à destination finale, non déchargés. Dédouanement import et taxes à la charge du vendeur. Les marchandises sont donc livrées au lieu de destination, prêtes à être déchargées. Le vendeur supporte normalement aussi les frais de déchargement. Le vendeur effectue le dédouanement à l'export et à l'import et acquitte tous les droits et taxes[1].

L'utilisation des incoterms apporte une solution simple à la question de prise en charge des risques du transport. Les incoterms en effet permettent de designer laquelle des deux parties (importateur ou exportateur) devra souscrire une police d'assurance mais également supporter les risques du transport[2].

Pour les incoterms de vente au départ (EXW, FCA, FAS, FOB, CFR, CPT), les risques du transport sont totalement à la charge de l'importateur. Ce dernier peut dans certains cas demander à son fournisseur de souscrire un contrat d'assurance (Incoterms CIF, CIP). Le fournisseur facture cette prime et envoie le certificat d'assurance à l'importateur.

Pour les incoterms de vente à l'arrivée (DAF, DES, DEQ, DDU, DDP), les risques du transport Principal sont totalement à la charge de l'exportateur.

Section II. Cadre spatial des opérations douanières

Conformément aux dispositions fondamentales du code des douanes, notamment son article 5, le lieu d'importation d'une marchandise – c'est-à-dire le point d'entrée officiel sur le territoire douanier où elle devient soumise au contrôle et aux formalités réglementaires[3] – est strictement déterminé par son mode de transport. Ces lieux désignés sont des points stratégiques où l'administration des douanes exerce sa surveillance, s'inscrivant dans le cadre plus large du rayon des douanes défini par l'article 20 comme une zone de surveillance spéciale le long

---

[1] Casuccio, Paul. « Une modernisation des Incoterms ». *Global Trade and Customs Journal* 7, numéro 2 (1er février 2012), pp. 70–73.

[2] Les incoterms sont considérés par les acteurs du commerce international comme l'un des meilleurs exemples d'instruments d'origine privée d'harmonisation des pratiques en matière de contrats internationaux.

[3] Article 5 du code des douanes.

des frontières et autour des points d'entrée internationaux (ports, aéroports, gares) [1].

§.1. Le port de débarquement

Pour les marchandises arrivant par eau, le lieu d'importation est le port de débarquement. C'est à cet endroit précis que les marchandises sont considérées comme introduites sur le territoire douanier.

Sauf cas de force majeure dûment justifié, les navires sont tenus d'accoster uniquement dans les ports pourvus d'un bureau de douane[2]. En cas d'interruption du trajet pour force majeure avant d'atteindre un tel port, le capitaine doit sécuriser la marchandise et informer immédiatement la douane.

Dès l'accostage, le capitaine doit se conformer à plusieurs obligations[3], notamment : présenter le journal de bord pour visa, remettre la déclaration de chargement (manifeste) accompagnée des titres de transport et autres documents exigibles (connaissements, acte de nationalité, etc.), ainsi que les listes des provisions de bord et marchandises de pacotille.

Le déchargement et le transbordement doivent, en principe, s'effectuer durant les jours et heures ouvrables du bureau de douane. Des dérogations peuvent être accordées sur demande motivée, moyennant une redevance couvrant les coûts des services rendus[4]. Le port offre ainsi l'infrastructure nécessaire à la prise en charge douanière initiale.

§.2. Le premier bureau de douane

Pour les marchandises transportées par train ou par camion, le lieu d'importation est matérialisé par le premier bureau de douane rencontré après le franchissement de la frontière terrestre.

Les marchandises doivent être conduites à ce bureau sans délai en empruntant la route la plus directe désignée par l'autorité compétente[5].

---

[1] Article 20 du code des douanes.
[2] Article 89 du code des douanes.
[3] Article 90 du code des douanes.
[4] Article 92 du code des douanes.
[5] Article 95 du code des douanes.

Toute circulation sur ces routes en dehors des heures d'ouverture des bureaux secondaires est interdite sans autorisation.

Dès son arrivée, le conducteur doit remettre au bureau de douane la déclaration de chargement détaillée (propriétaire, origine, destination, immatriculation, colisage, nature des marchandises, scellements, poids brut, etc.) ainsi que les documents commerciaux et douaniers afférents.

Si les marchandises arrivent après la fermeture du bureau, elles sont déposées sans frais dans ses dépendances jusqu'à la réouverture, moment auquel les documents doivent être immédiatement présentés. Ce bureau frontalier est donc le point de contrôle initial obligatoire.

§.3. L'aéroport de débarquement

Pour les marchandises arrivant par avion, le lieu d'importation est l'aéroport de débarquement désigné comme aéroport douanier.

Les aéronefs effectuant un vol international doivent suivre les routes aériennes imposées et, sauf cas de force majeure justifiée, ne peuvent atterrir que sur un aéroport douanier. En cas d'atterrissage forcé ailleurs, le commandant doit sécuriser la cargaison et notifier la douane[1].

Dès l'atterrissage, les marchandises entrent dans le périmètre contrôlé de l'aéroport. Les infrastructures aéroportuaires (zones de fret, entrepôts sous douane) permettent aux agents des douanes de prendre en charge les envois, d'effectuer les contrôles et d'initier les formalités nécessaires avant toute sortie de l'enceinte. L'aéroport douanier constitue la porte d'entrée aérienne sous surveillance douanière.

Section III. Conduite en douane

Lorsque des marchandises franchissent une frontière, elles doivent suivre la "conduite en douane" qui est une opération logistique et administrative[2].

---

[1] Article 99 du code des douanes.

[2] Nau, Jean-Yves. "Douanes françaises : vos ADN S.V.P.! (1)." *Revue Médicale Suisse* 3, no. 128 (2007), p.2316.

En bref, la conduite en douane impose au transporteur d'acheminer les marchandises importées ou exportées vers le bureau de douane[1] le plus proche, en utilisant les voies autorisées. Cette règle s'applique à tout transport international (maritime, terrestre, aérien) et vise à garantir la traçabilité, le respect des réglementations et la lutte contre la fraude et la contrebande[2].

§.1. La conduite en douane par voie maritime

Dès l'accostage d'un navire dans un port sous contrôle douanier, une formalité essentielle s'accomplit : la remise du manifeste de cargaison, également connu sous le nom de déclaration de chargement. Ce document crucial, véritable inventaire détaillé de tout ce qui se trouve à bord, est présenté en deux exemplaires aux agents des douanes : l'original et une copie[3]. Il sert de base à la vérification par les autorités que la cargaison est conforme aux déclarations et aux réglementations en vigueur.

Signé par le capitaine du navire, le manifeste de cargaison est une synthèse précise d'informations importantes [4] :

- Le port ou le lieu exact de la déclaration aux autorités douanières ;
- Le nom du navire, ainsi que sa nationalité ;
- L'identité complète du commandant du navire ;
- Les ports ou lieux où les marchandises ont été chargées ;
- Si la cargaison est conteneurisée, les numéros d'identification uniques de chaque conteneur sont impératifs ;

---

[1] Au sens de l'article 5 point 4 du code des douanes congolais, il faut entendre par bureau de douane comme l'unité administrative compétente pour l'accomplissement des formalités douanières ainsi que les locaux et autres emplacements approuvés à cet effet par la douane.

[2] La contrebande est définie comme l'introduction ou la sortie illégale de marchandises sur le territoire national. Cela signifie que les marchandises entrent ou sortent du pays sans passer les bureaux de douane et sans payer les taxes et droits de douane requis. Elle est prévue est punie par les dispositions des articles 393 du code des douanes.

[3] Laborde-Debucquet, David. "Mesures et détermination endogène des droits de douane." Pau, 2008.

[4] Article 88 du code des douanes.

- Pour chaque unité de colisage, les marques et numéros distinctifs qui permettent son identification doivent être clairement reportés ;
- Le nombre précis de colis et une description de la nature des marchandises qu'ils renferment ;
- Une description détaillée de chaque type de marchandise, incluant son poids brut et ses dimensions ;
- Les numéros des connaissements[1].

L'accès aux ports est strictement limité aux installations dotées d'un bureau de douane opérationnel. Seules des circonstances exceptionnelles et imprévisibles, relevant de la force majeure[2], peuvent justifier un accostage dans un lieu non désigné. Si, au cours du trajet entre le point d'entrée sur le territoire douanier et le port de destination prévu, un événement de force majeure interrompt le voyage, le capitaine est tenu de prendre immédiatement toutes les mesures nécessaires pour sécuriser la cargaison et empêcher toute circulation illégale des marchandises[3]. Il doit également alerter sans délai les autorités douanières, en détaillant la nature de l'incident et les circonstances l'ayant provoqué.

Outre le manifeste, le capitaine doit présenter aux douaniers un ensemble complet de documents attestant de l'identité du navire, de son parcours et de la composition de son chargement. Ces papiers de bord comprennent notamment :

- Le journal de bord, un registre chronologique des événements marquants du voyage ;
- La déclaration de chargement (manifeste) et les connaissements associés, détaillant exhaustivement la cargaison et prouvant sa propriété ;
- Les manifestes spécifiques pour les provisions de bord (avitaillement) et les effets personnels de l'équipage ;

---

[1] Ce sont les documents contractuels émis par le transporteur maritime qui attestent de la prise en charge des marchandises et prouvent le contrat de transport.

[2] Telles qu'un accident grave ou un péril imminent pour le navire ou l'équipage.

[3] Harrington, S., « Problèmes juridiques découlant de la conteneurisation et du transport intermodal », European Transport Law, vol. 17, 1982, pp. 3-27.

- Tout autre document complémentaire requis par la réglementation douanière, tel que la charte-partie[1] (contrat de location du navire), les actes prouvant la nationalité du navire et une liste détaillée des produits d'avitaillement présents à bord.

Les opérations de déchargement des marchandises, ou leur transfert vers un autre navire (transbordement), sont soumises à l'autorisation expresse des autorités douanières et ne peuvent avoir lieu qu'aux emplacements spécifiquement désignés à cet effet. Cette autorisation préalable est généralement demandée par le transporteur ou son représentant[2].

Cependant, face à une situation d'urgence impérieuse mettant en danger le navire, sa cargaison ou les vies humaines (comme un incendie ou une voie d'eau majeure), le capitaine est habilité à ordonner un déchargement immédiat, partiel ou total, sans attendre l'autorisation[3]. Il a néanmoins l'obligation d'en informer les douanes dans les plus brefs délais.

Afin de garantir la conformité et de prévenir la dissimulation d'articles prohibés, les douanes conservent le droit d'exiger à tout moment un contrôle approfondi du navire et de sa cargaison. Cette inspection peut impliquer le déchargement total ou partiel et l'ouverture de tous les colis. Par ailleurs, une fois déchargées et placées sous contrôle douanier, les marchandises ne peuvent être déplacées sans leur autorisation explicite.

Les opérations douanières de déchargement et de transbordement sont généralement limitées aux jours et heures d'ouverture des bureaux de douane. Des dérogations peuvent être accordées pour des opérations en dehors de ces horaires sur demande motivée du transporteur, si les raisons sont jugées valables. Dans ce cas, des frais supplémentaires sont généralement appliqués pour couvrir les coûts de ces services étendus.

---

[1] La charte partie est un contrat juridique qui formalise la location d'un navire. En d'autres termes, c'est un accord entre un propriétaire de navire (le fréteur) et une personne ou une entreprise souhaitant utiliser ce navire pour transporter des marchandises (l'affréteur).

[2] Iqbal, Haji, « La CNUCED et le transport maritime », Journal of World Trade Law, vol. 6, 1972, pp. 58-118.

[3] Farrell, Sheilla, « L'utilisation des pavillons de complaisance par le transport maritime latino-américain », Maritime Policy and Management, vol. 2, 1974, pp. 15-20.

Il convient de souligner que cette réglementation s'applique également aux navires de la marine militaire, qu'ils soient nationaux ou étrangers. Leurs commandants sont tenus de se conformer aux mêmes formalités douanières et d'obtenir les autorisations requises pour toute opération de déchargement ou de transbordement[1].

§.2. La conduite en douane par voie terrestre

Toutes les marchandises franchissant la frontière terrestre (entrée comme sortie) doivent être acheminées sans délai au poste de douane le plus proche pour contrôle et dédouanement. Il est formellement interdit de les transporter directement vers une destination finale (domicile, entrepôt, etc.) ou de les faire sortir du poste de douane sans l'autorisation expresse des autorités compétentes.

Pour les postes de douane de moindre importance, la circulation des marchandises sur les voies d'accès n'est permise qu'aux heures d'ouverture. En dehors de ces créneaux, tout transport est strictement interdit sans une autorisation spécifique du service des douanes.

Chaque conducteur de véhicule de transport est tenu de présenter un manifeste ou une déclaration de chargement qui est un document indispensable[2], il comprend :

- Le(s) propriétaire(s) des marchandises ;
- Le pays de départ et, le cas échéant, de destination finale ;
- Les numéros d'immatriculation du ou des véhicule(s) ;
- Les numéros d'identification du ou des conteneur(s), si applicable ;
- Les marques, numéros, nombre et nature des colis ;
- Les marques et numéros des scellements, si applicable ;
- Le poids brut total[3].

§.3. La conduite en douanes par voie aérienne

Tout aéronef en vol international doit impérativement suivre les routes aériennes établies par les autorités compétentes pour franchir les

---

[1] Article 93 du code des douanes.
[2] Harrington, S., op.cit., p. 24.
[3] Article 97 du code des douanes.

frontières nationales[1]. Toute déviation est interdite, sauf cas de force majeure dûment justifié[2].

Les aéronefs internationaux ne peuvent atterrir que sur les aéroports agréés par les autorités douanières, sauf urgence impérieuse pour la sécurité de l'appareil ou de ses occupants.

En cas d'atterrissage forcé sur un aéroport non douanier, le commandant de bord doit immédiatement sécuriser l'appareil et son chargement, informer sans délai les autorités aéronautiques et douanières les plus proches, et prendre toute mesure pour empêcher la circulation non autorisée des marchandises.

Pour tout vol international transportant des marchandises, une déclaration de chargement est obligatoire[3]. Elle doit inclure :

- Nom de la compagnie et détails du vol (numéro, date) ;
- Aéroports de départ, d'escale éventuelle et de destination ;
- Numéros des Lettres de Transport Aérien (LTA)[4] ;
- Nombre de colis par LTA, nature des marchandises (générales, dangereuses, etc.) et liste détaillée des provisions de bord (avitaillement).

Le commandant de bord doit présenter cette déclaration aux agents des douanes sur simple demande, à tout moment du vol ou après l'atterrissage. À l'issue du vol, la déclaration et les LTA correspondantes doivent être déposées au bureau des douanes de l'aéroport de destination. Si le bureau est fermé à l'arrivée, les documents seront remis dès sa réouverture.

Le code des douanes interdit formellement tout déchargement ou jet de marchandises en cours de vol. Des exceptions strictes existent :

- Largage de lest[5] si indispensable à la sécurité de l'aéronef ;
- Largage de courrier postal dans les lieux désignés ;

---

[1] Koran, Valentino, op.cit., p.23.

[2] Tromm, J. J. M. Jacques Naveau, *Droit du Transport Aérien International*, Etabl. E. Bruylant, Brussels 1980, n°. 02 (August 1985), p.346.

[3] Renton, David, Le concept de lien substantiel et la nationalité des personnes physiques et morales, des navires et des aéronefs. Un examen de la signification du concept et de sa limitation possible sur l'exercice de la juridiction de l'État dans l'attribution de la nationalité, Thèse, Université de Cologne, 1975, 170 p.

[4] Titres de transport émis par le transporteur.

[5] Dans le transport international, le terme "largage de lest" fait principalement référence à une opération maritime. Il s'agit de l'action pour un navire de vider les compartiments (appelés ballasts) remplis d'eau de mer.

- Largage de marchandises dangereuses en cas de danger imminent pour la sécurité de l'aéronef ou des personnes.

Dans tous les cas d'exception, le commandant de bord doit informer sans délai les autorités douanières en justifiant sa décision[1].

Section IV. Prise en charge des marchandises

Dans cette section, il est question de traiter de l'acte formel par lequel l'administration des douanes constate l'arrivée des marchandises et en prend la responsabilité physique et juridique sur le lieu de dédouanement.

§.1. Déroulement et principe de la prise en charge

La prise en charge des marchandises désigne l'ensemble des procédures et opérations douanières appliquées aux biens dès leur introduction sur le territoire douanier congolais ou, dans le cas des exportations, dès leur déclaration jusqu'à leur sortie effective du territoire[2].

Son objectif principal est l'identification formelle des marchandises, leur enregistrement officiel par le service des douanes, et leur maintien sous contrôle douanier. Ce contrôle initial s'exerce jusqu'à ce que les marchandises reçoivent une *destination douanière* autorisée (comme la mise en libre pratique, le transit, l'entreposage, ou l'exportation) ou qu'elles aient physiquement quitté le territoire[3].

La prise en charge débute formellement avec le dépôt et l'enregistrement de la déclaration de chargement (manifeste) par le transporteur auprès du bureau de douane compétent[4]. Cet enregistrement matérialise le moment où l'administration douanière prend acte de l'arrivée ou du départ imminent des marchandises et assume la responsabilité de leur surveillance et de leur intégrité physique (prévention des dommages, vols ou pertes) dans l'enceinte douanière ou tout lieu agréé[5]. Elle permet de centraliser et de sécuriser

---

[1] Article 102 du code des douanes.

[2] Menouali, Fathallah El., Op.cit, 86.

[3] Alexis S. THAMBWE-MWAMBA, Op.cit. p.98.

[4] Article 104 point 6 du code des douanes.

[5] Alexis S. THAMBWE-MWAMBA, Op.cit., p.99.

les marchandises en vue des opérations de vérification et de contrôle nécessaires au *dédouanement*.

À l'instar de la conduite en douane, la prise en charge est un préalable indispensable au dédouanement. Sans cette étape, les marchandises ne peuvent être officiellement déclarées en douane ni, par conséquent, recevoir une destination douanière légale sur le territoire congolais[1].

Concrètement, à son arrivée à un point d'entrée ou dans une zone sous contrôle douanier, le transporteur (qu'il s'agisse d'un navire, d'un avion, d'un camion, etc.) est tenu de présenter aux autorités douanières la déclaration de chargement dûment signée, accompagnée des titres de transport pertinents (connaissements maritimes, lettres de voiture, lettres de transport aérien, etc.).

Si le contrôle documentaire et, le cas échéant, physique est jugé satisfaisant, les agents douaniers procèdent à l'enregistrement de la prise en charge dans le système informatique douanier et délivrent au transporteur un accusé de réception, souvent appelé bon de prise en charge. Cet acte marque le passage des marchandises sous la responsabilité et la surveillance de l'État, officialisant ainsi le début de leur séjour ou de leur transit sous contrôle douanier avant l'assignation d'une destination finale.

§.2. Prise en charge dans les plateformes informatisées

Déployé progressivement depuis 2013 et adapté par l'administration douanière congolaise, SydoniaWorld est une évolution du système Sydonia. Il est interfacé avec le Guichet Unique Intégral du Commerce Extérieur (GUICE) pour rationaliser les opérations.

Concrètement, dès leur arrivée et présentation en douane (par exemple, dans un port ou aéroport), les marchandises doivent être enregistrées dans SydoniaWorld. Cette étape informatique de "prise en charge", souvent initiée par une déclaration sommaire, permet de :

- Identifier et localiser les marchandises avec précision ;
- Contrôler leurs mouvements et assurer un suivi en temps réel et a posteriori ;
- Connaître leur statut douanier actualisé ;
- Définir les responsabilités des opérateurs vis-à-vis des obligations douanières ;

---

[1] Alain Tenday Lupumba, op.cit, p. 56 et s.

- Les marchandises sont ensuite généralement placées en dépôt temporaire sous surveillance du système.

La procédure est clôturée dans SydoniaWorld par l'"apurement", qui correspond à l'attribution d'une destination douanière finale (ex: mise à la consommation, transit, réexportation) [1], à la destruction des marchandises, ou à leur vente si aucune destination n'est assignée dans les délais impartis (sauf exceptions réglementaires, notamment pour les marchandises prohibées).

Ainsi, dans toutes les zones douanières informatisées de RDC, l'enregistrement initial (prise en charge) et la clôture du dossier (apurement) de chaque marchandise doivent obligatoirement transiter par SydoniaWorld, assurant une traçabilité complète et un contrôle rigoureux des flux[2].

Section V. Dépôt temporaire des marchandises

§.1. Les modalités de mise en dépôt temporaire

Bien que le Code des douanes congolais ne définisse pas explicitement le terme "dépôt temporaire", la pratique douanière, s'inspirant du droit comparé et des dispositions légales, a consacré cette notion.

Il s'agit d'un régime douanier qui permet de placer des marchandises importées dans des lieux spécifiquement désignés et contrôlés par l'administration des douanes, appelés "Magasins et Aires de Dédouanement (MAD) [3]". Ces espaces sécurisés accueillent les marchandises en attente de l'accomplissement des formalités de dédouanement définitif[4].

Le dépôt temporaire n'est pas une étape obligatoire mais une option offerte aux déclarants pour optimiser leurs opérations avant d'assigner aux marchandises un régime douanier définitif (mise à la consommation, transit, entrepôt, etc.) [5].

---

[1] Claude J. Berr, Henri Trémeau, op. cit, p.37 et s.

[2] Le décret n°011/18/ du11 avril 2011 portant manuel des procédures harmonisées transitoires applicables au Guichet Unique à l'importation et à l'exportation.

[3] Alexis S. THAMBWE-MWAMBA, Op.cit. p.101

[4] Ce régime suspend le paiement des droits et taxes à l'importation.

[5] Article 105 du code des douanes.

§.2. Conditions d'ouverture et d'exploitation d'un MAD

L'exploitation d'un MAD est soumise à l'obtention d'une autorisation délivrée par l'administration des douanes. Toute personne physique ou morale intéressée doit soumettre une demande motivée au chef du bureau des douanes territorialement compétent[1]. Le dossier de demande doit être exhaustif et comprendre notamment[2] :

- L'identification complète du requérant (nom/dénomination sociale, adresse/siège social) ;
- Une description précise de l'emplacement géographique du futur MAD ;
- Les plans architecturaux détaillant l'aménagement intérieur et extérieur ;
- Pour les personnes morales, les statuts attestant de leur existence légale et objet social ;
- Un justificatif légal d'occupation des lieux (titre de propriété ou contrat de location authentique).
- Une attestation de conformité des locaux aux normes de sécurité en vigueur, délivrée par les autorités compétentes.

Outre ces éléments, l'autorisation est conditionnée par la capacité du demandeur à se connecter aux systèmes informatiques douaniers et par la constitution d'une garantie financière, dont le montant est fixé par le receveur des douanes, destinée à couvrir les droits et taxes potentiellement exigibles sur les marchandises entreposées[3].

§.3. Durée de séjour et déclaration de mise en dépôt temporaire

Le dépôt temporaire peut être accompli soit par le transporteur, soit par toute personne ayant un intérêt économique direct dans les

---

[1] Article 71 de la décision n° DG/DGDA/DG/2011/296 du 11 aout 2011 portant mesures d'application de l'ordonnance loi n°10/002 du 20 aout 2010 portant code des douanes.

[2] Article 72 point 2 de la décision n° DG/DGDA/DG/2011/296 du 11 aout 2011 portant mesures d'application de l'ordonnance loi n°10/002 du 20 aout 2010 portant code des douanes.

[3] Article 69 de la décision n° DG/DGDA/DG/2011/296 du 11 aout 2011 portant mesures d'application de l'ordonnance loi n°10/002 du 20 aout 2010 portant code des douanes.

marchandises, ou encore par l'exploitant de l'installation de dépôt temporaire (IDT). Dans certains cas, le manifeste de chargement peut tenir lieu de déclaration sommaire, à condition qu'il couvre l'intégralité des marchandises concernées[1]. Dès leur placement en IDT, l'exploitant en devient responsable vis-à-vis des autorités douanières.

La durée maximale de stockage en dépôt temporaire est strictement définie par le code des douanes et dépend du mode de transport. Pour les marchandises acheminées par voie maritime, ce délai est de quinze jours ouvrables à compter de la déclaration d'entrée en dépôt temporaire. Pour le transport aérien ou routier, ce délai est réduit à cinq jours ouvrables. Le bureau de douane peut, exceptionnellement, modifier ces délais, en les réduisant ou en accordant une prolongation. Si, à l'expiration du délai accordé, aucune formalité douanière n'a été accomplie, les marchandises doivent être transférées dans un entrepôt public ou un lieu désigné par l'administration des douanes[2]. Elles sont alors considérées comme placées d'office en dépôt temporaire.

Certaines manipulations courantes peuvent être autorisées sur les marchandises en dépôt temporaire. Il s'agit notamment d'opérations visant à préserver leur état, telles que le nettoyage, le tri, le pesage, l'empilage, le marquage ou la réparation des emballages. Pour effectuer ces opérations, une demande écrite, précise et motivée est requise auprès du bureau de douane, qui peut imposer certaines conditions[3].

En cas de détérioration ou d'avarie des marchandises en IDT due à un événement imprévu (force majeure ou accident), il est possible de procéder à leur dédouanement dans l'état où elles se trouvent. L'exploitant de l'IDT doit alors fournir au bureau de douane la preuve formelle que les dommages résultent bien de l'accident ou de la force majeure[4]. Cependant, cette possibilité ne s'applique pas aux marchandises qui ont été volées ou définitivement perdues.

Concernant le déchargement, il ne peut avoir lieu que dans les zones douanières désignées et requiert, sauf cas de danger imminent, une autorisation écrite des autorités douanières ainsi que leur présence. En situation d'urgence absolue, le déchargement immédiat est autorisé, à charge pour l'opérateur d'en informer les autorités sans délai.

---

[1] Article 106 du code des douanes.
[2] Article 107 du code des douanes.
[3] Article 108 du code des douanes.
[4] Article 109 du code des douanes.

Inversement, les douaniers peuvent exiger le déchargement pour inspection. Toutes les manipulations liées au contrôle (déballage, pesage, remballage) sont effectuées aux risques et frais de l'opérateur. Une fois déchargées et présentées en douane, les marchandises ne peuvent être déplacées de leur lieu de déchargement ni subir d'autres manipulations sans l'autorisation expresse de l'administration douanière, qu'elles soient destinées à l'IDT ou à un autre régime douanier.

Chapitre II. Le dédouanement

Ce chapitre est consacré au dédouanement proprement dit qui est une étape si importante dans le processus d'importation ou d'exportation de marchandises. Nous commencerons par examiner la déclaration des marchandises (section I) qui est une procédure obligatoire pour toutes les marchandises entrant ou sortant du territoire national. Dans un second temps, nous aborderons les formalités de paiement et de mainlevée (section II). Nous mettrons en évidence l'importance de cette étape dans le processus de dédouanement. Par ailleurs, nous nous intéresserons au dédouanement à l'heure du numérique (section III). Nous analyserons les spécificités du dédouanement des marchandises achetées en ligne et les défis qu'il pose aux administrations douanières.

Section I. La déclaration des marchandises

§.1. Le caractère obligatoire de la déclaration en douane

La déclaration en douane est l'acte juridique[1] fondamental et obligatoire par lequel l'opérateur économique (importateur, exportateur, ou son représentant) exprime sa volonté d'assigner un régime douanier à des marchandises et fournit à l'administration douanière congolaise toutes les informations nécessaires à leur identification (nature, origine, valeur, quantité, etc.)[2]. Conformément au Code des Douanes, cet acte est établi par le "déclarant", généralement l'opérateur lui-même ou, le plus souvent et conformément à l'article 7, par un commissionnaire en douane agréé[3], seul habilité à souscrire la déclaration de marchandises pour autrui.

Cette formalité est une obligation légale impérative pour toutes les marchandises franchissant la frontière du territoire douanier congolais, que ce soit à l'importation ou à l'exportation[4]. Il est crucial de souligner

---

[1] Un acte juridique est une manifestation de volonté, accomplie par une ou plusieurs personnes, dans le but de produire des effets de droit. En d'autres termes, c'est un acte volontaire qui a des conséquences reconnues et sanctionnées par la loi.

[2] Alexis S. THAMBWE-MWAMBA, op.cit, page 104

[3] Article 7 du code des douanes.

[4] Article 4 du code des douanes.

que l'éventuelle exemption de droits et taxes de douane n'exonère en aucun cas de l'obligation de déclarer la marchandise.

Il existe toutefois certaines exceptions à cette règle pour des catégories spécifiques de moyens de transport, justifiées par leur nature, leur usage ou des accords internationaux. Sont notamment dispensés de la déclaration de marchandises lors de leurs escales ou passages :

- Les navires de commerce et bâtiments de guerre battant pavillon étranger, en raison de leur présence temporaire et des réglementations maritimes internationales ;
- Les aéronefs de transport de passagers ou de marchandises assurant des liaisons régulières internationales et immatriculés à l'étranger, ainsi que les aéronefs militaires étrangers en mission officielle[1] ;
- Les locomotives et wagons utilisés pour le transport ferroviaire international.

Pour les navires et aéronefs battant pavillon congolais, la déclaration de marchandises n'est pas requise s'ils ont déjà fait l'objet d'une déclaration de mise à la consommation lors de leur première importation. Cependant, une déclaration d'exportation devient nécessaire en cas de cession à un pavillon étranger.

Il est essentiel de distinguer la déclaration de marchandises de la déclaration de chargement (manifeste pour les navires/aéronefs, lettre de voiture pour le rail)[2]. Cette dernière concerne les informations sur la cargaison transportée par le moyen de transport avant son arrivée ou départ, tandis que la déclaration de marchandises vise à assigner un régime douanier à la marchandise elle-même.

§.2. Types de déclarations et processus de dédouanement

Le processus de dédouanement peut s'opérer selon différentes modalités, adaptées à la nature et à la valeur des biens transportés, ainsi qu'au statut de la personne concernée.

La forme la plus simple est la déclaration verbale, couramment utilisée par les voyageurs transportant des effets personnels ou des marchandises dont la nature et la quantité ne présentent pas de caractère

---

[1] Berlière, Jean-Marc, op.cit., p.249.

[2] Définie à l'article 9 du code des douanes.

commercial évident. C'est une démarche rapide où l'agent des douanes évalue visuellement si des taxes sont dues[1].

Pour les envois de faible valeur ou le trafic frontalier sans caractère commercial, une déclaration simplifiée (DSI) est prévue[2]. La DSI est encadrée pour son objectif principal : simplifier le dédouanement de petits envois non commerciaux ou de marchandises de faible valeur détenues par des particuliers[3]. Les voyageurs, par exemple, sont tenus de déclarer les marchandises imposables au-delà des franchises autorisées, et c'est souvent par une DSI que cette déclaration et le calcul des droits sont formalisés par les agents, même si l'appréciation reste à la discrétion des douaniers pour les bagages[4].

Le cas le plus structuré et obligatoire pour toutes les opérations commerciales est la déclaration en détail. Historiquement connue sous diverses formes papier, elle a été largement remplacée par le Document Administratif Unique (DAU), désormais majoritairement sous format électronique (DAE), via la plateforme SYDONIAworld. Le DAE est le document central du dédouanement en RDC. Il consolide l'ensemble des informations nécessaires à l'administration douanière pour identifier précisément les marchandises, les opérateurs, déterminer les droits et taxes applicables et assigner un régime douanier (mise à la consommation, transit, admission temporaire, etc.).

La déclaration en détail reprend et enrichit les informations initialement fournies dans la déclaration sommaire ou le manifeste déposé à l'arrivée de la marchandise. Elle exige une grande précision concernant :

- Identification complète du destinataire (propriétaire), du transporteur, et du déclarant (souvent un commissionnaire en douane agréé), avec leurs numéros d'identification ou d'agrément.
- Références au manifeste, aux documents de transport (LTA, BL), ainsi que le détail des colis (nombre, marques, numéros, nature - conteneur, vrac...).

---

[1] Articles 256 et 257 du code des douanes.

[2] Il est important de noter que, par le passé (notamment sous le régime du Zaïre), ce système a parfois été détourné pour masquer la fraude, via la sous-évaluation ou l'application de tarifs inappropriés.

[3] Nau, Jean-Yves. Op.cit. p.23.

[4] Article 13 de la décision n° DG/DGDA/DG/2011/296 du 11 aout 2011 portant mesures d'application de l'ordonnance loi n°10/002 du 20 aout 2010 portant code des douanes.

- Poids (brut et net), l'espèce tarifaire selon la nomenclature douanière à 8 chiffres (position tarifaire[1]), la valeur (exprimée en devise et en monnaie nationale, calculée sur la base CAF ou CIF selon la définition de valeur en douane, avec application du taux de change officiel de la Banque Centrale du jour précédant l'enregistrement de la déclaration - les taux et montants des droits et taxes[2].
- La déclaration doit être accompagnée de pièces essentielles telles que la facture commerciale, la note de fret, et la licence d'importation[3] et l'attestation de vérification avant embarquement, etc.

La déclaration, qu'elle soit simplifiée ou détaillée, doit impérativement être déposée dans un bureau de douane territorialement compétent[4], dans un délai réglementaire (par exemple, à l'importation, dans les 3 jours francs après l'arrivée des marchandises, hors dimanches et jours fériés[5]).

Une fois la déclaration déposée (électroniquement dans la majorité des cas), l'administration des douanes met en œuvre un système de contrôle basé sur l'analyse des risques. Ce contrôle s'effectue à deux niveaux :

a) Contrôle a priori

Avant même l'autorisation de sortie ou d'embarquement des marchandises, les systèmes informatiques et les agents analysent une multitude de critères (le régime demandé, la réputation des opérateurs, la nature sensible des marchandises, la cohérence documentaire, l'origine/destination, la valeur déclarée, les caractéristiques physiques des colis...) pour attribuer un niveau de risque à l'opération. Cela permet de cibler les vérifications (examen documentaire, scan, visite physique) là où la probabilité de fraude ou d'erreur est la plus élevée[6].

---

[1] Une déclaration peut concerner plusieurs positions tarifaires pour un même destinataire, mais chaque position doit être détaillée.

[2] Article 70 du code des douanes.

[3] Selon la Circulaire 245 de la Banque du Zaïre.

[4] Article 113 du code douanes.

[5] Article 39 de la décision n° DG/DGDA/DG/2011/296 du 11 aout 2011 portant mesures d'application de l'ordonnance loi n°10/002 du 20 aout 2010 portant code des douanes.

[6] Alain Tenday Lupumba, Op.cit., pp.105 et 106.

b) Contrôle a posteriori

Après que les marchandises aient quitté la surveillance douanière, des vérifications peuvent être menées dans les locaux des opérateurs économiques[1]. Ces contrôles, notifiés à l'avance, impliquent l'examen des documents comptables, commerciaux et douaniers pour s'assurer de la conformité des opérations passées. L'administration utilise de plus en plus les technologies d'analyse de données pour ces audits.

§.3. Dépôt de la déclaration en douane

Tout d'abord, il convient de rappeler qu'en moyenne un ensemble de neuf documents est nécessaire pour que des marchandises franchissent légalement les frontières :

1. La facture fournisseur, celle-ci doit être authentifiée par un label de sécurité émis par la société d'inspection désignée et préalablement certifiée conforme par l'Office Congolais de Contrôle (OCC).
2. La liste de colisage (packing list), détaillant le contenu précis de chaque colis.
3. La note de fret et/ou le certificat d'assurance, justifiant les coûts de transport et la couverture des risques.
4. Le connaissement maritime (Bill of Lading - B/L), indispensable pour les importations par voie maritime.
5. La lettre de transport aérien (LTA ou Air Waybill - AWB), requise pour les acheminements par voie aérienne.
6. La licence d'importation qui autorise l'acte d'importer.
7. Les attestations de vérification, émises par la société d'inspection (historiquement BIVAC, ou autres mandatées) après contrôle avant embarquement.
8. La note de perception de l'Office de Gestion du Fret Multimodal (OGEFREM) qui atteste de la régularisation des obligations.
9. L'autorisation d'importation spécifique, exigée pour certaines catégories de produits réglementés (par exemple, produits pharmaceutiques, armes, substances chimiques spécifiques, etc.).

Le coup d'envoi de la procédure de dédouanement est impérativement marqué par le dépôt de la déclaration en douane.

---

[1] Article 40 de la décision n° DG/DGDA/DG/2011/296 du 11 aout 2011 portant mesures d'application de l'ordonnance loi n°10/002 du 20 aout 2010 portant code des douanes.

L'initiateur de cette démarche, le déclarant, peut-être l'importateur lui-même, l'exportateur, ou leur représentant dûment mandaté. Il a la faculté d'agir en son nom propre ou de recourir aux services d'un commissionnaire en douane agréé[1]. La représentation par ce dernier peut être directe (le commissionnaire agit au nom et pour le compte du déclarant) ou indirecte[2] (il agit en son nom propre mais pour le compte du déclarant).

En principe, seules les personnes physiques ou morales ayant le droit de disposer des marchandises (généralement le propriétaire ou le destinataire inscrit sur les documents de transport) ou un commissionnaire en douane agréé sont habilitées à effectuer cette déclaration. Le propriétaire des marchandises est le plus souvent le déclarant de droit, car il est considéré comme le mieux placé pour fournir avec exactitude toutes les informations requises.

La déclaration doit être déposée auprès du bureau de douane compétent[3] dans un délai strict, généralement fixé à trois jours francs à compter de l'arrivée des marchandises et de leur mise à disposition pour contrôle par les autorités douanières[4]. Sur justification valable, un dépôt en dehors des heures ouvrables peut être exceptionnellement autorisé, parfois moyennant le paiement d'une redevance. Il est important de noter qu'il est parfois possible, et même recommandé, de déposer la déclaration de manière anticipée, avant même l'arrivée physique des marchandises, afin d'accélérer le processus.

Même les voyageurs transportant des biens manifestement destinés au commerce sont soumis à cette obligation de déclaration[5]. Seules les marchandises non commerciales, importées pour un usage strictement personnel et en quantités limitées, peuvent bénéficier d'une exemption, et ce, sous conditions précises.

La déclaration en douane doit scrupuleusement renseigner des informations permettant l'identification et le traitement des

[1] Article 115 du code des douanes.

[2] La représentation directe signifie que le représentant en douane établit la déclaration en douane au nom et pour le compte du déclarant. Tandis que dans la représentation indirecte, le représentant en douane établit la déclaration en douane en son nom propre, mais pour le compte du déclarant.

[3] Le bureau de douane competent est celui où se trouvent les marchandises ou désigné par l'administration.

[4] Article 112 du code des douanes.

[5] Article 114 du code des douanes.

marchandises. Celles-ci incluent : la nature exacte (espèce tarifaire), la quantité, le poids (brut et net), la valeur en douane (base de calcul des droits et taxes), ainsi que l'origine (pays de fabrication) et la provenance (pays d'expédition) des biens. Le déclarant y indique également le régime douanier sous lequel il souhaite placer les marchandises (mise à la consommation, transit, entrepôt, admission temporaire, etc.)[1].

Il faut souligner que toute fausse déclaration, omission délibérée ou absence pure et simple de déclaration constitue une infraction grave à la législation douanière. Un tel manquement expose le responsable à un contentieux potentiellement lourd et à des sanctions sévères, pouvant aller d'amendes pécuniaires substantielles à la saisie des marchandises, voire à des poursuites pénales.

Dès que la déclaration est examinée et jugée recevable par les services douaniers, elle est officiellement enregistrée.

§.4. Enregistrement de la déclaration

Le processus de dédouanement impose au commerçant d'être enregistré et d'accomplir des formalités préliminaires, souvent gérées via un Guichet Unique. Parmi celles-ci, la souscription d'une déclaration ou licence "IB" (importation des biens) auprès d'une banque agréée est requise, ainsi que d'éventuelles autorisations spécifiques selon la nature des produits ou un contrôle préalable à l'embarquement.

À l'arrivée, la déclaration en douane formelle est déposée. Elle est immédiatement enregistrée et soumise à un double examen :

Factures, documents de transport, certificats… tous les papiers sont scrupuleusement vérifiés pour identifier incohérences ou omissions. Des documents complémentaires peuvent être demandés[2].

En parallèle ou après le contrôle documentaire, un examen physique des marchandises peut être ordonné. Il peut s'agir d'une simple inspection visuelle ou d'analyses plus poussées nécessitant des prélèvements d'échantillons. Le déclarant est avisé et a le droit d'y assister. Si les analyses confirment la conformité, la douane en assume les frais ; sinon, ils sont à la charge du déclarant.

---

[1] Article 120 du code des douanes.

[2] Article 129 du code des douanes.

L'orientation des déclarations vers ces contrôles repose sur un système informatisé basé sur l'analyse des risques, classant les dossiers en différents "circuits"[1]:

Vert[2] : Faible ou pas de risque identifié ; mainlevée rapide sans contrôle.

Bleu : Risque faible ; contrôle différé après mainlevée.

Jaune : Nécessite un contrôle documentaire immédiat. Si conforme, le dossier passe en Vert.

Rouge : Risque élevé ; implique des contrôles documentaire et physique obligatoires et immédiats. Si conforme, le dossier passe en Vert.

La vérification physique se déroule en principe au bureau de douane pendant les heures ouvrables. Une exception est possible sur demande justifiée, mais engendre des frais supplémentaires et place l'organisation logistique (transport, déballage…) sous la responsabilité du déclarant. Pendant toute la durée des contrôles, les marchandises restent sous surveillance douanière.

Une fois les examens terminés et si aucune irrégularité n'est constatée, la déclaration est liquidée et la mainlevée des marchandises est accordée[3].

Cependant, l'autorité douanière conserve le droit d'effectuer des contrôles a posteriori (ou ex post) sur les opérations dédouanées, et ce, pendant une période pouvant s'étendre jusqu'à trois ans après la mainlevée[4].

En cas d'importation n'ayant pas suivi les procédures requises (importation irrégulière), la mainlevée ne peut être obtenue qu'après présentation des documents nécessaires (facture, document de

[1] Article 40 de la décision n° DG/DGDA/DG/2011/296 du 11 aout 2011 portant mesures d'application de l'ordonnance loi n°10/002 du 20 aout 2010 portant code des douanes.

[2] Vers le Circuit vert, il y a les déclarations sans risque, aucun contrôle documentaire ou physique n'est requis. La déclaration est directement liquidée.

[3] Au terme de l'examen de la déclaration et/ou de la visite de la marchandise, le vérificateur de la douane remplit le "certificat de visite" dans le SYDONIA. Ce certificat mentionne la date, l'heure et le lieu de la vérification, ainsi que les résultats du contrôle. Si l'examen de la déclaration et/ou la visite de la marchandise ne révèlent aucune irrégularité, la déclaration est liquidée par le bureau de douane.

[4] Article 83 du code des douanes.

transport) et paiement des frais additionnels dus à l'OCC et des pénalités infligées par la DGDA.

Section II. Formalités de paiement et de mainlevée

§.1. Liquidation et paiement des droits et taxes

Dès l'enregistrement de la déclaration en douane, l'obligation de payer les droits et taxes applicables prend effet. Le montant est calculé lors de l'opération de liquidation, effectuée par les services douaniers sur la base des informations déclarées et des taux en vigueur[1].

La liquidation est l'opération qui consiste à déterminer le montant des droits et taxes de douane applicables à une importation ou à une exportation de marchandises[2].

Pour faciliter les transactions, les montants dus sont généralement arrondis à l'unité inférieure[3]. Le déclarant est ensuite notifié du montant exact à payer.

Depuis la promulgation du code douanes, les droits et taxes dus à l'administration des douanes sont exigibles immédiatement et sont acquittés en totalité avant que les marchandises ne soient retirées des locaux douaniers. Il s'agit du principe de paiement comptant[4]. Cependant, la loi de finances pour l'exercice 2023 introduit une réforme majeure en matière de liquidation et de paiement des droits et taxes douaniers. Désormais, le principe du paiement comptant est abandonné. Les droits et taxes liquidés par les receveurs douaniers doivent être acquittés dans un délai de 3 jours ouvrables à compter de la date de liquidation, et ce, avant l'enlèvement des marchandises[5]. Tout paiement des droits et taxes intervenant au-delà de ce délai donne lieu à la

---

[1] Elle consiste à déterminer le montant exact des sommes dues à l'administration des douanes. Cette opération est effectuée par le receveur du bureau de douane, conformément aux règles et procédures définies par les articles 133, 134 et 135 du code des douanes.

[2] Instruction DGDA/DG/DGA.T/dg/2011/005 du 28 décembre 2011 relative à la taxe sur la valeur ajoutée à l'importation et à l'exportation.

[3] Article 135 du code des douanes.

[4] Article 137 du code des douanes.

[5] L'article 15 de la Loi de finances n° 22/071 du 28 décembre 2022 pour l'exercice 2023.

perception d'une pénalité de retard dont le taux est fixé par le Ministre ayant les finances dans ses attributions[1].

§.2. La mainlevée des marchandises

Le paiement des droits et taxes n'est qu'une étape. L'autorisation physique de retirer les marchandises des locaux douaniers s'appelle la mainlevée[2]. C'est le signal officiel marquant la fin du contrôle douanier et l'entrée légale des marchandises sur le territoire sous le régime déclaré.

Pour obtenir la mainlevée, plusieurs conditions cumulatives doivent être remplies : la douane doit avoir achevé ses contrôles (ou décidé de ne pas en faire), aucune infraction majeure ne doit avoir été constatée, tous les documents requis doivent avoir été fournis, et surtout, les droits et taxes (ainsi que les éventuelles pénalités[3]) doivent avoir été intégralement payés ou garantis[4].

Bien que le principe soit le paiement avant l'enlèvement, des exceptions existent[5]. Certaines entreprises peuvent bénéficier d'un crédit d'enlèvement, leur permettant de retirer les marchandises après autorisation, mais avant le paiement final, sous réserve de fournir une

---

[1] L'article 14 de la Loi de finances n° 18/025 du 13 décembre 2018 pour l'exercice 2019.

[2] Le code des douanes congolais, bien qu'il n'emploie pas explicitement le terme 'mainlevée', évoque la notion d'enlèvement des marchandises. Ce concept, bien qu'analogue à la mainlevée, n'est pas défini avec la même précision. Pour une définition plus précise du terme 'mainlevée', il convient de se référer à la Convention de Kyoto révisée, notamment au second chapitre de son annexe générale. La mainlevée des marchandises marque le moment où l'administration douanière autorise l'opérateur économique à enlever les marchandises des installations douanières, signifiant ainsi la fin du contrôle douanier et l'entrée des marchandises dans le territoire congolais sous le régime douanier sollicité. En d'autres termes, c'est le sésame qui permet de retirer les marchandises des locaux douaniers et de les mettre en circulation.

[3] La loi de finances n° 21/029 opère un glissement sémantique notable en privilégiant le terme 'pénalité' au détriment de 'amende' dans le domaine du droit douanier. Ce choix terminologique n'est pas anodin et traduit une volonté du législateur de nuancer les conséquences juridiques des infractions douanières. En effet, si l'amende est traditionnellement associée à une sanction pénale, la pénalité renvoie plutôt à une obligation contractuelle ou à une sanction administrative.

[4] Article 138 du code des douanes.

[5] Point 2 de l'article 138 du code des douanes.

garantie financière[1]. Le paiement effectif des montants couverts par ce crédit doit alors intervenir dans un délai fixé, généralement 14 jours après l'autorisation d'enlèvement[2]. De même, dans des cas spécifiques nécessitant des analyses approfondies ou même si une infraction mineure a été constatée, une mainlevée conditionnelle peut être accordée sous réserve de garanties suffisantes et si les marchandises ne sont ni prohibées ni nécessaires comme preuve.

Une fois que toutes les formalités sont accomplies et les conditions de mainlevée réunies (contrôles terminés, paiement effectué ou garanti), la douane délivre le bon à enlever (parfois appelé Bulletin de sortie). Ce document est la preuve finale que les marchandises ont été dédouanées et autorise leur sortie physique des installations douanières.

Section III. Le dédouanement à l'heure du numérique

§.1. La douane et le E-commerce

La République démocratique du Congo a posé un jalon essentiel pour encadrer le commerce électronique avec l'adoption de l'ordonnance-loi n°23/010 du 13 mars 2023 portant Code du numérique. Ce texte fondateur définit précisément le commerce électronique[3] comme toute activité commerciale de fourniture de biens ou services réalisée par voie électronique contre paiement, imposant de nouvelles exigences de conformité aux opérateurs du secteur.

Ce cadre légal est d'autant plus crucial que l'essor du commerce électronique transforme profondément les pratiques commerciales et, par ricochet, les opérations douanières en RDC. Le volume croissant de petits colis, caractéristique de ce commerce, pose des défis inédits pour la Direction Générale des Douanes et Accises (DGDA). Il ne s'agit plus d'une simple extension du commerce traditionnel, mais d'une mutation qui exige des solutions innovantes pour garantir l'efficacité du

---

[1] Le déclarant doit fournir une garantie financière à la douane dans le but de couvrir les éventuels droits et taxes supplémentaires qui pourraient être dus, ainsi que les dommages et intérêts qui pourraient être réclamés à l'État en cas de non-conformité des marchandises

[2] Article 139 du code des douanes.

[3] Article 2, point 15 l'ordonnance-loi n°23/010 du 13 mars 2023 portant Code du numérique.

dédouanement, la célérité de la livraison, la sécurisation des recettes fiscales et la lutte renforcée contre la fraude, notamment la sous-évaluation des marchandises. Adapter les procédures douanières et promouvoir une coopération étroite entre la DGDA et les acteurs du secteur devient indispensable pour concilier facilitation des échanges et contrôle.

Cette dynamique nationale s'inscrit dans un mouvement continental plus large. Le commerce électronique est désormais perçu comme un moteur clé de croissance en Afrique. L'Union Africaine a affirmé cette vision avec l'adoption de sa stratégie de commerce électronique en juin 2024, suivie par la signature du Protocole sur le commerce électronique de la Zone de Libre-Échange Continentale Africaine (ZLECAf) le 15 février 2025.

Le Protocole de la ZLECAf, pertinent pour les opérations transfrontalières et donc pour la douane, contient des dispositions clés visant la facilitation du commerce numérique. Il promeut activement la digitalisation des processus commerciaux et douaniers, l'amélioration des infrastructures logistiques, y compris pour la "livraison du dernier kilomètre", et le renforcement de la confiance dans les transactions électroniques via des cadres légaux harmonisés (protection des données, cybersécurité, etc.). La mise en œuvre de ces mesures à l'échelle africaine, conformément aux objectifs de la ZLECAf de réduire les barrières aux échanges, aura un impact significatif sur les délais et les coûts du dédouanement des biens issus du commerce électronique, contribuant à une plus grande transparence et efficacité pour les opérations en RDC.

Ainsi, la RDC, par l'adoption de son Code du numérique, s'aligne sur la nécessité d'encadrer le commerce électronique. Les défis qu'il pose aux douanes imposent une adaptation rapide des procédures, un impératif renforcé par la dynamique régionale de la ZLECAf qui ouvre la voie à des solutions harmonisées pour faciliter et sécuriser le flux croissant des colis du commerce électronique transfrontalier.

§.2. Défis et perspectives pour l'avenir

La République Démocratique du Congo connaît une croissance notable de son marché du commerce électronique, un dynamisme qui s'accompagne logiquement d'une augmentation progressive et soutenue du flux de petits colis de marchandises importées. Bien que les volumes ne soient pas encore comparables à ceux des hubs mondiaux, cette tendance impose déjà des défis croissants à la Direction Générale des Douanes et Accises (DGDA). Le passage d'un modèle commercial basé sur des envois volumineux à une multitude de petits paquets individuels modifie la donne pour les administrations douanières. Ce changement structurel complexifie les processus de contrôle et de dédouanement à grande échelle, une réalité qui exige de nouvelles approches pour assurer l'efficacité du traitement de ces flux sans précédent.

Actuellement, le dédouanement de chaque colis issu du commerce électronique transfrontalier peut s'avérer un processus complexe et peu transparent pour l'acheteur final. Cette situation est exacerbée par les défis existants en matière de contrôle de la valeur déclarée des marchandises. La nature dispersée des transactions en ligne, impliquant souvent de nombreux intermédiaires et des expéditeurs moins formalisés que dans le commerce traditionnel, crée un terrain fertile pour la fraude. Des pratiques telles que la sous-évaluation systématique de la valeur des biens, le recours aux envois fractionnés pour potentiellement échapper aux contrôles ou bénéficier d'éventuels seuils de taxation simplifiée ou de *minimis*, et la difficulté à vérifier l'origine et le classement tarifaire précis des produits importés sont monnaie courante[1]. Ces fraudes impactent directement et significativement les recettes fiscales de l'État congolais et créent une distorsion de concurrence dommageable pour les entreprises locales formelles qui respectent la réglementation.

Pour le consommateur congolais, cette opacité se traduit souvent par un manque de clarté sur le coût final de son achat en ligne. Le prix affiché sur la plateforme ne comprend pas toujours l'intégralité des frais liés à l'importation, tels que les droits de douane, les taxes (dont la TVA à l'importation de 16% en RDC) et les frais de dossier ou de dédouanement. Ces coûts imprévus à la livraison peuvent transformer une expérience d'achat en ligne attrayante en source de frustration, freinant ainsi la confiance et le développement du commerce électronique formel dans le pays.

---

[1] On distingue ainsi deux types de transactions : le « Business-to-Consumer » (B2C), où une entreprise vend directement à un particulier, et le « Consumer-to-Consumer » (C2C), qui correspond à la vente entre particuliers via des plateformes en ligne.

Face à ces défis, il devient impératif d'adapter les mécanismes de dédouanement du commerce électronique aux réalités spécifiques de la RDC. L'objectif est triple : sécuriser les recettes publiques qui échappent actuellement à cause de la fraude, lutter plus efficacement contre les pratiques illicites, et améliorer significativement la transparence et la prévisibilité des coûts pour les consommateurs et les opérateurs économiques formels. Il s'agit de tendre vers un processus plus simple, plus rapide et surtout plus transparent dès l'acte d'achat Initial.

Comment ces adaptations pourraient-elles concrètement améliorer le passage en douane ?

L'amélioration du dédouanement des marchandises du commerce électronique en RDC passe par la mise en place de mécanismes offrant à la fois une meilleure visibilité pour la DGDA et une simplification des procédures pour les acteurs. Une approche moderne s'appuierait fortement sur la transmission électronique de données complètes et fiables sur les transactions par les plateformes de vente en ligne ou les facilitateurs logistiques en amont de l'arrivée physique des colis.

Cette visibilité anticipée et numérisée est cruciale. Elle permettrait à la DGDA de passer d'un contrôle basé principalement sur le colis physique à une analyse de risque ciblée et pertinente s'appuyant sur les données électroniques. Les ressources de l'administration pourraient ainsi être concentrées sur les envois identifiés comme potentiellement à haut risque (fraude, contrefaçon, marchandises dangereuses ou illicites), permettant d'accélérer considérablement le dédouanement des colis légitimes et de fluidifier la chaîne logistique.

Parallèlement à cette amélioration de la gestion des risques, le développement et le déploiement d'outils informatiques performants capables de traiter les volumes massifs de données et de colis sont indispensables. L'implémentation de procédures de dédouanement simplifiées et rapides, spécifiquement conçues pour les petits envois de faible valeur, est également une nécessité pour absorber le flux sans engorger les points d'entrée. Pour y parvenir efficacement, il est fondamental de clarifier et formaliser les responsabilités des différents acteurs de la chaîne du commerce électronique transfrontalier – des plateformes facilitant la vente aux opérateurs postaux et expressistes assurant la livraison – en matière de transmission des données requises et, potentiellement, de collecte des droits et taxes.

À terme, l'ambition est de parvenir à un modèle où les droits de douane et taxes (incluant la TVA) applicables aux marchandises sont calculés et présentés de manière totalement transparente au consommateur dès le moment de l'achat en ligne. Idéalement, la possibilité de collecte de ces montants au moment de la transaction pourrait être envisagée, garantissant ainsi que le prix payé inclut l'ensemble des frais liés à l'importation. Cela éliminerait les mauvaises surprises à la livraison, améliorant considérablement la prévisibilité des coûts et renforçant la confiance des consommateurs congolais dans le commerce électronique transfrontalier.

Au-delà de la facilitation et de la sécurisation des recettes, l'adaptation douanière au commerce électronique doit impérativement intégrer la lutte contre son exploitation à des fins criminelles. Le caractère transfrontalier et l'anonymat relatif qu'il peut offrir sont exploités pour le trafic de marchandises illicites, la contrefaçon massive, le blanchiment d'argent ou même le financement d'activités terroristes. Faire face à ces menaces impose à la DGDA de développer des capacités de surveillance et d'analyse sophistiquées du cyberespace et de renforcer activement la coopération avec les douanes étrangères et les agences internationales pour identifier, tracer et démanteler ces réseaux criminels qui opèrent au-delà des frontières physiques.

TROISIEME PARTIE :
LA FISCALITE DOUANIERE

La République Démocratique du Congo (RDC) exporte abondamment ses richesses minérales grâce à un sous-sol d'une grande richesse. Parallèlement, elle importe massivement, témoignant d'une dépendance significative vis-à-vis des produits extérieurs. Dans ce contexte d'échanges intenses, la maîtrise des règles et des coûts de la fiscalité douanière revêt une importance capitale.

C'est pourquoi il est essentiel de se pencher sur les mécanismes fondamentaux qui régissent cette fiscalité. Notre exploration débutera par l'étude des théories générales sur le droit fiscal douanier (Chapitre I). Nous examinerons ensuite le tarif douanier et le Système Harmonisé (Chapitre II), outils déterminants pour le calcul des droits et taxes à l'importation. L'analyse se poursuivra avec l'étude des régimes douaniers (Chapitre III), essentiels pour comprendre le statut des marchandises circulant à travers la frontière. Enfin, nous conclurons en abordant les notions fondamentales relatives à la dette douanière (Chapitre IV).

Chapitre I. Théories générales sur le droit fiscal douanier

Dans ce chapitre, nous commencerons par aborder des notions fondamentales du droit fiscal douanier (section I) c'est-à-dire définir la place et l'objet du droit fiscal douanier au sein du système juridique. Puis, nous étudierons les principes généraux qui régissent cette matière, en insistant sur les spécificités de son interprétation. Le droit fiscal douanier se compose essentiellement de droits de douane et de taxes. Nous analyserons en détail la nature de ces prélèvements ainsi que les mécanismes de leur calcul et leur évaluation en douane (section II). Nous examinerons les méthodes et les règles utilisées par l'administration douanière congolaise pour évaluer la valeur des marchandises importées ou exportées. Bien que distincte des droits de douane, la TVA est étroitement liée aux échanges internationaux. Nous aborderons les différents éléments constitutifs de la TVA (section III).

Section I. Notions fondamentales du droit fiscal douanier

§.1. La place et objet du droit fiscal douanier

Le droit fiscal douanier se présente comme l'ensemble des normes juridiques encadrant l'imposition de droits et taxes sur les marchandises qui franchissent les frontières d'un pays[1]. Au-delà de cette définition technique, le droit fiscal douanier reflète une réalité économique et sociale plus profonde : il concrétise la participation de chacun, qu'il soit particulier ou entreprise, au financement des activités de l'État[2]. En d'autres termes, les droits et taxes sont un moyen pour l'État de collecter des ressources nécessaires à l'exercice de ses missions, telles que la

[1] Jean-Luc Albert, jean Luc Pierre, Daniel Richer, dictionnaire de droit fiscal douanier, Ed. Ellipses, paris, 2007.

[2] Sordet, Julien. « L'excès des actes de gestion des entreprises en droit fiscal ». *Gestion &; Finances Publiques*, n° 1 (janvier 2018): 43–47.

défense du territoire, l'éducation, la santé ou encore la construction d'infrastructures[1].

Ainsi, lorsqu'un opérateur économique achète un produit fabriqué à l'étranger ou qu'il veut exporter ses propres biens vers un autre pays, il contribue, par le biais des droits de douane, à l'économie nationale. Il convient de souligner que le droit fiscal douanier est étroitement lié au droit fiscal en général. Ce dernier regroupe l'ensemble des règles relatives à l'impôt[2], c'est-à-dire à toute prestation pécuniaire obligatoire versée à l'État.

Certains auteurs estiment que les droits de douane ne sont pas de véritables impôts, car ils ne sont pas directement liés au revenu des contribuables. D'autres, au contraire, considèrent qu'ils en font partie intégrante. Sans entrer dans ce débat doctrinal, nous pouvons affirmer que le droit fiscal douanier constitue une spécialité du droit fiscal. Il s'agit d'un domaine en constante évolution, qui nécessite d'en faire une branche du droit à part entière. Les branches parallèles du droit fiscal explorent des domaines spécifiques[3], tels que la parafiscalité, la fiscalité internationale ou encore le droit pénal fiscal. C'est dans cette forêt de branches que nous retrouvons le droit fiscal douanier. Ce dernier s'intéresse plus particulièrement aux opérations douanières, c'est-à-dire à l'ensemble des formalités liées à l'importation et à l'exportation de marchandises. Pour appréhender la place du droit fiscal douanier, il est utile de revenir sur la notion de parafiscalité[4]. La parafiscalité regroupe l'ensemble des taxes et redevances perçues par des organismes autres que l'État, mais dont la gestion est déléguée à ce dernier.

---

[1] Buabua wa Kayembe, Traité de droit fiscal zaïrois, constats et propositions sur les contributions et douane, Kin, CRP, p.29.

[2] Michel Bouvier, « introduction au droit fiscal général et la théorie de l'impôt », 10e édition, L.G.D.J, paris, 2010, p 23 et s.

[3] M. Kalonji, « Précis de droit fiscal congolais », édition universitaires européennes, Saarbrücken (Allemagne), 2014, p.15.

[4] Traditionnellement, la parafiscalité regroupait un ensemble de prélèvements obligatoires imposés aux particuliers et aux entreprises pour financer des prestations spécifiques. Néanmoins, sa définition précise a toujours été complexe. De nombreuses législations ont tenté de lui conférer un cadre juridique cohérent, comme la loi n° 13/005 du 11 février 2014 en République Démocratique du Congo. En droit comparé, la parafiscalité englobe toutes les taxes et redevances obligatoires perçues au profit d'entités publiques ou privées autres que l'État, les collectivités locales et leurs établissements publics.

Alors, le droit fiscal douanier et les finances publiques sont-ils deux facettes d'une même pièce ?

Le droit fiscal douanier a pour objet d'étudier l'ensemble des règles juridiques régissant les droits et taxes. Les droits de douane, sont des impositions qui frappent les marchandises à l'occasion de leur entrée ou de leur sortie du territoire douanier[1]. Ces droits peuvent varier en fonction de la nature des biens, de leur origine et de leur destination. Par ailleurs, le droit fiscal douanier s'intéresse également à la taxe sur la valeur ajoutée (TVA) applicable aux importations. Il nous revient de préciser que la TVA est un impôt indirect qui grève la consommation et qui est perçu à chaque étape de la production et de la distribution d'un bien ou d'un service. Dans le contexte des échanges internationaux, la TVA sur les importations vient s'ajouter aux droits de douane pour constituer la charge fiscale totale supportée par l'importateur.

Il convient de noter que le droit d'accise[2], bien qu'étant également un des droits reconnus à l'administration douanière, n'entre pas dans le champ d'application du droit fiscal douanier à l'import et export. L'accise frappe des produits spécifiques, tels que les produits énergétiques, l'alcool ou le tabac, et est perçue à l'intérieur du territoire national[3]. Les droits et taxes perçus par l'administration douanière congolaise s'inscrivent dans le cadre plus large des impôts indirects prévus par la législation fiscale congolaise[4]. Ces prélèvements obligatoires, qui frappent indirectement la consommation, viennent s'ajouter aux impôts directs, tels que l'impôt sur le revenu, pour constituer l'assiette fiscale de l'État.

L'acquittement des droits et taxes constitue une obligation inhérente à toute importation de marchandises[5]. Bien que certaines catégories de marchandises puissent bénéficier d'exonérations, comme nous l'avons

---

[1] Amé Léon, Étude économique sur les tarifs douaniers et les traités de commerce, Paris, Imprimerie nationale, 1859 et 1876, 2 volumes.

[2] Le droit d'accise est un impôt indirect perçu sur la consommation, parfois aussi le seul commerce de certains produits, en particulier le tabac, l'alcool et le pétrole et ses dérivés.

[3] Article 2 point 1 de la loi n°18-0020du 13 mars 2018 portant Code des accises.

[4] Starmans Bofoe Lokangu, « droit fiscal et procédures fiscales en République démocratique du Congo Théories générales », l'Harmattan, 2021, paris, p.117.

[5] L'article 52 du Code des douanes impose à toute personne introduisant ou faisant introduire des marchandises sur le territoire congolais, à des fins d'importation ou d'exportation, de s'acquitter des droits de douane y afférents.

vu précédemment, le caractère obligatoire de ces droits demeure la règle générale. Ainsi, sauf disposition législative contraire, toute marchandise importée est soumise au paiement des droits de douane.

Ces droits et taxes, qui constituent une source de financement essentielle pour le budget de l'État, sont établis conformément aux dispositions du Système Harmonisé[1]. Ils permettent à l'État de mobiliser les ressources nécessaires à la couverture de ses dépenses publiques. Mais, l'avènement de la Zone de libre-échange continentale africaine (ZLECAF) tende à désorienter cette tendance. En effet, la mise en œuvre de la ZLECAF implique la création d'un tarif extérieur commun (TEC) qui s'imposera à tous les États membres[2]. Ce TEC, élaboré sur la base des normes et standards internationaux, réduira significativement la marge de manœuvre des États membres en matière de fixation de leurs tarifs douaniers. Ce qui marquera ainsi une perte de souveraineté douanière au profit d'une harmonisation régionale accrue.

S'agissant du mode de calcul, les droits de douane sont généralement ad valorem, c'est-à-dire qu'ils sont déterminés en fonction d'un pourcentage de la valeur en douane des marchandises. Par exemple, un droit de douane de 10% ad valorem signifie que le montant à payer correspond à 10% de la valeur CAF (Coût, Assurance, Fret) des marchandises.

§.2. Quelques principes du droit fiscal douanier

1. Le principe d'égalité

Le principe d'égalité tire son origine dans le droit fiscal général, il s'étend sans réserve au domaine douanier. Ce postulat fondamental est ancré dans les fondements mêmes de la justice et de l'équité. Il trouve

---

[1] Convention internationale sur le Système Harmonisé de désignation et de codification des marchandises du 14 juin 1983 à Bruxelles.

[2] La RDC a adhéré par la ratification de l'accord portant création de la Zone de Libre Echéance Continentale Africaine le 28 janvier 2022. Cet accord a pour objectifs de créer un environnement propice aux investissements en facilitant la libre circulation des capitaux et des personnes, en tirant parti des dynamiques en cours dans les États parties et les Communautés Économiques Régionales ; Améliorer la compétitivité des économies des États parties sur les scènes continentale et mondiale, notamment en soutenant la diversification industrielle, le développement des chaînes de valeur régionales, et en assurant la sécurité alimentaire grâce à un développement agricole durable.

ses racines dans les déclarations historiques qui ont consacré les droits inaliénables de l'homme[1]. Dès l'aube des droits de l'homme, l'idée d'une imposition proportionnée aux capacités de chacun s'est imposée comme un idéal à atteindre. La Déclaration des Droits de l'homme et du citoyen de 1789 a posé les jalons de cette égalité devant l'impôt en proclamant que tous les citoyens, sans distinction, doivent contribuer au bien commun en fonction de leurs moyens. Ce principe trouve également son fondement dans la constitution qui dispose que : « *Tous les Congolais sont égaux devant la loi et ont droit à une égale protection des lois* »[2].

En effet, la même Constitution énonce de manière claire et sans équivoque que chaque individu résidant sur le territoire national est tenu de contribuer aux charges publiques[3]. Ce principe fondamental trouve une application particulière en matière de fiscalité douanière, où il se traduit par une exigence d'égalité devant les droits et taxes.

Cette égalité devant les droits et taxes douanières se matérialise par une règle d'universalité : tous les opérateurs économiques, sans distinction aucune, sont soumis aux mêmes obligations fiscales à l'importation tout comme à l'exportation. Qu'ils soient nationaux ou étrangers, personnes physiques ou morales, leur statut juridique ou leur activité professionnelle est indifférent aux yeux du code des douanes. Ce principe d'égalité s'étend à toutes les marchandises importées, quelle que soit leur origine géographique. L'interdiction de toute discrimination en matière douanière constitue un corollaire essentiel de ce principe d'égalité. Il est ainsi proscrit d'accorder des avantages fiscaux particuliers à certains opérateurs économiques, ou d'imposer des charges fiscales plus élevées à d'autres.

Le principe d'égalité devant les droits et taxes douaniers impose à l'administration douanière une obligation de neutralité et d'impartialité. Les décisions administratives en matière douanière sont fondées sur des critères objectifs et transparents, écartant toute forme d'arbitraire ou de discrimination. Chaque opérateur économique, qu'il soit une multinationale ou une petite entreprise locale, est traité de la même

---

[1] Starmans Bofoe Lokangu, op.cit. , p.25

[2] Article 12 de la constitution de la République démocratique du Congo modifiée par la loi n° 11/002 du 20 janvier 2011 portant révision de certains articles de la constitution de la République démocratique du Congo du 18 février 2006.

[3] Article 174 la constitution du 18 février 2006.

manière et bénéficie des mêmes garanties procédurales. L'application uniforme des droits et taxes douaniers sur l'ensemble du territoire national est une autre dimension essentielle de ce principe d'égalité. L'administration douanière ne saurait tolérer de disparités régionales susceptibles de fausser la concurrence et de porter atteinte à l'unité du marché intérieur. Les règles et les taux d'imposition doivent être identiques pour tous, quel que soit le lieu d'entrée des marchandises sur le territoire congolais.

Le droit fiscal douanier, tout en remplissant sa fonction de levier fiscal contribue également à favoriser un environnement économique ouvert et compétitif. Il ne saurait être instrumentalisé à des fins protectionnistes ou pour avantager indûment certains secteurs d'activité au détriment d'autres. L'objectif premier du législateur était de garantir l'égalité des chances et de promouvoir un commerce international loyal et équitable. Il convient toutefois de nuancer ce principe d'égalité absolue. En effet, le législateur peut, dans certains cas exceptionnels et dûment justifiés, déroger à ce principe pour des raisons d'intérêt général. Ainsi, des taux d'imposition différenciés peuvent être mis en place pour protéger l'environnement, soutenir des industries naissantes ou encourager des activités économiques spécifiques. Dans tout le cas, ces dérogations néanmoins respectent le principe de proportionnalité et ne sauraient porter atteinte à l'objectif fondamental d'égalité devant l'impôt.

2. Le principe de la taxation permanente

Le principe de la taxation permanente en matière de droits et taxes à l'importation et à l'exportation édicte que les prélèvements dus à l'État à l'occasion des échanges commerciaux internationaux ne sont pas soumis à une périodicité fixe, telle qu'une année civile. Concrètement, ce principe signifie que chaque fois qu'une marchandise franchit une frontière douanière, qu'il s'agisse d'une entrée sur le territoire national (importation) ou d'une sortie (exportation), des droits et taxes sont exigibles. L'opérateur économique, qu'il soit un importateur ou un exportateur, doit acquitter ces sommes dès le passage de la frontière. Cette exigibilité est immédiate et se répète à chaque nouvelle opération[1].

---

[1] Miche Bouvier, Introduction au droit fiscal général et la théorie de l'impôt, LGDJ, 2007, p.227.

L'une des raisons fondamentales de ce principe réside dans le lien étroit qui unit le montant des droits et taxes à la valeur intrinsèque de la marchandise. Il serait illusoire de fixer un montant annuel forfaitaire, car cela ouvrirait la porte à des abus. Un opérateur économique pourrait ainsi importer ou exporter des quantités considérables de marchandises en ne s'acquittant que d'un montant annuel fixe, au détriment des finances publiques. Pour garantir une équité fiscale et préserver les intérêts de l'État, le législateur a donc opté pour un système où le montant des droits et taxes est directement proportionnel à la valeur de la marchandise, à sa nature et à son origine ou destination.

Le principe de taxation permanente des droits et taxes se révèle paradoxalement être une source de vulnérabilité pour l'administration des douanes. En effet, cette institution se trouve confrontée à une situation délicate lorsque les flux commerciaux s'étiolent ou connaissent des fluctuations importantes. L'activité douanière étant intrinsèquement liée au mouvement des marchandises, une baisse significative des échanges commerciaux entraîne mécaniquement une diminution des recettes douanières. Or, l'administration des douanes est soumise à des objectifs de performance rigoureux[1], matérialisés par des assignations financières qu'elle doit impérativement atteindre. Ces engagements contractuels avec l'État constituent un véritable défi lorsque les conditions économiques ne sont pas favorables. Ainsi, la dépendance de l'administration des douanes à l'égard d'une activité économique fluctuante expose cette dernière à un risque de sous-performance financière. Ce risque peut se traduire par un manque à gagner substantiel qui vient grever le budget de l'État et compromettre la réalisation des politiques publiques.

3. Le principe de légalité

Le principe de légalité fiscale et douanière trouve son fondement dans la loi n° 11/002 du 20 janvier 2011 portant révision de certains articles de la Constitution de la République Démocratique du Congo du 18 février 2006. Ce principe sacralise la suprématie de la loi en matière d'imposition, tant directe qu'indirecte. En d'autres termes, nuls droits

[1] La performance peut être définie comme la démarche visant à améliorer l'efficacité de la dépense publique en pilotant la gestion budgétaire de manière à atteindre des résultats cohérents avec les objectifs stratégiques de chaque ministère, tout en respectant les moyens prédéterminés qui leur sont alloués par le budget.

et taxes ne peuvent être levés si la loi ne l'a préalablement institué. Cette exigence constitutionnelle est consacrée aux articles 122, alinéa 10 qui dispose « *Sans préjudice des autres dispositions de la présente Constitution, la loi fixe les règles concernant... l'assiette, le taux et les modalités de recouvrement des impositions de toute nature, le régime d'émission de la monnaie* »[1], et 174, alinéas 1 et 3 qui dispose « *Il ne peut être établi d'impôts que par la loi. Il ne peut être établi d'exemption ou d'allègement fiscal qu'en vertu de la loi* »[2]. Cet article confère au Parlement un pouvoir exclusif en matière fiscale. Seul ce dernier, par le biais d'une loi de finances ou d'une loi ordinaire, est habilité à créer, modifier ou supprimer un impôt, à en définir l'assiette, le mode de calcul et les modalités de recouvrement. Toutefois, il convient de noter que, dans certaines circonstances exceptionnelles, des ordonnances-lois ou d'autres actes ayant force de loi peuvent également être utilisés pour instituer de nouvelles impositions.

Le droit fiscal douanier trouve ses fondements juridiques dans l'ordonnance-loi n° 10/002 du 20 aout 2010 portant code des douanes et dans le tarif douanier. Les articles 52, 53, 54 et suivants du code des douanes instituent les droits et taxes perçus au profit de l'administration douanière. Ces prélèvements obligatoires, qui revêtent un caractère légal, sont déterminés sur la base du tarif douanier lequel a force de loi. Il énumère les marchandises, définit leurs classifications et fixe les taux de droits et taxes applicables à leurs importations ou exportations.

4. Le principe de territorialité

Le principe de territorialité, en matière de droits et de taxes, dessine les contours géographiques au sein desquels s'exerce l'autorité fiscale d'un État. En d'autres termes, il délimite le territoire sur lequel les règles douanières trouvent à s'appliquer. Le code des douanes en son article 20 dispose que : « *l'action de la douane s'exerce sur l'ensemble du territoire douanier dans les conditions fixées par la loi* [3]». Traditionnellement, ce territoire douanier coïncide avec les frontières nationales qui forment ainsi un espace de souveraineté fiscale exclusive. Cependant, la réalité économique et juridique contemporaine introduit des nuances à ce principe fondamental.

---

[1] Article 122, alinéa 10 de la constitution du 18 février 2006.

[2] Article 174, alinéas 1 et 3 de la constitution du 18 février 2006.

[3] Article 20 du code des douanes.

Il arrive en effet que le pouvoir de taxation d'un État s'étende au-delà de ses frontières, notamment dans le cadre de conventions internationales. Par exemple, des accords fiscaux conclus entre États peuvent prévoir des mécanismes de partage de la taxation sur certaines marchandises, afin d'éviter les doubles impositions et de favoriser les échanges commerciaux.

Inversement, il existe des situations où l'État peut décider de limiter son pouvoir fiscal à une partie seulement de son territoire. Cela peut être le cas pour des raisons historiques, géographiques ou politiques. Par ailleurs, l'intégration dans des organisations supranationales, telles que la Zone de libre-échange continentale africaine (ZLECAF), peut conduire à une harmonisation des législations fiscales et à une certaine limitation de la souveraineté fiscale des États membres.

Le code des douanes circonscrit avec précision le territoire douanier de la République Démocratique du Congo. Ce territoire englobe non seulement la partie terrestre du pays, mais s'étend également à ses eaux territoriales et à son espace aérien[1]. Il s'agit du périmètre géographique au sein duquel s'exerce pleinement la souveraineté douanière de l'État congolais. Pour favoriser le développement économique, des zones franches[2] et des zones économiques spéciales[3] peuvent être établies à l'intérieur de ce territoire douanier. Ces zones bénéficient souvent d'un régime douanier particulier, destiné à attirer les investissements et à stimuler les activités économiques.

C'est pour dire, l'État sur le territoire duquel les marchandises entrent ou sortent qui est habilité à percevoir les droits et taxes y afférents. Ce principe est clairement énoncé par l'article 20 du code des douanes, qui confère à l'administration des douanes une compétence exclusive sur l'ensemble du territoire douanier congolais. Toutefois, il convient de noter que certaines exceptions à ce principe peuvent exister. En vertu

---

[1] Article 3 du code des douanes.

[2] Selon l'article 247 du code douanes « La zone franche est une partie du territoire de la République Démocratique du Congo dans laquelle les marchandises qui y sont introduites sont généralement considérées comme n'étant pas sur le territoire douanier au regard des droits et taxes à l'importation ainsi que des autres mesures de politique commerciale. »

[3] Article 254 alinéa 1 « La zone économique spéciale est tout espace, géographiquement limité, dans lequel les lois économiques sont plus libérales, c'est-à-dire plus avantageuses pour les entreprises que celles pratiquées en vertu du droit commun.»

de législations spécifiques ou d'accords internationaux, les règles douanières congolaises peuvent s'appliquer en dehors du territoire national. Un des défis majeurs de la fiscalité internationale réside dans le risque de double imposition. Ce phénomène se produit lorsqu'une même marchandise ou un même bien est soumis à l'impôt dans deux États différents. Il trouve souvent son origine dans un conflit de règles lié au principe de la territorialité.

Par ailleurs, chaque État a le pouvoir d'imposer les revenus qui ont leur source sur son territoire. Or, la détermination de cette source peut varier d'un pays à l'autre. Par exemple, un État peut considérer qu'un revenu est de source locale si une part significative de l'activité économique y est réalisée, tandis qu'un autre État pourrait exiger un lien plus étroit avec son territoire. Ces divergences d'interprétation peuvent conduire à des situations de double imposition[1]. Les zones franches[2] constituent un exemple classique de dérogation au principe de territorialité en matière fiscale.

§.3. L'interprétation du droit fiscal douanier

La législation douanière, et plus particulièrement le tarif douanier, requiert une attention toute particulière de la part de l'interprète. Ce document est d'une complexité redoutable. Il recense une multitude de marchandises, classées selon des critères précis. Ainsi, pour une catégorie aussi banale que les tables, le tarif douanier peut distinguer les tables en bois, les tables en métal, et ainsi de suite, chacune étant soumise à son propre taux d'imposition. Cependant, la réalité économique est en constante évolution, et de nouveaux produits, aux caractéristiques techniques parfois inédites, font régulièrement leur apparition sur le marché. Il arrive alors que certaines marchandises ne trouvent pas de correspondance exacte dans le tarif douanier. Face à une telle situation, l'interprète se trouve confronté à un véritable casse-tête : comment qualifier juridiquement cette marchandise pour déterminer les droits de douane ou le taux applicable ?

---

[1] Lorsqu'une personne physique ou morale est assujettie à l'impôt dans deux juridictions fiscales différentes pour le même revenu, on parle de double imposition.

[2] Ces zones bénéficient généralement d'un régime fiscal privilégié, distinct de celui applicable au reste du territoire. Ainsi, les entreprises implantées dans une zone franche peuvent être exemptées de certains droits et taxes ou bénéficier de taux d'imposition réduits.

Il est important de souligner qu'une marchandise ne figurant pas explicitement dans le tarif douanier n'est pas pour autant exonérée de droits de douane. L'interprète doit alors mener une véritable enquête pour déterminer la classification la plus appropriée. Il s'agit d'un exercice délicat qui nécessite une connaissance approfondie du tarif douanier, des règles d'interprétation et des techniques de classification. Ainsi, la loi fiscale, tout comme toute loi, peut parfois prêter à confusion, laissant ainsi place à différentes interprétations[1].

Traditionnellement, trois principales méthodes d'interprétation sont reconnues en matière fiscale, notamment l'interprétation authentique, l'interprétation judiciaire et l'interprétation administrative[2].

En effet, l'interprétation authentique se présente comme une voix autorisée s'élevant du cœur même du processus législatif. Elle consiste en une explication officielle d'une loi, fournie par l'organe qui l'a promulguée. En effet, l'interprétation authentique se distingue par son caractère obligatoire. Elle impose une lecture précise et uniforme de la loi, laissant peu de place à l'interprétation personnelle[3]. Cette obligation s'étend parfois au passé, c'est-à-dire que l'interprétation authentique peut s'appliquer à des situations antérieures à sa publication, modifiant ainsi rétroactivement la portée de la loi.

Cette particularité trouve son fondement dans le principe selon lequel l'auteur d'un texte est le mieux placé pour en saisir les nuances et les intentions[4]. Le législateur, en tant que créateur de la loi, est donc considéré comme l'interprète le plus légitime. Dans certains systèmes juridiques, notamment anglo-saxons, cette prééminence est renforcée par l'usage de notes explicatives, apposées en bas de page des textes de

---

[1] GUEZ, J., préface de B. CASTAGNÈDE, *L'interprétation en droit fiscal*, t. 12, coll. « Bibliothèque de l'Institut André Tunc », Paris, L.G.D.J., 2007, p. 376.

[2] BERNATCHEZ, S., « De la vérité à l'intersubjectivité : vers une conception réflexive de l'interprétation du droit », dans s. BEAULAC et M. DEVINAT (dir.), interprétation non Cessat : mélanges en l'honneur de Pierre-André Coté, Cowansville, éditions Yvon Blais, 2011, p. 79.

[3] BARTHE-GAY, C., « Interprétation et traduction dans le droit des traités internationaux », dans J.-J. SUEUR (dir.), *Interpréter & traduire : actes du colloque international des 25 et 26 novembre 2005, Faculté de Droit de Toulon*, Bruxelles, Bruylant, 2007, p. 139.

[4] LEBEAU, M., préface de P.-Y. GAUTHIER, *De l'interprétation stricte des lois : essai de méthodologie*, t. 48, coll. « Thèses – Doctorat & Notariat », Paris, Défrénois / Lextenso, 2012, 248 p.

loi et rédigées par le législateur lui-même pour prévenir toute ambiguïté au moment de l'interprétation.

L'interprétation judiciaire désigne l'acte par lequel les juges, saisis d'un litige, éclairent le sens d'une norme juridique afin de le rendre applicable au cas concret qui leur est soumis. Si l'interprétation judiciaire peut sembler être une simple application mécanique de la loi, elle constitue en réalité une activité créatrice, qui contribue à façonner le droit au fil du temps. La valeur normative de la jurisprudence, c'est-à-dire de l'ensemble des décisions de justice, est aujourd'hui largement reconnue. Les juges, en rendant leurs décisions, émettent des jugements de valeur qui ont un impact bien au-delà du cas individuel. Ils créent ainsi des précédents jurisprudentiels qui servent de référence pour les juges ultérieurs.

L'interprétation administrative désigne l'activité par laquelle l'administration douanière, dans le cadre de ses compétences, éclaire le sens des dispositions fiscales[1]. Cette interprétation, souvent méconnue du grand public, pourtant très essentiel dans l'application concrète des règles fiscales douanières. Elle dispose d'une panoplie d'outils pour exprimer son interprétation. Parmi les plus courants, on retrouve : Les notes circulaires[2], les décisions du Directeur Général, les lettres et les arrêtés ministériels.

Elles servent de guide aux douaniers dans l'exercice de leurs missions. Les décisions prises par le Directeur Général de la Direction générale des douanes et accises, DGDA, apportent également des éclairages précieux sur l'interprétation des textes fiscaux. Les lettres et arrêts ministériels des ministres des finances ou du commerce extérieur peuvent apporter des précisions sur l'interprétation de certaines dispositions fiscales. Ces différents actes administratifs ont en commun de refléter l'interprétation que les opérateurs économiques ou les commissionnaires en douane donnent aux règles fiscales douanières.

---

[1] GUEZ, J., op.cit. p. 246.

[2] Les notes circulaires sont des documents internes à l'administration. Elles ont pour but de préciser l'interprétation que l'administration retient d'une disposition légale ou réglementaire.

§.4. Méthodes d'interprétations

1. L'interprétation littérale

L'interprétation littérale consiste en une dissection minutieuse de ses mots et de sa structure grammaticale. C'est un peu comme décomposer une phrase en ses atomes constituants pour en saisir le sens premier. Cette méthode, souvent qualifiée de « textuelle », accorde une importance primordiale à la lettre de la loi, c'est-à-dire à ce qui est explicitement écrit. Elle privilégie ainsi la forme sur le fond, en ce sens qu'elle s'attache davantage à la manière dont les idées sont exprimées qu'à leur portée réelle[1].

Pour mener à bien une interprétation littérale, il est nécessaire de maîtriser les règles de la grammaire et de la syntaxe. Mais cette méthode ne se limite pas à un simple exercice de style. Elle s'accompagne souvent d'une analyse logique du texte, qui permet d'en dégager le sens profond en utilisant des raisonnements déductifs ou inductifs.

2. L'Interprétation historique

L'Interprétation historique est une méthode d'analyse juridique qui consiste à replacer un texte de loi dans son contexte historique afin de mieux en saisir le sens. Cette approche se décline de deux manières principales, notamment l'histoire de la loi et l'histoire du droit. L'histoire de la loi consiste à étudier l'évolution d'une disposition légale au fil du temps[2]. En examinant les modifications successives apportées à un texte, on peut mieux comprendre les raisons qui ont motivé le législateur à adopter telle ou telle formulation. Tandis que l'histoire du droit consiste à replacer une norme juridique dans l'ensemble du système juridique de l'époque. Il s'agit d'étudier l'évolution des idées juridiques et des institutions qui ont façonné le droit.

3. L'interprétation téléologique

L'interprétation téléologique, contrairement à l'interprétation littérale qui se contente d'analyser le texte à la lettre, se penche sur l'essence même de la loi : sa finalité. Elle cherche à percer le voile des

---

[1] GUEZ, J., op.cit. p. 270.

[2] SAINT-PAU, J.-C., « Le revirement d'interprétation », dans F. STASIAK, (dir.), *Histoire et méthodes d'interprétation en droit criminel*, coll. « Thèmes et commentaires - Actes », Paris, Dalloz, 2015, p. 175.

mots pour saisir l'intention du législateur, le but qu'il poursuivait en édictant cette disposition.

Cette méthode d'interprétation, dite "finaliste", invite l'interprète à se placer dans la perspective du législateur. En d'autres termes, il s'agit de se demander : "Pourquoi le législateur a-t-il adopté cette règle ? Quel problème cherchait-il à résoudre ?". Pour répondre à ces questions, l'Interprète fiscal va s'appuyer sur différents éléments tels que *le ratio legis*[1], les travaux préparatoires[2] et la volonté déclarée ou présumée du législateur.

§.5. Les droits et taxes

Le principe de la taxation à l'importation et à l'exportation est un fondement du commerce international. Il est aussi ancien que le commerce lui-même. Dès que les hommes ont commencé à échanger des biens au-delà de leurs frontières, les États ont cherché à tirer profit de ces échanges en imposant des taxes sur les marchandises[3]. Il stipule que toute marchandise entrant ou sortant d'un territoire douanier est soumise à des impositions financières, calculées sur la base de tarifs douaniers établis par les autorités compétentes[4]. Pour assurer une cohérence mondiale dans l'application des droits et taxes à l'importation et à l'exportation, les États ont adopté un système de classification des marchandises harmonisé à l'échelle internationale. Ce système, connu sous le nom de Système Harmonisé, sert de référence universelle pour déterminer les droits de douane applicables à chaque catégorie de produits[5].

Les droits de douane varient en fonction de l'origine de la marchandise. Certains pays peuvent bénéficier de préférences tarifaires, ce qui signifie que les droits appliqués à leurs produits sont réduits ou nuls. L'origine est importante en droit des douanes car elle permet de

---

[1] Il s'agit de la raison d'être de la loi, de son objectif fondamental.

[2] Ce sont les documents qui ont précédé l'adoption de la loi (rapports, projets de loi, débats parlementaires).

[3] David Ricardo, « des principes de l'économie politique et de l'impôt », Londres, 1817, p.100 et s.

[4] Des nombreux x pays ont un seuil minimum de valeur de commande que les marchandises doivent respecter avant que les taxes et les droits ne s'appliquent- c'est ce qu'on appelle un de minimis.

[5] Article 53 du code douanes.

déterminer si une marchandise est soumise à des mesures de sauvegarde, comme les droits anti-dumping[1] ou les quotas, qui sont souvent appliquées à des produits importés en grande quantité ou à un prix anormalement bas.

Conformément au droit douanier congolais, l'origine d'une marchandise est déterminée en fonction du lieu où elle a été produite ou extraite[2]. Par exemple, pour être considérée comme étant d'origine congolaise, une marchandise doit être entièrement obtenue sur le territoire congolais, y compris dans ses eaux territoriales. Cela inclut les produits minéraux, les produits agricoles, les animaux, les produits de la pêche, les déchets recyclés et tous les produits fabriqués à partir de ces éléments sur le territoire congolais.

Lorsqu'une marchandise a été fabriquée dans plusieurs pays, son origine est déterminée par le lieu où elle a subi sa dernière transformation importante. Cette transformation doit être réalisée dans une usine équipée à cet effet et doit donner naissance à un produit nouveau ou à un stade de fabrication avancé. On ne peut tromper l'origine d'une marchandise comme on trompe son âge. Toute tentative de déguiser l'origine réelle d'un produit pour bénéficier d'avantages commerciaux indus est strictement interdite. Ainsi, les transformations réalisées uniquement pour contourner les règles douanières ne seront pas reconnues et ne modifieront pas l'origine véritable de la marchandise.

La réglementation douanière congolaise exige, dans de nombreux cas, la production d'un certificat d'origine[3] pour les marchandises importées. Néanmoins, les autorités douanières conservent le pouvoir de vérifier l'exactitude des informations contenues dans ce certificat et peuvent exiger tout document ou renseignement complémentaire qu'elles jugent utile pour s'assurer de la conformité de l'origine de la marchandise[4].

---

[1] Ces sont des taxes imposées sur les marchandises importées afin de compenser la différence entre leur prix à l'exportation et leur valeur normal, si le dumping cause un préjudice aux producteurs dans le pays importateur.

[2] Articles 56-57 du code des douanes.

[3] Ce document, qui atteste du pays où la marchandise a été entièrement obtenue ou a subi sa dernière transformation substantielle, constitue une présomption de l'origine déclarée.

[4] Article 59 du code des douanes.

Section II. Évaluation en douane

§.1. Articulations nodales de la valeur en douane

L'évaluation en douane est la procédure qui permet de déterminer la valeur des marchandises importées. Cette valeur est essentielle, notamment lorsque les droits de douane sont ad valorem, car elle détermine le montant à percevoir sur chaque produit.

Le Code d'évaluation du Tokyo Round (1979) a révolutionné la détermination de la valeur en douane. Contrairement à l'approche antérieure basée sur une valeur théorique (comme la Définition de la Valeur de Bruxelles[1]), ce code a introduit un système fondé sur la "valeur transactionnelle". Cela signifie que la valeur en douane est désormais principalement basée sur le prix réellement payé ou à payer pour les marchandises importées[2].

L'objectif principal de ce changement était d'établir un système d'évaluation équitable, uniforme, neutre et en accord avec les pratiques commerciales internationales. Le Code du Tokyo Round, qui est un accord distinct signé par plus de 40 pays, a ainsi posé les bases d'une approche plus pragmatique et transparente pour la taxation des importations.

Le Code du Tokyo Round a été remplacé en 1994 par l'Accord de l'OMC sur l'évaluation en douane, issu du Cycle d'Uruguay[3]. Cet accord, largement identique à son prédécesseur, s'applique spécifiquement à la valorisation des marchandises importées pour la

---

[1] Dès 1950, la Définition de la Valeur de Bruxelles (DVB) a servi de base à l'évaluation des droits de douane dans de nombreux pays. Cette méthode consistait à établir un "prix normal du marché" pour chaque produit, défini comme le prix obtenu lors d'une vente en pleine concurrence entre acheteur et vendeur indépendants. Les droits de douane étaient ensuite calculés sur ce prix ainsi déterminé.

[2] Il existe en RDC deux formes de contrôle de prix: les plafonds de marges bénéficiaires fixés par les autorités pour la majorité des biens et services; et l'homologation des prix par le Ministère en charge de l'économie pour quatre catégories de biens et services (l'eau, l'électricité, les hydrocarbures et les transports), considérés comme stratégiques. De nouvelles mesures d'homologation des prix ont également été introduites en 2008 sur six nouveaux produits (les céréales, les produits pétroliers, les surgelés, le ciment, le sucre, et la farine de froment).

[3] La plupart des Accords de l'OMC résultent des négociations du Cycle d'Uruguay (1986-1994) qui ont abouti à leur signature à la Réunion ministérielle de Marrakech en avril 1994.

perception des droits de douane ad valorem uniquement. Ils constituent la contrepartie financière exigée par l'État pour autoriser la circulation des marchandises sur son territoire[1]. Il ne concerne pas l'évaluation pour les taxes à l'exportation, la gestion des quotas basés sur la valeur, l'imposition intérieure ou le contrôle des changes. De nouvelles négociations ont été lancées à la Conférence ministérielle de Doha en novembre 2001[2].

§.2. Les méthodes d'évaluation en douane

Le principe fondamental de l'Accord est que la valeur en douane repose sur le prix réel des marchandises (valeur transactionnelle), généralement indiqué sur la facture, sous réserve d'ajustements spécifiques [3]et d'exceptions clairement définies. Pour déterminer la valeur en douane d'une marchandise, l'Accord prévoit six méthodes, classées comme suit :

- La valeur transactionnelle des marchandises importées ;
- La valeur transactionnelle des marchandises identiques ;
- La valeur transactionnelle des marchandises similaires ;
- La valeur déductible,
- La valeur calculée ;
- et la méthode du dernier recours ou des moyens raisonnables.

1. La valeur transactionnelle des marchandises importées

La valeur en douane des marchandises importées est d'abord déterminée par la valeur transactionnelle (prix effectivement payé ou à payer pour l'exportation vers la RDC), sous certaines conditions (absence de restrictions, conditions de vente claires, pas de retour de

---

[1] Article 4 de la loi n°009/03 du 18 mars 2003 relative à l'évaluation en douanes des marchandises.

[2] La conférence de Doha a été l'événement où le "Cycle de Doha" (ou Programme de Doha pour le développement) a été officiellement lancé en novembre 2001. Les ministres des pays membres de l'OMC y ont défini le programme de négociations visant à réformer le système commercial international en réduisant les obstacles au commerce et en révisant les règles commerciales, avec un accent particulier sur l'amélioration des perspectives commerciales des pays en développement.

[3] Article 8 de l'accord de l'OMC sur la mise en œuvre de l'article VII de l'accord général sur les tarifs douaniers et le commerce de 1994 issue des négociations du cycle d'Uruguay.

bénéfices au vendeur, et absence de lien ou influence du lien entre acheteur et vendeur).

Si la valeur transactionnelle ne peut être établie, des méthodes alternatives sont appliquées successivement. Exceptionnellement, l'ordre d'application des articles 8 et 9 de la loi n°009/03 du 18 mars 2003 relative à l'évaluation en douanes des marchandises peut être inversé avec l'accord écrit de la douane à la demande de l'importateur[1]. Concernant les transactions entre parties liées, le lien seul ne rend pas la valeur transactionnelle inacceptable[2]. Elle est admise si le lien n'a pas influencé le prix, ce qui peut être démontré en la comparant à la valeur de marchandises identiques ou similaires vendues à des acheteurs non liés ou évaluées.

Le prix effectivement payé ou à payer[3], qui sert de base à la valeur transactionnelle, englobe tous les paiements que l'acheteur effectue ou doit effectuer au vendeur (ou à un tiers pour satisfaire une obligation du vendeur) en tant que condition de la vente des marchandises importées. Cependant, les activités réalisées par l'acheteur pour son propre compte après l'importation, même si elles bénéficient au vendeur ou sont faites avec son accord[4] ne sont pas considérées comme des paiements indirects au vendeur et leur coût n'est pas inclus dans la valeur en douane.

De plus, certains frais ou coûts sont exclus de la valeur en douane s'ils sont clairement distingués du prix payé ou à payer. Il s'agit

---

[1] Article 3 point 3 de la loi n°009/03 du 18 mars 2003 relative à l'évaluation en douanes des marchandises

[2] L'acheteur et le vendeur ne doivent pas être liés pour que les liens n'aient pas influencé le prix. C'est pour permettre que la valeur transactionnelle reflète les conditions réelles du marché et non pas un prix convenu entre des parties liées ayant des intérêts économiques communs. Pour déterminer si les liens entre les parties ont influencé le prix, il y a des critères à prendre en compte, tels que le niveau des prix pratiqués sur le marché pour des marchandises similaires, la nature et l'étendue des liens entre les parties, et les conditions générales de la vente. En fait, les autorités douanières congolaises disposent de pouvoirs étendus pour contrôler et vérifier le respect des conditions d'acceptabilité de la valeur transactionnelle. Elles peuvent notamment procéder à des investigations auprès des opérateurs économiques, consulter leurs documents comptables et commerciaux, et procéder à des expertises si nécessaire.

[3] Le prix effectivement payé ou à payer représente le paiement total de l'acheteur au vendeur, sous diverses formes, pour les marchandises importées.

[4] Ne nécessitent pas d'ajustement selon l'article 5.

notamment des coûts de construction, d'installation, de montage, d'entretien ou d'assistance technique réalisés après l'importation, des coûts de transport après l'importation, ainsi que des droits et taxes applicables en République Démocratique du Congo. Enfin, il est important de noter que le prix payé ou à payer concerne uniquement le prix des marchandises importées. Les transferts de dividendes ou autres paiements sans lien direct avec ces marchandises ne font pas partie de la valeur en douane.

2. La valeur transactionnelle des marchandises identiques

La valeur transactionnelle des marchandises identiques est un prix précédemment accepté par la douane, ajusté pour les différences de niveau commercial, de quantité et de coûts de transport/assurance.

En effet, si la valeur en douane ne peut être établie par le prix d'achat [1]on utilise le prix de vente à l'exportation vers la RDC de marchandises identiques, exportées au même moment. Ce prix doit concerner des ventes au même niveau commercial et avec des quantités similaires. Si ce n'est pas le cas, des ajustements basés sur des preuves claires et exactes peuvent être faits pour tenir compte des différences de niveau commercial et/ou de quantité.

Si le prix inclut les frais de transport et d'assurance[2], il faut ajuster ce prix pour les différences notables de coûts liées aux distances et modes de transport entre les marchandises identiques comparées et celles à évaluer. En présence de plusieurs prix pour des marchandises identiques, la valeur la plus basse est retenue[3]. La douane privilégie une vente de marchandises identiques au même niveau commercial et quantité similaire. Sinon, elle peut considérer des ventes avec des différences de niveau commercial et/ou de quantité, en effectuant les ajustements nécessaires pour ces différences.

---

[1] Article 4 de la loi n°009/03 du 18 mars 2003 relative à l'évaluation en douanes des marchandises.

[2] Article 5 point 1E de la loi n°009/03 du 18 mars 2003 relative à l'évaluation en douanes des marchandises.

[3] Article 6 point 3 de la loi n°009/03 du 18 mars 2003 relative à l'évaluation en douanes des marchandises.

3. La valeur transactionnelle des marchandises similaires (Méthode Secondaire)

Imaginons que nous ne pouvons pas déterminer la valeur en douane de tes marchandises importées avec les méthodes habituelles. Dans ce cas, on utilise une méthode secondaire : la valeur transactionnelle de marchandises similaires.

En gros, on regarde le prix de marchandises identiques ou très proches qui ont été vendues pour être exportées vers la République Démocratique du Congo à peu près au même moment que tes marchandises. Pour faire cette comparaison, la douane préfère trouver des ventes de marchandises similaires qui ont été faites :

- Au même niveau commercial que ta vente (par exemple, vente en gros ou au détail).
- Dans des quantités sensiblement identiques aux tiennes.

Si on ne trouve pas exactement ça, on peut utiliser des ventes similaires faites à un niveau commercial différent et/ou dans des quantités différentes. Mais attention, il faudra alors ajuster le prix pour tenir compte de ces différences (par exemple, une vente en plus grande quantité pourrait avoir un prix unitaire plus bas). Ces ajustements doivent être justifiés par des preuves claires et précises.

De plus, si le prix des marchandises similaires comprend des coûts de transport, il faudra les ajuster si les distances et les moyens de transport sont différents de ceux de tes marchandises. S'il existe plusieurs prix pour des marchandises similaires, on retiendra toujours le prix le plus bas[1].

4. La valeur déductible (méthode de revente)

Cette méthode évalue la marchandise importée en se basant sur son prix de revente en République Démocratique du Congo, après déduction de certains coûts. En effet, la valeur est le prix de vente

[1] Article 7 de la loi n°009/03 du 18 mars 2003 relative à l'évaluation en douanes des marchandises.

unitaire[1] de la plus grande quantité vendue à des acheteurs non liés, au moment de l'importation ou dans les 90 jours suivants. On soustrait de ce prix :

- Les marges des intermédiaires, les commissions versées et les frais généraux inhérents à la commercialisation dans le pays d'importation doivent être retranchés, car ils ne faisaient pas partie de la valeur au moment de l'exportation ;
- Les frais de transport et d'assurance engagés une fois les marchandises arrivées dans le pays d'importation sont également exclus du calcul, car ils représentent une valeur ajoutée locale ;
- Les droits de douane et autres taxes nationales, qui sont une conséquence directe de l'acte d'importer et de vendre les produits sur le marché local, doivent être déduits pour isoler la valeur intrinsèque des biens importés ;
- Toute valeur ajoutée par des opérations de montage, d'ouvraison ou de transformation réalisées après l'importation ne doit pas être prise en compte dans la valeur en douane initiale.

Si la marchandise est revendue après transformation, la valeur peut être basée sur le prix de vente unitaire le plus élevé après cette transformation, à des acheteurs non liés. On déduit alors la valeur ajoutée par la transformation et les coûts. Le prix unitaire de la plus grande quantité est le prix où le plus grand nombre d'unités est vendu au premier niveau commercial après l'importation à des acheteurs non liés. Les ventes à des personnes fournissant gratuitement ou à coût réduit des éléments utilisés pour la production ou l'exportation de la marchandise importée ne sont pas prises en compte pour déterminer le prix unitaire. Et la date la plus proche est la date où suffisamment de marchandises identiques ou similaires sont vendues pour établir un prix unitaire fiable[2].

---

[1] L'article 5.1 de l'Accord établit que la valeur en douane est déterminée par le prix unitaire du plus grand nombre d'unités vendues à des acheteurs non liés, au premier niveau commercial après l'importation. Concrètement, on identifie le prix auquel la plus grande quantité totale des marchandises importées (ou de marchandises identiques/similaires) a été vendue. Pour cela, on compare les quantités totales vendues à chaque prix différent et on retient le prix correspondant à la quantité la plus élevée.

[2] Article 8 de la loi n°009/03 du 18 mars 2003 relative à l'évaluation en douanes des marchandises.

5. Valeur Calculée

La valeur calculée cherche à reconstruire le prix du produit en additionnant son coût de fabrication, les bénéfices du producteur et ses frais généraux[1], ainsi que certaines dépenses spécifiques.

Concrètement, la valeur calculée correspond au coût de production. Cela veut dire, on inclut le prix des matières premières et les dépenses liées à la fabrication du produit. La valeur calculée correspond également aux bénéfices et frais généraux. Il s'agit des marges et des coûts indirects (comme l'administration) que le fabricant réalise habituellement sur des ventes similaires destinées à la République Démocratique du Congo. Enfin, elle correspond à certaines dépenses additionnelles comme par exemple les commissions à la vente).

L'administration douanière ne peut pas obliger un producteur étranger à fournir ses documents comptables en République Démocratique du Congo. Cependant, avec l'accord du producteur, des vérifications peuvent être faites dans son pays d'origine, après avoir informé le gouvernement concerné. Le "coût de production" comprend aussi la valeur de certains éléments (matières, composants, études techniques, etc.) fournis par l'acheteur et utilisés dans la fabrication. La valeur du travail effectué en RDC n'est incluse que s'il est facturé au producteur.

Si les douanes utilisent des informations autres que celles fournies par le fabricant pour calculer la valeur, elles doivent en informer l'importateur sur demande, en précisant la source et les calculs effectués (sous réserve de confidentialité).

6. La méthode du dernier recours ou des moyens raisonnables

En dernier recours, si la valeur en douane des marchandises importées ne peut être établie par les méthodes ci-dessus, elle est déterminée par des moyens logiques et justifiés. Ces moyens doivent respecter les principes généraux de la loi douanière congolaise et de l'accord international sur les tarifs douaniers (GATT 1994), en utilisant les informations disponibles en République Démocratique du Congo[2].

---

[1] Ces frais englobent tous les coûts liés à la production et à la vente pour l'exportation qui ne sont pas déjà inclus dans le coût de production direct.

[2] Article 10 de la loi n°009/03 du 18 mars 2003 relative à l'évaluation en douanes des marchandises.

Cependant, pour déterminer cette valeur alternative, les méthodes suivantes sont interdites :

- Se baser sur le prix de vente de marchandises similaires produites localement en RDC.
- Utiliser un système qui retient la valeur la plus élevée entre deux options.
- Prendre en compte les prix des marchandises sur le marché intérieur du pays d'où elles proviennent.
- Utiliser le coût de production, sauf s'il s'agit de valeurs calculées pour des marchandises identiques ou similaires ci-dessus.
- Considérer les prix de marchandises vendues pour l'exportation vers d'autres pays que la RDC.
- Fixer des valeurs en douane minimales arbitrairement[1].
- Utiliser des valeurs inventées ou sans fondement réel.

L'importateur a le droit de recevoir, sur demande écrite, une explication de la valeur en douane ainsi déterminée et de la méthode utilisée pour son calcul.

Section III. Taxe sur la Valeur Ajoutée (TVA)

§.1. Le champ d'application

La Taxe sur la Valeur Ajoutée (TVA), instituée par l'ordonnance-loi n° 10/001 du 20 août 2010, est un impôt général sur la consommation qui s'applique à tous les biens et services consommés ou utilisés sur le territoire national, quelle que soit leur origine. Cet impôt indirect sur la dépense est collecté par les assujettis pour le compte de l'État et supporté par le consommateur final[2].

L'importation de marchandises en RDC est obligatoirement soumise à la TVA, condition essentielle pour la régularisation de leur entrée sur le territoire. Aucune marchandise ne peut franchir la frontière sans acquittement de cette taxe[3]. Concernant les exportations, bien qu'en

---

[1] À moins qu'un pays en développement ne se soit prévalu de l'exception l'autorisant à utiliser les valeurs minimales.

[2] NGOMA MAVUNGU ISSA, Principes et mécanismes de la TVA au regard de la loi congolaise, Kinshasa, Déc. 2010, p.3.

[3] Article 12 de l'ordonnance-loi n° 10/001 du 20 août 2010 portant institution de la Taxe sur la Valeur Ajoutée.

principe exonérées de TVA, le droit douanier congolais prévoit un taux nominal de 0%[1], impliquant le maintien de certaines formalités administratives.

La TVA se caractérise par son caractère unique et fractionné. Elle est prélevée à chaque étape de la production et de la distribution, du producteur au consommateur final. Chaque opérateur économique collecte la TVA sur ses ventes et déduit celle payée sur ses achats. Le consommateur final supporte ainsi la totalité de l'impôt. La TVA s'applique obligatoirement aux marchandises franchissant la frontière douanière, qu'il s'agisse d'importations ou d'exportations, en sus des droits de douane traditionnels.

Certains produits stratégiques comme les produits pétroliers et miniers sont soumis à des régimes fiscaux spécifiques en matière de TVA. La perception de la TVA est suspendue pour les marchandises sous régimes douaniers suspensifs (entrepôt, transit, zone franche).

La législation congolaise prévoit des exonérations de TVA à l'importation pour favoriser certaines activités :

- Importations à caractère social ou humanitaire (sous conditions) ;
- Produits médicaux (organes, sang, prothèses, certains produits pharmaceutiques) destinés à un usage médical ;
- Biens d'équipement pour l'industrie extractive (prospection, exploration, recherche minière et pétrolière) ;
- Biens importés pour l'usage officiel des missions diplomatiques et organisations internationales (sous quotas) ;
- Échantillons sans valeur commerciale (valeur négligeable, quantité limitée) ;
- Biens d'usage personnel lors d'un transfert de résidence en RDC (sous conditions) ;
- Biens issus d'une succession par une personne résidant en RDC (affectés à l'usage personnel du défunt) ;
- Récompenses décernées à des personnes résidant en RDC.
- Cercueils, urnes funéraires et objets d'ornement ;
- Biens importés pour des essais (quantités limitées, consommés ou réexportés) ;

[1] Instruction DGDA/DG/DGA.T/dg/2011/005 du 28 décembre 2011 relative à la taxe sur la valeur ajoutée à l'importation et à l'exportation.

- Dons et legs faits à l'État, aux provinces ou à d'autres entités publiques ;
- Bagages des voyageurs.

Cette liste d'exonérations n'est pas exhaustive et peut être précisée par des textes réglementaires. En dehors de ces cas, toute marchandise importée en RDC est soumise à la TVA.

§.2. Taux et matière imposable

Le taux normal de TVA en RDC est fixé à 16%. Ce taux s'applique à la plupart des opérations imposables, c'est-à-dire à la plupart des livraisons de biens et des prestations de services effectuées à titre onéreux[1]. Toutefois, un taux réduit de 0% est appliqué aux exportations de marchandises et à certaines opérations assimilées[2]. La législation douanière congolaise assimile certaines opérations aux exportations, elle leur confère ainsi le bénéfice du taux de TVA réduit de 0%. Ces opérations comprennent notamment :

- Les opérations liées au transport aérien et maritime, notamment de la construction, de la réparation et de l'entretien d'aéronefs et de navires, ainsi que de la fourniture de biens et services destinés à ces moyens de transport ;
- La construction, la réparation et l'équipement de bateaux de pêche, ainsi que les opérations de pêche proprement dites, bénéficient également du taux réduit ;
- Les opérations de manutention, de stockage et de transit de marchandises en vue de leur exportation sont exonérées de TVA ;
- Les livraisons de biens effectuées dans le cadre de régimes douaniers suspensifs, tels que l'entrepôt ou le transit, sont également exonérées, à condition que les biens soient effectivement exportés ;
- Les opérations réalisées en faveur de personnes ou d'entités bénéficiant d'exonérations fiscales spécifiques, en vertu de la loi ou de conventions internationales, sont exonérées de TVA.

---

[1] MABIALA Laurent, op.cit., p.215.

[2] Article 93 du Décret n°011/42 du 22 novembre 2011 portant mesures d'exécutions de l'ordonnance loi n°10/001 du 20 aout 2010 portant institution de la Taxe sur la Valeur Ajoutée.

§.3. La base d'imposition

La base d'imposition de la Taxe sur la Valeur Ajoutée en République Démocratique du Congo varie en fonction de la nature de l'opération (importation ou exportation) et du type de marchandises.

1. À l'importation

La règle générale stipule qu'à l'importation, la base d'imposition de la TVA est constituée de la valeur en douane de la marchandise, à laquelle s'ajoutent les droits de douane et, le cas échéant, les droits de consommation[1]. En d'autres termes, la TVA est calculée sur la valeur totale de la marchandise telle qu'elle est déclarée à la douane. Cependant, pour les tabacs fabriqués, la base d'imposition est plus complexe. Elle inclut non seulement la valeur en douane et les droits de douane, mais également les droits de consommation spécifiques et un droit d'accises spécial de 20%. Aucune autre taxe ou redevance ne peut être ajoutée à la valeur en douane pour calculer la base d'imposition de la TVA à l'importation, à l'exception de celles mentionnées ci-dessus. La redevance administrative, par exemple, n'est pas prise en compte.

2. À l'exportation

À l'exportation, la base d'imposition de la TVA est la valeur FOB[2] c'est-à-dire la valeur exacte de la marchandise[3]. Cette valeur comprend le prix de la marchandise, les frais d'emballage, les frais de transport jusqu'au port d'embarquement, mais exclut les frais d'assurance et de fret maritime. Même si certaines marchandises font l'objet de valeurs fixées par le Ministre des Finances, la base d'imposition à l'exportation reste la valeur FOB. La déclaration de marchandises doit toutefois mentionner cette valeur FOB. Les redevances et frais liés à l'exportation de produits miniers ne sont pas inclus dans la base d'imposition de la TVA à l'exportation.

---

[1] Article 64 du Décret n°011/42 du 22 novembre 2011 portant mesures d'exécutions de l'ordonnance loi n°10/001 du 20 aout 2010 portant institution de la Taxe sur la Valeur Ajoutée.

[2] Free On Board,

[3] Instruction DGDA/DG/DGA.T/dg/2011/005 du 28 décembre 2011 relative à la taxe sur la valeur ajoutée à l'importation et à l'exportation.

§.4. Fait générateur de la TVA

Le fait générateur de la TVA se définit comme l'événement matériel ou juridique qui déclenche la naissance de la dette fiscale pour l'assujetti[1]. Il s'agit de la situation ou de l'acte qui marque le point de départ de l'obligation de s'acquitter de la taxe envers le Trésor public. La TVA trouve son origine dans divers actes juridiques et économiques. Son exigibilité peut intervenir à différents stades de la chaîne de valeur, notamment lors des opérations d'importation et d'exportation.

1. À l'importation

À l'importation, le fait générateur de la TVA se matérialise principalement par :

- La mise à la consommation d'une marchandise ou le moment de l'entrée définitive d'un bien dans le circuit économique national ;
- Le placement sous le régime de l'admission temporaire en exonération partielle ;
- L'introduction irrégulière d'une marchandise sur le territoire douanier ;
- La soustraction à la surveillance douanière d'une marchandise passible de la TVA ;
- La consommation ou l'utilisation d'une marchandise, dans une zone franche, en dehors du cadre légal.

2. A l'exportation

À l'exportation, la base d'imposition de la TVA est la valeur FOB, qui correspond à la valeur exacte de la marchandise au port d'embarquement. Cette valeur inclut le prix de la marchandise, les frais d'emballage et les frais de transport jusqu'à ce port, mais exclut les frais d'assurance et de fret maritime. Même lorsque des valeurs sont fixées par le Ministre des Finances pour certaines marchandises, la base d'imposition à l'exportation demeure la valeur FOB, laquelle doit être mentionnée dans la déclaration de marchandises. Les redevances et

---

[1] Instruction DGDA/DG/DGA.T/dg/2011/005 du 28 décembre 2011 relative à la taxe sur la valeur ajoutée à l'importation et à l'exportation.

frais liés à l'exportation de produits miniers sont exclus de cette base d'imposition[1].

§.5. L'Exigibilité de la TVA

L'exigibilité de la TVA est le moment où le Trésor public acquiert le droit de réclamer le paiement de la taxe auprès des assujettis[2]. Elle correspond à l'instant où la dette fiscale[3] devient exigible, autorisant légalement le recouvrement de la TVA. L'exigibilité, généralement liée au fait générateur de la TVA (l'événement qui crée la dette fiscale), détermine la date de déclaration et de paiement de la taxe par les assujettis.

Concernant les importations et exportations, l'imposition de la TVA suit les mêmes règles que les droits de douane, conformément au Code des douanes. Ainsi, dès le dépôt de la déclaration en douane, l'administration notifie au déclarant le montant total des droits et taxes dus, TVA incluse. Contrairement aux droits de douane, les facilités de paiement (crédit ou échelonnement) ne s'appliquent pas à la TVA, qui doit être acquittée selon les modalités fiscales spécifiques.

Dans le cas d'un régime de crédit d'enlèvement (retrait des marchandises avant paiement intégral des droits), la TVA reste exigible dès la réalisation du fait générateur. Toute garantie demandée par l'administration douanière pour les droits couvre également la TVA due.

---

[1] Instruction DGDA/DG/DGA.T/dg/2011/005 du 28 décembre 2011 relative à la taxe sur la valeur ajoutée à l'importation et à l'exportation.

[2] NGOMA MAVUNGU ISSA, Op.cit., p.18.

[3] Ici, la dette fiscale désigne la dette douanière, qui est l'obligation pour une personne de payer les droits et taxes applicables à des marchandises importées (dette douanière à l'importation) ou exportées (dette douanière à l'exportation), conformément aux dispositions du code des douanes congolais.

§.6. La liquidation de la TVA

En droit fiscal, la liquidation[1] est l'opération qui consiste à déterminer avec précision le montant définitif d'un impôt ou d'une taxe que le contribuable doit payer ou que l'administration fiscale doit rembourser. C'est le calcul final qui permet de solder la dette fiscale.

La liquidation de TVA est l'opération comptable qui détermine le montant de TVA dû au Trésor Public. Elle consiste à soustraire la TVA déductible (sur les dépenses) de la TVA collectée (auprès des clients). Le receveur des douanes compétent effectue cette liquidation aux dispositions du code des douanes. Il communique ensuite le montant au déclarant pour paiement dans les délais[2].

La TVA peut être liquidée après examen de la déclaration par le receveur, qui vérifie la conformité des informations. Elle peut également être liquidée par auto liquidation, où le déclarant lui-même calcule la TVA due sur la base de sa déclaration[3]. Cette procédure, généralement réservée aux opérations à faible risque et aux déclarants fiables, engage la responsabilité du déclarant quant à l'exactitude des informations et du calcul de la TVA[4].

---

[1] Le mot "liquidation" vient du latin "*liquidare*", qui signifie : Rendre liquide, faire fondre. Rendre clair, évident, certain. Régler une affaire, un compte.
L'idée originelle de "rendre liquide" a évolué vers celle de "rendre clair" et "régler". En droit fiscal, la liquidation vise à rendre clair et certain le montant exact de l'impôt à régler. On "liquide" une dette fiscale en la chiffrant précisément pour pouvoir la solder. Ainsi, la signification en droit fiscal conserve l'idée de finalisation et de détermination précise, tout comme l'action de rendre un compte clair et réglé.

[2] Les articles 133 à 135 du code des douanes.

[3] Instruction n° DGDA/DG/DGA.T/dg/2011/005 du 28 décembre 2011 relative à la taxe sur la valeur ajouté à l'importation et à l'exportation.

[4] Article 133 du code douanes.

Chapitre II. Le Tarif douanier et le système harmonisé

Ce chapitre est consacré à l'étude du tarif douanier et du système harmonisé. Nous verrons que le tarif douanier (section I), souvent considéré comme la bible de toute administration douanière, est un outil de référence indispensable. Nous explorerons ses fondamentaux et l'importance de la notion d'espèce tarifaire. Dans un second temps, nous nous pencherons sur le système harmonisé (section II), socle commun utilisé par les administrations douanières du monde entier membres de l'Organisation mondiale des douanes (OMD). Nous analyserons en détail les fondamentaux de ce système, son évolution, son fonctionnement et les recommandations qu'il émet.

Section I. Le tarif douanier

§.1. Les fondamentaux du tarif douanier

1. Nature du tarif douanier

Le tarif douanier est une nomenclature et une codification des marchandises servant de base à la perception des droits et taxes de douane à l'importation et à l'exportation[1]. Cet outil législatif permet aux administrations douanières d'identifier précisément les marchandises entrant et sortant du territoire national pour appliquer les taux correspondants[2].

Généralement présenté comme un répertoire, le tarif douanier associe à chaque marchandise des informations spécifiques et les taux des droits et taxes fixés par le parlement national. Ces droits et taxes constituent une source de revenus pour l'État et peuvent être utilisés pour protéger les industries nationales. La douane congolaise utilise un tarif basé sur la Nomenclature du Système Harmonisé (SH), un système mondial utilisé par la majorité des administrations douanières.

---

[1] Santulli, Carlo. "Les tarifs douaniers. De l'invention de la mondialisation à l'interventionnisme libéral." Droits 65, non. 1, 2017, p.47.

[2] Article 52 du code des douanes.

Pour s'adapter à l'évolution du commerce international et aux avancées technologiques, le comité du SH de l'OMD révise la convention tous les cinq ans. Les pays contractants, dont la République Démocratique du Congo[1], mettent à jour leur nomenclature tarifaire le 1er janvier suivant chaque cycle de révision.

2. Taux tarifaire

Le tarif douanier congolais applique des taux différenciés selon la nature des produits importés. Ces taux varient entre 5% et 20%, avec des exceptions spécifiques pour certains produits considérés comme stratégiques ou essentiels. La catégorie des produits bénéficiant du taux de droit de douane le plus bas (5%) :

- Biens d'équipements ;
- Matières premières brutes ;
- Intrants agricoles et d'élevage Collection d'assemblage CKD ;
- Intrants pharmaceutiques ;
- Machines automatiques pour le traitement de l'information ;
- Lait et autres préparations pour l'alimentation des enfants.

La catégorie des produits bénéficiant d'un taux de droit de douane intermédiaire (10%) comprend :

- Collections d'assemblage MKD[2] ;
- Produits alimentaires de grande consommation ;
- Pièces de rechanges, pièces détachées et accessoires ;
- Intrants industriels.

Le tarif NPF appliqué de la RDC est entièrement *ad valorem* et composé de quatre bandes. La moyenne simple des taux du tarif s'élève à 11,3%. Les consolidations tarifaires sont réalisées par la RDC, à des taux plafond, sur la totalité de ses lignes tarifaires. La moyenne des taux consolidés se situe à 98,1% pour les produits agricoles et 95,9% pour les produits non agricoles, soit 96,2% sur l'ensemble des produits. Les autres droits et taxes sont consolidés à zéro pour tous les produits. Toutefois, plusieurs autres droits et taxes continuent d'être prélevés dont certains, exclusivement sur les importations. Diverses taxes et charges

---

[1] La République Démocratique du Congo a été parmi les premiers pays à ratifier la Convention sur le SH, le 10 novembre 1987.

[2] Les kits MKD (Medium Knocked Down) correspondent à des ensembles de pièces détachées plus complets que les kits CKD, nécessitant un assemblage moins important.

sont également prélevées sur les importations et la production locale, dans le respect du principe de traitement national.

La catégorie des produits bénéficiant du taux de droit de douane le plus élevé (20%) regroupe tous les produits manufacturés non mentionnés précédemment. L'application d'un taux de droit de douane élevé sur certains produits consiste à décourager leur importation afin de protéger les industries locales concurrentes. Cette mesure est particulièrement d'application dans les secteurs en développement ou fragiles qui ont besoin d'un soutien temporaire pour s'établir sur le marché national. À l'inverse, l'application d'un taux de droit de douane réduit ou nul n'encourage l'importation de certains produits jugés essentiels pour l'économie nationale. Cela peut concerner des produits tels que les biens d'équipements, les intrants agricoles ou les médicaments, dont l'importation à un coût abordable est nécessaire pour stimuler la production locale ou garantir l'accès à des biens et services essentiels pour la population.

§.2. L'espèce Tarifaire

On ne peut pas parler de la fiscalité douanière sans évoquer la notion de l'espèce tarifaire du fait de sa place centrale dans le calcul des droits et taxes à l'importation tout comme à l'exportation. L'espèce tarifaire est la dénomination attribuée à la marchandise dans les tarifs des droits et taxes[1]. Cette classification est exprimée par un code alphanumérique[2] unique qui permet une identification précise et harmonisée des marchandises à l'échelle internationale. C'est la base sur laquelle les taux de droits de douane et autres taxes applicables à une marchandise sont déterminés[3].

---

[1] Article 54 du code des douanes.

[2] Un code alphanumérique dans le tarif douanier est un identifiant unique (lettres et chiffres) pour classifier les marchandises importées/exportées. Il permet aux douanes d'appliquer les droits, collecter des statistiques et mettre en œuvre les réglementations.

[3] Jean Sliwa, Tarif des douanes : comment déterminer le bon classement tarifaire, les droits et taxes, les mesures applicables, éditions du puits fleuri, paris, 2021, p.79.

Quelles sont les implications de ce classement tarifaire[1] ? Tout simplement parce qu'une erreur de classement peut entraîner des conséquences financières importantes pour les entreprises importatrices ou exportatrices. Il peut également influencer les normes et réglementations applicables à une marchandise, telles que les normes de sécurité, les formalités sanitaires ou phytosanitaires, ou les exigences en matière de protection de l'environnement.

1. Le classement tarifaire des marchandises

A) Niveaux de nomenclature

Le classement tarifaire des marchandises s'articule autour de plusieurs niveaux de nomenclature, chacun apporte un degré de précision supplémentaire à l'identification du produit.

a) Position tarifaire

Les quatre premiers chiffres du code tarifaire constituent la position tarifaire. Cette classification est déterminée au niveau mondial par l'OMD et représente la catégorie la plus large de produits. Par exemple, la position tarifaire 0201 correspond aux Viandes et abats comestibles des bovins, frais, réfrigérés ou congelés.

b) Sous-position

Les chiffres suivants de la nomenclature, généralement du 5e au 10e, définissent la sous-position. Ce niveau de classification est déterminé au niveau mondial par l'OMD pour les 5e et 6e chiffres, et au niveau national par législateur pour les chiffres suivants. Par exemple, la sous-position 0201.21 correspond aux Viandes et abats comestibles des bovins, frais, réfrigérés ou congelés, coupés en morceaux[2].

Les six premiers chiffres de la nomenclature, représentant la position et la sous-position tarifaires, correspondent au Système Harmonisé (S.H.). Ce système de désignation et de codification des marchandises, mis en place par l'OMD, est universellement reconnu et utilisé par plus de 195 pays, couvrant ainsi plus de 95% du commerce mondial. Le S.H.

---

[1] Le classement tarifaire est le langage universel pour identifier et catégoriser les produits échangés entre les nations. C'est le système harmonisé mis en place par l'Organisation mondiale des douanes (OMD) pour faciliter le processus de dédouanement et contribuer à la fluidité des échanges commerciaux.

[2]Santulli, Carlo. Op.cit., p.61.

permet d'éviter la multiplicité de codes pour un même produit et assure une classification méthodique et unique des marchandises échangées entre les nations. Il est révisé tous les cinq ans. La dernière édition est entrée en application en janvier 2022.

B) Règles générales pour l'interprétation du tarif douanier

Pour garantir un classement précis et uniforme, l'Organisation mondiale des douanes (OMD) a établi des règles générales d'interprétation du tarif douanier. Ces règles servent de guide aux administrations douanières et aux opérateurs économiques pour identifier la position tarifaire correcte d'un produit donné[1].

a) Règle 1 : Titres de sections, chapitres et sous-chapitres

La première règle stipule que les titres des sections, chapitres et sous-chapitres du tarif douanier n'ont qu'une valeur indicative. Le classement d'une marchandise ne se base pas uniquement sur le titre de la section ou du chapitre dans lequel elle est classée, mais doit être déterminé en se référant aux termes précis des positions tarifaires et des notes de sections ou de chapitres.

b) Règle 2 : Marchandises incomplètes ou non finies

Cette règle dispose que si une marchandise, même incomplète ou non finie, présente les caractéristiques essentielles de l'article complet ou fini, elle est classée dans la même position tarifaire que l'article complet ou fini. Cette règle s'applique également aux articles complets ou finis présentés à l'état démonté ou non monté.

c) Règle 3 : Marchandises mélangées ou associées

Celle-ci concerne le classement des marchandises mélangées ou associées à d'autres matières. Si une position tarifaire fait mention d'une matière spécifique, cette règle stipule que le classement s'applique à cette matière, qu'elle soit pure, mélangée ou associée à d'autres matières. De même, les ouvrages constitués entièrement ou partiellement de la matière mentionnée dans la position tarifaire sont classés dans cette position.

---

[1] Buono, Inès et Guy Lalanne. "La réaction des entreprises françaises à la baisse des tarifs douaniers étrangers." Économie et statistique 435, no. 1, 2010, pp.13-29.

d) Règle 4: Classement des marchandises mélangées, composites ou en assortiments

Cette règle résout le dilemme du classement lorsqu'une marchandise présente des caractéristiques qui la rendent susceptible d'être classée dans plusieurs positions tarifaires. Pour ce faire, la règle établit une hiérarchie de critères à suivre [1]:

a. Priorité à la spécificité des positions

Principe général stipule que la position la plus spécifique, c'est-à-dire celle qui décrit le produit de manière la plus précise et détaillée, doit avoir la priorité sur les positions d'une portée plus générale. En effet, lorsque deux ou plusieurs positions se rapportent à des parties distinctes d'un produit mélangé ou composite, ou à des articles distincts dans le cas de marchandises présentées en assortiments conditionnés pour la vente au détail, ces positions sont considérées comme également spécifiques. Cela signifie que la règle de la spécificité ne s'applique pas dans ces cas particuliers.

b. Détermination du caractère essentiel

Critère de la Matière ou de l'Article Prédominant dispose que si la règle 4a, ci-dessus, ne permet pas de trancher, la marchandise est classée dans la position tarifaire correspondant à la matière ou à l'article qui lui confère son caractère essentiel. Le caractère essentiel est déterminé en fonction de l'élément qui donne à la marchandise ses propriétés principales et sa fonction principale.

c. Classement par ordre de numérotation

En dernier recours, si les règles 4a) et 4b) ne permettent pas de déterminer la position tarifaire correcte, la marchandise est classée dans la position tarifaire placée la dernière par ordre de numérotation parmi celles qui peuvent être envisagées[2]. Cette règle vise à éviter qu'une marchandise ne puisse être classée, ce qui perturberait les flux commerciaux et créerait des incertitudes juridiques. Le principe de

---

[1] Santulli, Carlo. Op.cit., p.69.

[2] Le classement par ordre de numérotation est une mesure ultime pour assurer qu'aucune marchandise ne reste sans classification tarifaire, même en cas d'ambiguïté après application des règles précédentes.

spécificité repose sur une classification taxonomique, où les catégories plus précises regroupent des éléments aux caractéristiques plus spécifiques. La détermination du caractère essentiel d'une matière ou d'un article dans un produit mélangé ou composite s'appuie sur une analyse scientifique des propriétés et des fonctions de ses différents éléments constitutifs. Cette analyse peut prendre en compte la composition chimique, les caractéristiques physiques, les propriétés mécaniques, l'utilisation prévue et la valeur relative des composants.

Le recours au classement par ordre de numérotation comme ultime solution garantit l'exhaustivité du système de classification tarifaire. Ainsi, même si une marchandise ne correspond pas parfaitement à une position tarifaire existante, elle est classée dans la position la plus proche en termes de caractéristiques et d'utilisation, évitant ainsi tout non-classement.

Section II. Système harmonisé

§.1. Porté et évolution du Système harmonisé

Le Système harmonisé (SH) est une nomenclature internationale de marchandises, structurée par matières premières et stade de production, élaborée et mise à jour par l'Organisation mondiale des douanes (OMD). Utilisé par plus de 190 pays pour les tarifs douaniers et les statistiques commerciales, il sert aussi de base pour les négociations commerciales, le contrôle des contingents, les règles d'origine, ainsi que la recherche et l'analyse statistique.

L'histoire du SH remonte aux années 1980, suite à la reconnaissance par l'OMD du besoin d'une nomenclature internationale standardisée[1]. Les "Cahiers de la douane" (2006) ont marqué une étape initiale. Aujourd'hui, le SH est adopté par plus de 200 pays et unions

---

[1] Initialement nommée "Nomenclature de Bruxelles" (NDB), elle devint "Nomenclature du Conseil de coopération douanière" (NCCD) pour éviter une confusion avec l'organisation. La NCCD était un répertoire de marchandises structuré en 21 sections, 96 chapitres (99 avant 1987) et 1 241 positions (1 011 avant 1987), codées par chapitre et rang de position. Un Comité de la Nomenclature gérait l'instrument et assurait des mises à jour régulières (1965, 1972, 1978, 1988). En 1987, bien que 52 pays soient parties contractantes, plus de 150 appliquaient la NCCD comme base tarifaire.

économiques, représentant 98% du commerce mondial. Instrument clé de l'OMD, il harmonise la classification de tous les biens physiques transfrontaliers, répondant à un besoin fondamental des gouvernements pour catégoriser les produits échangés. Le SH est également largement utilisé par le secteur privé dans le commerce international.

Au-delà des tarifs douaniers, le SH s'applique aux règles d'origine, à la surveillance des marchandises réglementées[1], à la fiscalité interne, aux tarifs de transport, aux contrôles des contingents et à la compilation de statistiques commerciales[2]. L'utilisation croissante du SH, notamment pour la surveillance de marchandises régies par des conventions internationales, souligne sa polyvalence. En réponse aux Nations Unies, l'OMD a intégré des recommandations et sous-positions pour : a) les conventions sur les stupéfiants et substances psychotropes ; b) la Convention CITES ; c) le Protocole de Montréal (ozone) ; d) la Convention de Bâle (déchets dangereux) ; e) la Convention sur les armes chimiques.

§.2. L'anatomie du SH

Le Système Harmonisé (SH) structure la classification des produits en positions à quatre chiffres, regroupant des catégories spécifiques. Ces positions sont ensuite subdivisées en sous-positions pour isoler les produits clés au sein de chaque catégorie, avec une architecture cohérente où le contenu des sous-positions d'un niveau donné correspond à celui de leur position ou sous-position parente.

Conçu comme un système central flexible, le SH est un outil essentiel pour les administrations douanières, les statisticiens, et les acteurs du transport international. Sa nomenclature polyvalente permet de classer toutes les marchandises transportables, y compris celles non destinées au commerce international, grâce à des sous-positions à cinq et six chiffres dérivées des positions à quatre chiffres. Par exemple, la position 08.08 couvre les pommes, poires et coings frais, tandis que 08.13 concerne les fruits séchés. Pour une analyse fine, les sous-positions à cinq et six chiffres, comme 0808.10 (pommes fraîches, non emballées)

[1] Santulli, Carlo. Op.cit., p.92.

[2] Lambert, Thierry, and Shuchun Wan. "Vers un droit global. Les convergences du droit douanier et du droit fiscal." Revue française de finances publiques N° 166, no. 2, 2024, p.233.

et 0813.30 (pommes séchées), permettent d'obtenir des données précises sur des produits spécifiques, illustrant la modularité du SH pour répondre à des besoins d'information détaillés. Une condensation du SH réduirait sa polyvalence et la précision des données commerciales.

Pour la classification tarifaire, le SH présente une structure légale[1] et logique de 1 222 positions (SH 2017) réparties en 96 Chapitres et 21 Sections. Chaque position est codée sur quatre chiffres, les deux premiers indiquant le Chapitre et les deux suivants le rang dans ce Chapitre (ex: 21.05 pour les "Glaces de consommation" au sein du Chapitre 21). La majorité des positions sont subdivisées en sous-positions à cinq (un tiret) ou six chiffres (deux tirets), totalisant 5 387 groupes de marchandises identifiés par un code à six chiffres. Les quatre premiers chiffres reprennent la position, et les cinquième et sixième précisent les sous-positions (zéro indiquant l'absence de subdivision).

Illustrativement, le code 0707.00 pour les concombres et cornichons frais indique l'absence de subdivision de la position 07.07. Le code 1008.10 pour le sarrasin montre une subdivision au premier niveau (5e chiffre = 1) sans subdivision supplémentaire (6e chiffre = 0) de la position 10.08. Enfin, le code 1108.13 pour la fécule de pommes de terre révèle une subdivision au deuxième niveau (6e chiffre = 3) de la première sous-position (5e chiffre = 1) de la position 11.08.

[1] Le Système harmonisé est régi par la "Convention internationale sur le Système harmonisé de désignation et de codification des marchandises.

Chapitre III. Les régimes douaniers

Ce chapitre est consacré à l'étude des régimes douaniers. Nous y explorerons les différents statuts juridiques que peuvent revêtir les marchandises lors de leur passage en douane, ainsi que les implications de ces régimes sur les échanges commerciaux. Dans un premier temps (section I), nous poserons les fondamentaux des régimes douaniers. Nous verrons également les principales fonctions des différents régimes existants. Puis, nous passerons en revue les principaux types de régimes suspensifs (section II), avant d'aborder les régimes définitifs (section III). Concernant ces derniers, nous détaillerons leur organisation, notamment sous les aspects de la mise à la consommation et de l'exportation. Enfin, nous nous pencherons sur les régimes préférentiels (section IV), qui accordent des avantages douaniers particuliers à certaines catégories de marchandises. Nous nous focaliserons tout particulièrement sur deux régimes spécifiques applicables en République Démocratique du Congo : le régime douanier minier et le régime douanier des hydrocarbures.

Section I. Les fondamentaux des régimes douaniers

§.1. Aperçu du régime douanier

Un « régime douanier » désigne l'ensemble des règles juridiques et administratives régissant le traitement des marchandises importées ou exportées sur le territoire douanier[1]. Il détermine les droits, taxes, obligations et opérations applicables à ces marchandises. Historiquement, le « régime suspensif » permettait de différer le paiement des droits et taxes pour les marchandises en attente de réexportation ou de mise sur le marché. Face à l'évolution du commerce international, le « régime douanier économique » a émergé, offrant des options plus flexibles. Le régime douanier permet ainsi de suspendre temporairement les droits et taxes en attendant la destination finale des marchandises et offre aux entreprises une marge de manœuvre pour optimiser leurs opérations dans le respect des réglementations.

---

[1] Elisabeth Poulain, Lexique du commerce international, Ed. Bréal, 2012.

Le choix du régime douanier, statut juridique attribué à une marchandise après les formalités douanières, est une décision stratégique pour les entreprises. Il influence directement les coûts, la compétitivité et la fluidité des échanges. Bien que le code des douanes ne définisse pas explicitement le "régime douanier", toute marchandise déclarée en douane se voit attribuer un régime spécifique qui détermine son sort au sein du territoire douanier[1] .

§.2. Types et caractéristiques des régimes douaniers

On distingue principalement deux catégories de régimes douaniers : les régimes définitifs et les régimes suspensifs (ou économiques).

Les régimes définitifs marquent la finalisation du parcours d'une marchandise et comprennent la mise à la consommation et l'exportation tandis que les régimes suspensifs (ou économiques) offrent une flexibilité accrue en suspendant temporairement les droits et taxes ou en accordant des avantages économiques spécifiques pour des situations particulières[2]. Ils incluent :

- L'entrepôt de douane ;
- L'admission temporaire ;
- Le perfectionnement actif ;
- Le perfectionnement passif ;
- La transformation sous douane ;
- Le transit ;
- Le transbordement ;
- Le cabotage.

Les régimes suspensifs se caractérisent par l'extranéité c'est-à-dire les marchandises sont considérées, d'un point de vue douanier, comme étant hors du territoire national, entraînant la suspension des droits et taxes à l'importation tant qu'elles restent sous ce régime. Ensuite par la suspension des droits et taxes. Leur paiement est différé jusqu'à la sortie des marchandises du régime ou leur mise à la consommation. Enfin, les régimes suspensifs se caractérisent par l'engagement d'une garantie

---

[1] Article 112 du code des douanes.

[2] BOURI. C., « la logistique du commerce extérieur : théorie te pratique », Algérie, 1ère édition, Edition EDIK, p. 221.

financière exigée pour assurer le respect des obligations liées à ces régimes[1].

§.3. Effets et fonctions des régimes économiques

Les marchandises sous régime douanier économique bénéficient d'une suspension des droits et taxes d'import/export, à l'exception des prohibitions absolues. Les restrictions commerciales sont généralement levées, et les contrôles de change restent inchangés (sauf exceptions).

Pour garantir les obligations, une garantie financière (consignation ou caution bancaire) est exigée pour couvrir les droits et taxes en cas de manquement. Ces régimes nécessitent des déclarations spécifiques appelées "acquits-à-caution[2]".

En droit congolais, ces régimes offrent une grande flexibilité aux entreprises, remplissant quatre fonctions principales:

- Stockage sous douane : Permet de conserver des marchandises en entrepôt sécurisé en différant le paiement des taxes.
- Transformation sur le territoire : Autorise la transformation des marchandises sans paiement immédiat des droits (perfectionnement actif/passif, transformation pour la consommation).
- Utilisation temporaire : Offre la possibilité d'utiliser des marchandises importées pour des activités spécifiques (production pour l'export, grands travaux) via l'admission temporaire ou la réimportation en l'état.
- Facilitation de la circulation : Simplifie le transit, le transbordement et le transport (cabotage) des marchandises sur le territoire.

---

[1] Colonel Ibrahim DIAGNE, Les régimes douaniers au Sénégal, l'Harmattan, Paris, 2016, p.73.

[2] Un acquit-à-caution est un document douanier, qui sert de preuve, par lequel une personne (le principal obligé) s'engage, avec une caution (souvent une banque), envers l'administration des douanes à respecter les obligations liées à un régime douanier économique.

En d'autres termes, c'est une déclaration sous caution qui permet de faire circuler, stocker, transformer ou utiliser des marchandises sous un régime douanier suspensif de droits et taxes. La caution garantit le paiement de ces droits et taxes si les engagements ne sont pas respectés.

Section II. Les principaux types des régimes suspensifs

§.1. Le transit

Le régime de transit douanier est un dispositif juridique qui permet le déplacement de marchandises, sous le contrôle des autorités douanières, d'un point de départ à un point d'arrivée déterminés. En d'autres termes, le transit douanier est le régime douanier sous lequel sont placées des marchandises transportées sous contrôle douanier d'un bureau de douane à un autre bureau de douane[1]. Il s'applique à divers scénarios :

- D'un point d'entrée (frontière, port, aéroport) vers un lieu de stockage ou de transformation intérieur.
- D'un lieu intérieur vers un point de sortie douanier.
- D'un point d'entrée à un point de sortie sans arrêt intérieur.
- D'un entrepôt douanier à un autre[2].

Durant le transit, les marchandises sont exonérées des droits et taxes, sous réserve du respect des conditions douanières et de la constitution d'une garantie financière couvrant les éventuels droits et taxes exigibles en cas de mise à la consommation. Les mesures de prohibition et restrictions économiques sont suspendues, conditionnellement à cette garantie.

Il existe différentes formes de transit :

- National (ordinaire)[3] ;
- International[4] ;
- International par route[5] ;
- International par fer[6].

La Direction Générale des Douanes et Accises (DGDA) a longtemps lutté contre la fraude au transit, où des opérateurs déclaraient frauduleusement des marchandises en transit pour éviter les taxes. Pour

---

[1] Article 175 point 1 du code des douanes.

[2] Article 176 du code des douanes.

[3] Circulation intérieure entre bureaux de douane frontaliers, avec une déclaration simplifiée.

[4] Déplacement entre pays, impliquant des accords et formalités spécifiques.

[5] Régie par la convention de Genève (carnet TIR), simplifiant les formalités pour le transport routier.

[6] Le transit international par fer est un régime plus ancien que le transit international par route. Il est régi par plusieurs conventions internationales, dont la convention de Berne de 1924.

contrer cela, la DGDA a mis en place des outils technologiques comme le Système de Suivi Électronique des Cargaisons (SYSEC)[1], opérationnel depuis 2017 et intégré à la plateforme CVTFS, permettant un suivi en temps réel grâce à des scellés électroniques.

Pour garantir la continuité du transit, les marchandises sont scellées au départ. Le nombre de scellés est vérifié à l'arrivée. Le scellement est subordonné à la conformité du moyen de transport. En l'absence de scellement, d'autres mesures de contrôle peuvent être appliquées (inventaire, scellés par colis, description détaillée, escorte douanière) [2].

Les opérations de transbordement sont autorisées si elles ne compromettent pas la sécurité et le respect des règles douanières (les scellés ne doivent pas être rompus). Tout incident (accident, retard) doit être signalé immédiatement aux autorités douanières[3].

Le transporteur s'engage formellement à acheminer les marchandises sous scellés, dans les délais et selon l'itinéraire prescrits. La disparition de scellés non justifiée entraîne une procédure contentieuse. En cas de rupture due à un accident, le transporteur doit immédiatement le signaler pour l'établissement d'un procès-verbal. La durée du transit est fixée au départ et doit être respectée (sauf cas de force majeure justifiée). À l'arrivée, le régime de transit prend fin, et les marchandises doivent être soumises à un nouveau régime douanier après un examen minutieux par les douaniers.

Le transporteur est responsable de l'arrivée des marchandises. Toute disparition entraîne des sanctions financières. Si les marchandises manquantes sont illégales, les pénalités sont plus lourdes. Cependant, la responsabilité peut être levée en cas de force majeure prouvée[4]. En cas de dommages aux marchandises durant le transport, elles peuvent être mises à la consommation en l'état après évaluation. La destruction

---

[1] Le Système Virtuel de Commerce et de Facilitation du COMESA, en sigle CVTFS (Comesa Virtual Trade Facilitation System) est une plateforme numérique complexe destinée à moderniser les procédures douanières au sein de la région. Ce système est constitué de quatre modules distincts, dont le plus connu est le Système de Suivi Électronique des Cargaisons (SYSEC). Mis en œuvre par la Direction Générale des Douanes et Accises (DGDA) depuis 2017, le SYSEC révolutionne la gestion des marchandises en transit. Grâce à l'utilisation de scellés électroniques apposés sur les conteneurs, ce système permet de suivre en temps réel le parcours des marchandises, de leur point de départ jusqu'à leur destination finale.

[2] Article 177 du code des douanes.

[3] Article 178 du code des douanes.

[4] Article 181 du code des douanes.

peut être autorisée pour les dommages irréparables, mais les droits et taxes sur les résidus restent dus. La garantie financière n'est restituée qu'après accomplissement de toutes les formalités et vérification de l'intégrité des échanges.

§.2. Le transbordement

Pour le législateur congolais, le transbordement est le régime douanier permettant le transfert de marchandises, sous contrôle douanier, d'un moyen de transport à l'importation vers un autre à l'exportation, au sein d'un même bureau de douane servant à la fois d'entrée et de sortie[1].

Ce régime se caractérise par :

- Le transfert physique des marchandises entre deux moyens de transport (navire vers camion, par exemple) ;
- La surveillance constante des autorités douanières pour garantir le respect des réglementations et prévenir la fraude ;
- Le déroulement des opérations au sein d'un unique bureau de douane, qui est à la fois le point d'entrée et de sortie des marchandises du régime, sans qu'elles ne quittent le territoire douanier au sens strict.

Le transbordement est similaire au transit intérieur, permettant un changement de moyen de transport au sein du pays sous contrôle douanier[2]. Bien que tous deux facilitent le déplacement de marchandises, le transit douanier et le transbordement diffèrent fondamentalement. Le transit requiert l'intervention d'au moins deux bureaux de douane (entrée et sortie du territoire pour une marchandise en transit). Le transbordement, lui, se déroule généralement dans un seul bureau, impliquant un simple transfert entre moyens de transport sans sortie du territoire douanier (bien que des bureaux distincts au sein d'une même zone portuaire puissent être impliqués pour des raisons administratives).

---

[1] Article 182 du code des douanes.

[2] Prenons l'exemple du transport de conteneurs en provenance d'Anvers vers la République Démocratique du Congo. Les grands navires qui effectuent ce trajet font souvent escale au Port Autonome de Pointe-Noire au Congo Brazzaville. À cet endroit, les conteneurs destinés à la RDC sont transférés sur des navires plus petits, appelés "navires collecteurs", qui les acheminent vers leur destination finale, comme le Port de Matadi.

Le transbordement se distingue par la simplification des formalités douanières et un délai suffisant pour les opérations. Il peut inclure des facilitations à l'exportation comme le groupage ou le reconditionnement, sauf pour les marchandises prohibées ou soumises à restrictions internationales. Les marchandises en transbordement ne peuvent faire l'objet d'aucune utilisation sur le territoire douanier sans un changement de régime légal[1].

§.3. Le transport par cabotage

Le cabotage désigne généralement le transport de marchandises entre différents points à l'intérieur d'un même pays. Traditionnellement maritime, certains pays l'ont étendu au transport routier. En République Démocratique du Congo, la législation douanière actuelle ne prévoit pas de régime spécifique pour le cabotage routier. Le terme se réfère donc principalement au cabotage maritime côtier. Ce régime permet aux navires étrangers de transporter des marchandises entre les ports congolais, en utilisant les eaux territoriales, internationales ou mitoyennes[2].

Pour bénéficier du régime de cabotage maritime, les marchandises doivent :

- Être en libre circulation dans le pays (ayant déjà subi les formalités douanières) ou être des marchandises importées non encore déclarées ;
- Impliquer un changement de navire entre l'importation et le transport intérieur ;
- S'effectuer via les eaux territoriales, internationales ou mitoyennes du pays ;
- Être clairement identifiables par les autorités douanières ;
- Respecter toutes les autres conditions imposées par l'administration douanière (documents spécifiques, procédures).

Pour faciliter les contrôles, les autorités douanières peuvent exiger la séparation physique des marchandises en cabotage. Exceptionnellement, le cabotage est possible sur un navire faisant escale à l'étranger ou en cas de force majeure obligeant une escale

[1] Article 186 du code des douanes.
[2] C'est-à-dire les eaux partagées avec un pays voisin.

étrangère, à condition que l'identité des marchandises soit clairement établie[1].

La réglementation prévoit que le Directeur Général des Douanes détermine les ports, jours et heures autorisés pour le chargement et déchargement des marchandises en cabotage. En l'absence de cette détermination, les pratiques internationales (comme la limite de sept jours en France après déchargement d'un transport international) peuvent servir de référence. En cas de circonstances exceptionnelles (déroutement), le déchargement peut être autorisé dans un autre port avec l'accord préalable des douanes. En cas d'accident ou de force majeure, le capitaine doit prendre les mesures nécessaires pour sécuriser les marchandises et informer immédiatement les autorités compétentes. Les navires assurant des liaisons régulières entre les ports autorisés peuvent obtenir une autorisation générale pour le transport en cabotage. Pour les marchandises en libre circulation soumises à des droits ou restrictions à l'exportation, la douane peut exiger une garantie suffisante[2].

§.4. Entrepôt

Le régime de l'entrepôt douanier est un cadre juridique spécifique permettant le stockage de marchandises importées ou destinées à l'exportation dans un lieu désigné et sécurisé, sous surveillance douanière constante. Son principal avantage est la suspension des droits et taxes à l'importation ou à l'exportation tant que les marchandises y sont stockées, offrant aux entreprises la possibilité de différer leur paiement et d'adapter leurs opérations aux fluctuations du marché.

L'article 156 du code des douanes définit l'entrepôt douanier comme le régime applicable aux marchandises importées ou à exporter, stockées sous contrôle douanier pour une durée déterminée dans un lieu désigné, en suspension des droits et taxes à l'importation ou à l'exportation[3]. Les caractéristiques essentielles de ce régime sont : un cadre douanier spécifique suspendant certaines obligations, le stockage de marchandises importées ou destinées à l'exportation, un lieu désigné sous contrôle douanier, une durée de stockage déterminée (1 à 3 ans),

---

1 Articles 188-190 du code des douanes.

2 Article 193 du code des douanes.

3 Article 156 du code des douanes.

et la non-exigibilité des droits et taxes tant que les marchandises sont entreposées.

Le régime de l'entrepôt douanier se divise en deux catégories principales : l'entrepôt public et l'entrepôt privé[1]. L'entrepôt douanier public, accessible à tous les opérateurs économiques souhaitant stocker des marchandises (à l'exception de celles interdites pour des raisons d'ordre public, de santé ou de sécurité) [2], comprend deux types : le type A (géré par les services douaniers) et le type B (géré par un opérateur privé agréé). L'entrepôt douanier privé est réservé à l'usage exclusif d'une entreprise ou d'une personne physique pour le stockage de marchandises liées à son activité spécifique (ex: matières premières ou produits finis en attente de mise sur le marché pour une entreprise industrielle).

1. L'entrepôt public

La décision d'autoriser l'établissement d'un entrepôt de douane public relève de la compétence exclusive du Directeur général des Douanes, sur justification d'un besoin économique[3].

On distingue deux catégories d'entrepôts de douane publics : le type A, géré directement par l'administration douanière[4], et le type B, confié à des opérateurs économiques privés agréés, sous réserve de répondre aux conditions réglementaires. L'agrément d'exploitant d'un entrepôt de douane public de type B requiert la satisfaction de critères rigoureux

[1] Article 196 point 3 du code des douanes.

[2] Le principe de liberté d'admission des marchandises en entrepôt douanier est consacré par le code des douanes. La plupart des produits peuvent y être stockés sous réserve de répondre à des critères précis de sécurité, de contrôle et de respect des formalités douanières. Certaines catégories de marchandises (dangereuses ou illicites) sont formellement exclues, et des restrictions peuvent être imposées dans des circonstances particulières (crise sanitaire, pénurie).

[3] Article 160 point 1 du code des douanes.

[4] L'"entreposeur" (gestionnaire de l'entrepôt) a pour responsabilités principales d'assurer la sécurité des marchandises contre le vol et le détournement jusqu'à leur sortie du régime, de se conformer aux règles et procédures spécifiques (registres précis, inventaires réguliers), et de respecter les conditions de l'autorisation de gestion (sécurité, accès, contrôle). L'"entrepositaire" (personne plaçant les marchandises en entrepôt) est responsable du respect des formalités douanières. Dans le cas d'un entrepôt privé, l'entreposeur et l'entrepositaire sont souvent la même entité.

et une demande écrite adressée au Directeur général des Douanes[1], incluant : une société de droit congolais justifiant de sa capacité juridique (RCCM, identification nationale), la propriété ou un contrat de location des locaux, des installations garantissant une sécurité incendie suffisante (extincteurs), un équipement informatique compatible avec le système douanier (SYDONIA), les équipements de manutention et de levage nécessaires, et le dépôt d'une caution bancaire[2] fixée par le Directeur Général.

Les produits nécessitant des conditions de stockage spécifiques (périssables, dangereux) doivent être placés dans des locaux équipés en conséquence et isolés si besoin[3]. Des aires de manœuvre aménagées et sécurisées, suffisamment vastes pour les engins de transport et de manutention, sont indispensables. L'entrepôt doit disposer de locaux administratifs pour l'exploitant et le bureau de douane, équipés pour la gestion des opérations et la tenue des registres, ainsi que d'équipements adaptés : chariots élévateurs, systèmes de détection incendie, et systèmes informatiques compatibles avec l'administration douanière. Des exigences supplémentaires peuvent s'appliquer selon la nature des marchandises (normes de sécurité renforcées pour les produits pétroliers, par exemple). L'accès aux entrepôts de type B est sécurisé par un système de double clé (douane et exploitant). L'exploitant doit tenir une comptabilité précise des marchandises stockées. L'administration douanière effectue des inventaires physiques réguliers, assure une surveillance constante (présence physique ou contrôles inopinés), et réalise des audits de conformité. En cas de fermeture ou de cessation d'activité, l'exploitant doit régulariser ses comptes (paiement des droits et taxes dus). En cas de décès ou de cessation de paiement, la douane peut prendre des mesures conservatoires. Après régularisation, la garantie bancaire est remboursée. Les marchandises à risques particuliers ne peuvent être stockées que dans des entrepôts spécialement aménagés.

L'entreposeur est responsable de la conservation des marchandises confiées. Sa responsabilité est engagée en cas de disparition ou de

---

[1] Article 84 de la décision du DG portant mesures d'application de l'ordonnance loi n°10/002 du 20 aout 2010 portant code des douanes

[2] De nos jours, cette caution est fixée à 150. 000 USD pour ce type d'entrepôts et 250 000 USD pour les entrepôts de stockage de produits pétroliers.

[3] Article 162 du code des douanes.

remplacement illicite (remboursement des droits et taxes ou de la valeur marchande pour les produits prohibés), sauf en cas de perte due à la nature propre des marchandises (justifiée), à un événement extérieur imprévisible et irrésistible, ou à un vol (preuve de mesures de sécurité adéquates et fait extérieur). En cas d'assurance, la responsabilité peut être limitée à la valeur des marchandises hors droits et taxes. Les marchandises détériorées ou avariées peuvent être mises à la consommation en l'état (droits et taxes applicables), si la détérioration est due à un événement extérieur imprévisible et constatée par la douane. La destruction peut être autorisée, mais les droits et taxes sur les résidus restent dus.

2. L'entrepôt privé

L'entrepôt de douane privé constitue une modalité d'entreposage douanier qui, bien que partageant des fondements légaux et réglementaires similaires à l'entrepôt public de type B (notamment l'autorisation préalable de l'administration des douanes et la constitution d'une garantie bancaire pour les droits et taxes potentiels), s'en distingue par sa nature exclusive[1]. Contrairement à l'entrepôt public de type B, accessible à tout opérateur économique, l'entrepôt privé est réservé à l'usage unique de l'entreprise ayant obtenu l'autorisation de sa création et de son fonctionnement.

Bien que les marchandises stockées dans un entrepôt privé puissent faire l'objet de cessions, le nouveau propriétaire devient de facto le nouvel entrepositaire, assumant l'intégralité des obligations inhérentes au régime d'entreposage douanier[2].

Les marchandises placées sous le régime d'entreposage douanier bénéficient d'une flexibilité notable quant à leur destination finale. Sauf dispositions légales ou réglementaires spécifiques, elles peuvent, à leur sortie d'entrepôt, être soumises aux mêmes régimes douaniers que si elles avaient été importées directement. Trois destinations principales se présentent : la mise à la consommation sur le territoire national, l'exportation vers des pays tiers, ou le transfert vers d'autres entrepôts douaniers pour des opérations ultérieures. Il convient de préciser que

---

[1] Article 164 du code des douanes.

[2] Il est à noter que le montant de la garantie bancaire exigée pour un entrepôt privé est généralement inférieur à celui requis pour un entrepôt public de type B, étant actuellement fixé à 100 000 USD.

les produits obtenus à partir de matières premières ayant bénéficié du régime de perfectionnement actif doivent, en principe, être réexportés hors du territoire douanier de la République Démocratique du Congo.

Concernant la taxation, lorsqu'une marchandise quitte un entrepôt douanier pour être mise à la consommation, les droits et taxes applicables sont ceux en vigueur à la date d'enregistrement de la déclaration de mise à la consommation par les autorités douanières. En cas de déficit constaté dans les quantités entreposées (vol ou perte), les droits et taxes dus sont ceux en vigueur à la date de la constatation du déficit. Pour un retrait irrégulier (sans autorisation), les taux applicables sont ceux en vigueur à la date de l'enlèvement ou, si celle-ci ne peut être précisément déterminée, les taux les plus élevés en vigueur depuis l'entrée en entrepôt ou le dernier inventaire. La valeur à retenir pour le calcul des droits et taxes est celle de la marchandise à la date où lesdits droits et taxes deviennent exigibles (enregistrement de la déclaration de mise à la consommation, constatation du déficit, enlèvement irrégulier) [1].

Les marchandises sous régime d'entreposage douanier doivent être retirées à l'expiration du délai d'entreposage ou dès qu'elles cessent de bénéficier de ce régime. L'entrepositaire est tenu de leur donner une nouvelle destination (mise à la consommation, exportation, transfert). Le non-respect de cette obligation entraîne la constitution automatique des marchandises en dépôt.

En cas de fermeture d'un entrepôt douanier, les entrepositaires ont l'obligation de transférer leurs marchandises vers un autre entrepôt douanier ou de les placer sous un régime douanier différent dans un délai de quinze jours suivant la notification de la fermeture, sous réserve de l'accomplissement des formalités et conditions requises pour le nouveau régime choisi.

Le régime d'entreposage douanier public, contrairement au régime privé où les coûts sont supportés par l'exploitant unique, est soumis au principe de la rémunération de l'entrepositaire. L'entreprise exploitant un entrepôt douanier public est en droit de percevoir des frais de

---

[1] La valeur des marchandises peut fluctuer entre le moment où elles quittent le pays d'origine et le moment où elles arrivent dans votre pays. Cependant, pour le calcul des droits de douane et des taxes, on ne prend pas en compte la valeur au moment de l'expédition ou de l'arrivée en entrepôt. On se base sur la valeur de ces marchandises à un instant T bien précis : celui où l'État considère que les droits et taxes deviennent officiellement dus.

stockage auprès des entrepositaires pour couvrir les coûts de conservation (loyer, assurance, manutention)[1].

§.5. Admission temporaire

L'admission temporaire est un régime douanier dérogatoire permettant l'introduction temporaire de marchandises sur un territoire douanier en suspension des droits et taxes à l'importation, sous conditions de nature des biens, de durée et de réexportation. Son octroi, décidé par l'administration douanière lors de la déclaration, requiert une autorisation préalable du directeur général pour certains matériels (travaux publics, essais, exploration minière)[2]. Un large éventail de biens (foires, professionnels, conteneurs, échantillons, éducatif/culturel, effets personnels, tourisme, humanitaire, transports, animaux d'exposition/sport) est éligible[3].

La déclaration est établie au nom de l'utilisateur final (sauf dérogation) et l'identification des biens pour la réexportation est impérative (sauf exceptions). La durée maximale, fixée par la douane (normalement 12 mois, prorogeable), peut entraîner une taxation mensuelle de 3% des droits et taxes suspendus (plafonnée au montant initial) en cas de suspension partielle. En cas de transfert, l'ancien titulaire reste redevable pour le mois en cours. Pour la suspension partielle, le montant des droits et taxes est fixé initialement, tout changement ultérieur entraînant un ajustement. Le régime cesse par

---

[1] Les tarifs applicables aux entrepôts publics de type A sont fixés par le directeur général des douanes en fonction de la nature des marchandises et de la durée de stockage. À titre d'exemple :
a) Conteneurs :
Premier mois : 1 000 Francs congolais par équivalent vingt pieds (EVP/TEU) dès l'entrée.
Mois suivants : majoration à 3 000 Francs congolais par EVP/TEU par mois supplémentaire.
b) Marchandises conventionnelles :
Premier mois : 1 000 Francs congolais par 100 kilogrammes dès l'entrée.
Mois suivants : majoration à 6 000 Francs congolais par 100 kilogrammes par mois supplémentaire.

[2] Article 92 de la décision du DG de la DGDA portant mesures d'application du code douanier.

[3] Article 199 du code des douanes.

réexportation ou placement sous un autre régime, après accomplissement des formalités.

§.6. Réimportation en l'état

La réimportation en l'état permet la mise à la consommation en franchise de droits et taxes des marchandises précédemment exportées, sous réserve qu'elles n'aient subi aucune transformation, ouvraison ou réparation à l'étranger et que toutes les sommes dues au titre d'un remboursement, d'une remise, d'une suspension des droits et taxes, ou de toute subvention liée à l'exportation, aient été acquittées[1].

Ce régime s'applique notamment aux matériels professionnels et aux biens produits localement pour des expositions, foires ou congrès à l'étranger, autorisant leur exportation temporaire et leur réimportation en exonération de droits et taxes. L'autorisation de réimportation, accordée sur demande écrite à l'administration des douanes, fixe un délai de réimportation n'excédant normalement pas douze mois, prolongeable sur justification.

La réimportation en l'état concerne divers biens (expositions, matériels professionnels, conteneurs, échantillons, biens éducatifs, effets personnels, aide humanitaire, moyens de transport) et peut être partielle ou concerner des marchandises ayant subi des modifications mineures, sous conditions. Les marchandises réimportées peuvent être exonérées si elles sont d'origine congolaise ou ont acquis ce statut par paiement antérieur des droits et taxes. La procédure requiert une demande d'autorisation, des documents justificatifs et des contrôles douaniers, incluant l'identification des biens et potentiellement une garantie financière.

§.7. Le perfectionnement actif

Le régime de perfectionnement actif (PA) est un mécanisme douanier permettant l'importation temporaire de marchandises étrangères destinées à être transformées, réparées ou utilisées dans la production sur le territoire national, en suspension des droits et taxes à l'importation[2]. Les produits résultants (produits compensateurs) sont

---

[1] Article 205 du code des douanes.
[2] Article 210 du code des douanes.

ensuite réexportés[1]. Ce régime, soumis à autorisation préalable et conditions (établissement sur le territoire, capacité d'identification), vise à favoriser l'exportation tout en protégeant les producteurs locaux. L'autorisation fixe un délai d'apurement[2].

Le PA se décline en deux modalités :

a) PA Suspension : Importation en franchise de droits et taxes pour transformation et réexportation. Les produits compensateurs exportés bénéficient du même traitement fiscal que les produits nationaux similaires (exonération des droits et taxes à l'exportation sous conditions de transformation réelle et suffisante).

b) PA Remboursement : Remboursement a posteriori des droits et taxes payés sur les marchandises importées après leur transformation et réexportation sous forme de produits compensateurs (nécessite déclaration spécifique à l'importation et à l'exportation).

Diverses opérations sont autorisées (assemblage, modification, réparation, conditionnement, emploi de produits facilitant la production). L'utilisation de marchandises équivalentes (mêmes caractéristiques) est possible, y compris l'exportation anticipée sous garantie. Le taux de rendement (quantité de produits finis par rapport aux matières importées) est fixé dans l'autorisation, tenant compte des pertes normales (freintes).

L'apurement du régime (sa fin) se réalise principalement par l'exportation des produits compensateurs dans le délai imparti. La réexportation en l'état, le placement sous un autre régime douanier (transit), la justification de pertes dues à la nature des marchandises, ou le dédouanement des déchets sont d'autres modalités d'apurement.

§.8. Le perfectionnement passif

Le régime du perfectionnement passif est un mécanisme douanier adapté aux entreprises internationales. Il permet l'exportation

---

[1] Par exemple, une entreprise automobile basée en République Démocratique du Congo importe des moteurs en pièces détachées en suspension de droits et taxes dans le cadre d'un régime de perfectionnement actif. Ces pièces sont ensuite assemblées sur place pour former des moteurs complets qui seront exportés vers un autre pays.

[2] Lorsque l'on parle de "marchandises étrangères en franchise", cela signifie que ces biens, originaires d'un autre pays, sont introduits sur le territoire douanier d'un pays sans être soumis au paiement des droits et taxes à l'importation qui sont normalement appliqués. C'est comme si ces marchandises étaient "exonérées" de ces taxes.

temporaire de marchandises du territoire douanier d'un État pour y subir des opérations de transformation, d'ouvraison ou de réparation à l'étranger[1]. Ces marchandises peuvent ensuite être réimportées dans leur pays d'origine avec une exonération totale ou partielle des droits et taxes à l'importation habituellement applicables.

Cependant, il ne s'applique pas à toutes les marchandises. Sont exclues les marchandises ayant déjà bénéficié d'un remboursement ou d'une remise des droits et taxes à l'importation, ainsi que celles placées sous un régime spécial en raison de leur utilisation spécifique (scientifique, humanitaire, etc.), tant que les conditions de ce régime spécial sont en vigueur.

Sous conditions spécifiques, il est possible de remplacer les marchandises exportées par des marchandises équivalentes et d'importer les produits compensateurs avant l'exportation des marchandises initiales. L'administration des douanes autorise ce remplacement par des marchandises de même nature et caractéristiques essentielles. Dans certains cas, les marchandises équivalentes peuvent être à un stade de fabrication plus avancé. Si les produits compensateurs sont importés en République Démocratique du Congo avant l'exportation des marchandises initiales et sont soumis à des droits et taxes, une garantie financière est requise[2].

1. Fonctionnement

Deux types d'autorisations existent : individuelle et générale. L'autorisation de perfectionnement passif fixe un délai maximal pour la réimportation des produits transformés (produits compensateurs) sur le territoire douanier, courant dès la sortie des marchandises du territoire douanier[3].

Pour assurer un suivi rigoureux et prévenir les abus, l'autorisation précise le taux de rendement (rapport entre les produits obtenus et les marchandises exportées) et les freintes admissibles (pertes ou déchets). Des taux de rendement forfaitaires peuvent être fixés pour les

---

[1] Tel que défini à l'article 211 du code des douanes, le perfectionnement passif couvre un large éventail d'opérations, de la simple transformation à la réparation complexe, offrant une grande flexibilité logistique aux opérateurs économiques.

[2] Article 225 du code des douanes.

[3] Article 226 du code des douanes.

opérations répétitives et techniquement définies, sous réserve de la stabilité des marchandises et des opérations.

L'exonération totale ou partielle des droits et taxes à l'importation est accordée au titulaire de l'autorisation de perfectionnement passif, c'est-à-dire celui qui a initialement demandé l'autorisation d'exportation temporaire. Cette exonération peut être étendue à une autre personne établie en République Démocratique du Congo avec l'accord du titulaire et sous respect des conditions initiales.

L'exonération est maintenue si toutes les obligations du régime sont respectées. En cas de manquement mineur, l'exonération peut être maintenue[1]. L'exonération consiste à déduire du montant total des droits et taxes dus sur les produits finis, le montant des droits et taxes qui auraient été dus sur les marchandises initiales si elles avaient été importées dans leur état final. Le calcul se base sur la quantité, la nature et les taux applicables aux marchandises exportées temporairement, à la date de leur exportation et à la date d'importation des produits finis.

La valeur prise en compte pour l'exonération est généralement la valeur déclarée à l'exportation temporaire. Si cette valeur est indéterminable, la différence entre la valeur des produits finis et les frais de transformation peut être utilisée. Si les marchandises exportées temporairement ont bénéficié de taux réduits à l'importation initiale, c'est le montant effectivement payé qui est déduit.

Si la réparation est gratuite (garantie contractuelle ou légale, vice de fabrication), l'importation des marchandises réparées est exonérée de tous droits et taxes, sur présentation de preuves suffisantes. L'exonération n'est pas accordée si l'état défectueux avait déjà été pris en compte lors de la première importation. Dans ce cas, l'exonération est calculée sur les frais de réparation engagés.

2. Perfectionnement passif et système des échanges standard

L'échange standard permet de remplacer des marchandises sous régime douanier particulier (comme le perfectionnement passif) par des marchandises similaires en cas de défaut, changement de spécifications ou évolution des besoins. Pour les réparations onéreuses effectuées à l'étranger, l'exonération des droits et taxes à l'importation est calculée sur les frais de réparation[2].

---

[1] Article 2230 du code douanes.

[2] Article 235 du code de douanes.

Le remplacement de marchandises sortant pour réparation est soumis à restrictions : les produits de remplacement doivent appartenir à la même catégorie tarifaire, avoir la même qualité commerciale et les mêmes caractéristiques techniques que les marchandises d'origine réparées. En général, si les marchandises d'origine étaient utilisées, les produits de remplacement doivent l'être aussi (les produits neufs ne sont pas admis). Des dérogations peuvent être accordées en cas de garantie ou de vice de fabrication, autorisant l'utilisation de produits neufs.

Les marchandises d'origine doivent être exportées dans les 30 jours suivant l'importation des produits de remplacement. Si les produits de remplacement sont importés avant l'exportation des marchandises d'origine, l'exonération des droits et taxes est calculée sur les éléments de taxation applicables aux marchandises d'origine au moment de leur placement sous le régime du perfectionnement passif.

3. Apurement

Le perfectionnement passif est normalement clôturé par l'importation des produits transformés (produits compensateurs) ou, en cas d'échange standard, par l'importation des produits de remplacement, en une ou plusieurs fois. En cas de perte justifiée des marchandises d'exportation temporaire (destruction lors de la transformation), l'apurement peut être obtenu, mais l'importation des produits compensateurs reste généralement exigée.

L'administration des douanes peut autoriser la réimportation des marchandises d'origine sans transformation, sur demande justifiée. Le régime peut également prendre fin par l'exportation définitive des marchandises d'origine ou des produits compensateurs vers un pays tiers[1].

Si les produits compensateurs ne sont pas importés, les droits et taxes à l'exportation applicables aux marchandises d'origine sont limités au montant des droits et taxes qui auraient été dus si ces marchandises avaient été exportées définitivement dès le départ.

§.9. La transformation pour la mise à la consommation

Le régime douanier de transformation permet la transformation ou l'ouvraison sous contrôle douanier de marchandises importées avant

---

[1] Article 239 du code des douanes.

leur mise à la consommation[1]. L'objectif est que les droits et taxes applicables aux produits obtenus soient inférieurs à ceux qui auraient grevé les marchandises importées initialement. Ce régime est également accessible aux marchandises déjà placées sous un autre régime douanier sur le territoire national (entrepôt, perfectionnement actif, etc.).

L'article 242 du code des douanes stipule les conditions cumulatives d'autorisation :

- L'activité doit être exercée par une personne ou entreprise établie en RDC ;
- L'administration douanière doit pouvoir vérifier la provenance des produits transformés des marchandises importées, et la transformation doit être économiquement irréversible ;
- Le régime ne doit pas contourner les règles d'origine ni les restrictions quantitatives à l'importation ;
- L'autorisation est accordée si le régime favorise la création ou le maintien d'une activité de transformation en RDC, en tenant compte des intérêts des producteurs nationaux pour éviter la concurrence déloyale[2].

En cas de dette douanière[3] sur des marchandises à l'état actuel ou partiellement transformées, son montant est calculé selon les critères d'évaluation en vigueur lors de la déclaration au régime de transformation pour la mise à la consommation.

---

[1] Article 240 du code des douanes.

[2] Article 242 du code des douanes.

[3] la dette douanière peut naître dans le cadre du régime de transformation lorsque des marchandises, qu'elles soient dans leur état initial d'importation ou à un stade de transformation qui n'a pas atteint le niveau prévu initialement, font l'objet d'une obligation de paiement des droits et taxes à l'importation.
Concrètement, cela signifie que si, pour une raison quelconque (par exemple, une décision de mettre les marchandises sur le marché avant la fin de la transformation prévue, un manquement aux conditions du régime, etc.), les marchandises ne suivent pas le cycle complet de transformation tel qu'initialement déclaré, une dette douanière est susceptible d'être établie. Le montant de cette dette est alors calculé sur la base de la valeur des marchandises au moment où elles ont été déclarées pour bénéficier du régime de transformation en vue de leur mise à la consommation, comme si elles étaient importées définitivement à cet instant précis.

Section III. Les régimes définitifs

§.1. Le régime de mise à la consommation

La mise à la consommation est le régime douanier permettant l'introduction définitive de marchandises importées sur le territoire douanier de la RDC, en vue de leur utilisation comme matières premières ou de leur distribution sur le marché intérieur. Elle s'effectue après paiement des droits et taxes exigibles et l'accomplissement des formalités douanières nécessaires[1] (certificats sanitaire ou phytosanitaire, etc.). Une fois dédouanées sous ce régime, les marchandises sont nationalisées et circulent librement[2].

Pour simplifier le dédouanement d'envois hétérogènes où la déclaration détaillée serait disproportionnée, les autorités douanières peuvent autoriser, sur demande, une déclaration simplifiée. L'ensemble de l'envoi est alors taxé au taux le plus élevé applicable.

Les marchandises importées à taux préférentiels sont soumises à un contrôle spécifique, levé lors de leur sortie du territoire, destruction ou changement d'affectation. Dans ce dernier cas, les droits et taxes initialement réduits deviennent exigibles[3].

Le remboursement des droits de douane déjà payés est possible pour les marchandises défectueuses ou non conformes à la commande, sous certaines conditions[4]. Dans des cas spécifiques (urgence, volume important, régime douanier particulier et avec autorisation préalable), la douane peut accepter des documents commerciaux (factures, bons de livraison) comme déclaration, à condition qu'ils contiennent toutes les informations nécessaires au contrôle douanier[5].

---

[1] Article 146 du code des douanes.

[2] Alexis S.THAMBWE-MWAMBA, op.cit., p.77.

[3] Article 147 du code des douanes.

[4] Article 64 du Décret n° 011/46 portant mesures d'application de l'Ordonnance-loi n° 10/002 du 20 aout 2010 portant code des douanes.

[5] Article 82 de la décision n° DG/DGDA/DG/2011/296 du 11 aout 2011 portant mesures d'application de l'ordonnance loi n°10/002 du 20 aout 2010 portant code des douanes.

§.2. Le régime d'exportation

L'exportation définitive est le régime douanier applicable aux marchandises en libre circulation quittant le territoire douanier pour y demeurer hors de façon permanente[1]. L'expéditeur établit une déclaration en douane, point de départ d'une vérification de conformité et d'un éventuel recouvrement de droits par les autorités douanières. L'exportateur, en tant que déclarant, en assume la responsabilité.

La déclaration s'effectue généralement au bureau de douane proche de l'exportateur ou désigné pour sa région, mais peut se faire à un bureau de sortie plus éloigné pour des raisons logistiques liées aux voies d'exportation. Un lieu unique de déclaration et de présentation des marchandises (bureau de sortie) est imposé[2].

Un pré-dédouanement intérieur est parfois possible. Des procédures simplifiées, comme le dépôt anticipé de la déclaration, facilitent l'exportation. Des "opérations intégrées" coordonnent les déclarations d'exportation et d'importation via des accords bilatéraux. La preuve de sortie est généralement une annotation sur la déclaration au passage de la frontière ou lors du transit intérieur.

Les marchandises exportées ne sont pas destinées à revenir, mais en cas de retour, elles sont soumises au régime de "réimportation en l'état" sous conditions, sinon traitées comme des importations classiques. La preuve d'arrivée n'est généralement requise que pour les marchandises sous contrôle spécifique, celles soumises à des dispositions particulières ou bénéficiant d'avantages fiscaux (pour prévenir les abus)[3].

Les marchandises soumises à des réglementations strictes font l'objet de contrôles particuliers. Lorsqu'une preuve d'arrivée est exigée, une déclaration certifiée par la douane du pays destinataire est habituellement acceptée.

---

[1] Article 246 du code des douanes.

[2] Convention de Kyoto – Annexe spécifique C – Chapitre 1 Directives relatives à l'exportation à titre définitif, page 3.

[3] Voir Directives relatives à la norme transitoire 32 et à la norme 3.41 de l'Annexe générale.

Section IV. Le régime préférentiel

Soucieuse de valoriser ses ressources et d'attirer l'investissement, la République Démocratique du Congo s'est dotée d'un cadre juridique comprenant le Code des investissements, le Code minier et le Code forestier, visant à favoriser les affaires dans des secteurs clés comme les mines, l'agriculture, la foresterie et les hydrocarbures.

Pour stimuler davantage les investissements majeurs, la RDC a adopté en 2014 la loi N°13/005, instaurant un régime fiscal, douanier, parafiscal et de change préférentiel pour les conventions de collaboration et projets de coopération, incitant ainsi à la revitalisation des secteurs moteurs de l'économie.

Cependant, des interprétations divergentes dans l'application des règles douanières ont conduit les autorités congolaises à adapter leur cadre juridique. Dans ce contexte, un régime douanier particulier a été instauré, conformément aux dispositions constitutionnelles, afin de rationaliser la perception des droits et taxes à l'importation et à l'exportation aux niveaux central et décentralisé.

§.1. Le régime douanier minier

1. Les assujettis

Conformément au Code minier de 2002, un régime douanier préférentiel visait à encourager l'activité minière[1], accordant des avantages tarifaires aux titulaires de droits de recherche ou d'exploitation, à leurs sous-traitants (sous contrat formel) et aux sociétés liées capitalistiquement. Les amodiataires[2] de titres miniers pouvaient également en bénéficier.

La réforme du Code minier en 2018[3] a restreint les bénéficiaires à : titulaires de droits miniers (permis d'exploitation, de recherche, d'exploitation de la petite mine ou des rejets), sous-traitants du secteur

---

[1] Articles 232 et 233 de la loi n°007/2002 du 11 juillet 2002 portant code minier.

[2] Selon l'article 1, point 4, de la loi n°007/2002 du 11 juillet 2002 portant code minier congolais, l'amodiation n'est rien d'autre qu'un louage, pour une durée déterminée ou indéterminée, sans faculté de sous-louage, de tout ou partie des droits attachés à un droit minier ou à une autorisation de carrière, moyennant une rémunération fixée par accord entre l'amodiant et l'amodiataire.

[3] La loi n°18/001 du 09 mars 2018.

minier[1], détenteurs d'autorisations de carrière permanente (hors matériaux de construction courants) et entités agréées pour le traitement des minerais. Sous conditions, les personnes ayant un contrat d'affermage sur un titre minier peuvent aussi en bénéficier.

Avant 2018, ces avantages étaient accordés pour toute la durée d'exploitation. La réforme a limité cette durée à six ans à compter de l'obtention du titre minier, ou à défaut, à trois ans à compter du démarrage effectif de la production et de l'exportation[2].

2. Le Taux Applicable

a) À l'importation

Le régime douanier préférentiel module les taux selon la nature des biens et la phase du projet minier. Les biens d'équipement pour les opérations minières et carrières permanentes sont taxés à 2% en phases initiales (recherche, construction, développement) et à 5% en phase d'exploitation (y compris les extensions). Les carburants et lubrifiants ont un taux unique de 5% durant tout le projet, tandis que les autres biens (pièces détachées, produits chimiques, etc.) sont soumis à 10%[3].

b) À l'exportation

L'exportation de substances minérales par les titulaires de titres miniers est en principe exonérée de droits de douane et autres taxes à l'exportation. Cependant, des redevances et frais administratifs, ne dépassant pas 1% de la valeur commerciale des produits exportés[4], sont applicables. L'exonération est conditionnée au respect de la réglementation. Les exportations frauduleuses ou irrégulières entraînent la perte de cet avantage et l'application des taux de droit commun.

En cas d'arrêt anticipé ou à terme d'un projet minier, le titulaire doit décider de réexporter les biens importés sous régime préférentiel (en informant les douanes et en effectuant les formalités) ou de les mettre à la consommation (en payant les droits et taxes sur leur valeur résiduelle, tenant compte de la dépréciation). Dans les deux cas, les

---

[1] Loi n°17/001 du 08 février 2017 fixant les règles applicables à la sous-traitance dans le secteur privé.

[2] Article 232 du code minier.

[3] Article 235 du code douanier.

[4] Article 234 du code minier.

administrations compétentes (douanes, recettes non fiscales, impôts, mines) doivent être informées de l'arrêt du projet et des mesures concernant les biens importés.

3. Procédure d'octroi des avantages douaniers

Pour bénéficier du régime douanier préférentiel à l'importation de marchandises destinées à l'exploitation minière, le titulaire d'un titre minier doit suivre la procédure établie par la législation minière congolaise.

Le titulaire doit d'abord établir une liste détaillée des catégories de biens ou marchandises concernées. Avant transmission au Ministre provincial des Mines, la Division provinciale des Mines compétente vérifie, notamment pour les demandes de carte d'exploitant artisanal, que le demandeur maîtrise la réglementation relative aux activités minières artisanales (protection de l'environnement, normes d'hygiène et de sécurité, Code de conduite). Une fois cette vérification effectuée, la Division provinciale des Mines peut transmettre au Ministre provincial des Mines la demande d'approbation de la liste des biens à importer sous régime préférentiel. Cette liste doit recenser exhaustivement tous les biens mobiliers, équipements et intrants nécessaires aux opérations minières.

Toute personne souhaitant bénéficier de ce régime (titulaire de droits miniers, entreprise exploitant des carrières, entité de traitement ou sous-traitant) doit adresser une demande d'approbation au Ministre des Mines, en deux exemplaires, à déposer auprès du Secrétariat de la

Commission Interministérielle[1] d'approbation des Listes, avec une copie simultanée au Ministre des Finances[2].

La demande doit inclure :

a) Une liste des biens à importer précisant la quantité, la valeur unitaire estimée et l'étape du projet concernée ;

b) Les copies certifiées conformes des documents attestant les droits d'exploitation minière (titre minier, autorisation d'exploitation de carrières, agrément d'entité de traitement) ;

c) Un planning des travaux, un budget détaillé et une justification précise du lien entre les importations et les besoins du projet minier, avec une attention particulière pour les consommables (carburant, réactifs, produits d'entretien) ;

d) La preuve que des biens équivalents en quantité, qualité, prix, conditions de livraison et de paiement n'ont pu être trouvés sur le marché national ;

e) Pour les sous-traitants, une copie du contrat de prestation avec le titulaire des droits miniers.

Lors du dépôt, le Secrétariat de la Commission Interministérielle enregistre la demande et remet un récépissé au demandeur. La

---

[1] La Commission Interministérielle est composée de quatorze membres qui sont désignés par arrêté interministériel conjoint des ministres chargés des Mines et des Finances, sur proposition des différents ministères et services concernés. La composition de cette commission reflète la multidisciplinarité des enjeux liés au secteur minier. Elle comprend notamment :

Un délégué du Cabinet du Premier Ministre, chargé de veiller à la cohérence des décisions de la commission avec les orientations gouvernementales ;

Six délégués issus des différents services du ministère, dont le directeur général des Mines, afin d'assurer une expertise technique approfondie dans tous les domaines de l'activité minière ;

Des délégués du Ministère des Finances, de la Direction Générale des Douanes et Accises, du Ministère de la Défense Nationale, de la Banque Centrale du Congo, de l'Office Congolais de Contrôle et de l'Agence Nationale de Promotion et des Investissements sont également membres de la commission, afin de prendre en compte les aspects financiers, sécuritaires, monétaires et économiques liés au secteur minier.

Il faut préciser que chaque membre de la commission dispose d'un suppléant, chargé de le remplacer en cas d'absence ou d'empêchement.

[2] Article 512du règlement minier du juin 2018.

Commission Interministérielle examine la liste[1], vérifiant la nécessité des biens pour l'exploitation minière et leur conformité au régime préférentiel. Elle rend une décision motivée dans un délai maximum de soixante jours ouvrables à compter de la réception. Sans réponse dans ce délai, la liste est réputée approuvée.

Une fois approuvée, la liste est transmise à l'administration des douanes, qui accorde le régime préférentiel aux importations correspondantes. Le récépissé de dépôt vaut autorisation d'importer sous conditions préférentielles. En cas de refus, la Commission notifie sa décision motivée au demandeur. Le régime préférentiel s'applique uniquement aux biens explicitement listés et approuvés ; les autres importations sont soumises au régime douanier de droit commun.

Pour un projet d'extension, le titulaire doit solliciter une autorisation d'avis conforme auprès du cadastre minier, accompagnée d'un avis technique de la direction des mines et d'un avis environnemental de la direction de l'environnement minier.

4. Cas particuliers du régime douanier minier

Pour faciliter l'exploitation minière, un régime d'admission temporaire permet l'importation en franchise de droits de douane des biens, équipements et matériels nécessaires. Cette exonération est conditionnée à l'engagement de réexporter ces biens après utilisation. L'administration douanière accorde généralement une autorisation initiale de six mois, renouvelable deux fois pour la même durée, adaptable selon les spécificités du projet[2].

Les biens sous régime d'admission temporaire sont considérés en transit et ne peuvent être cédés ou mis en consommation sur le marché intérieur sans autorisation douanière. Toute infraction expose à des

---

[1] Au terme de l'article 517 du règlement minier, la Commission Interministérielle a pour mission de :
Veiller à ce que la liste des biens pour lesquels le titulaire sollicite le bénéfice du régime douanier privilégié ne comprenne que les biens a vocation strictement minière prévus a chaque phase du projet conformément aux dispositions de l'article 225 alinéa 4 du Code minier et qui sont non-obsolètes et susceptibles de contribuer au développement du projet minier du titulaire ;
Emettre les avis sur l'importation des biens repris sur les listes dont question à l'article précèdent ;
Tenir les statistiques relatives au montant des investissements destinés aux importations des biens et équipements dans le secteur minier.
[2] Article 59 du règlement minier.

sanctions financières. En cas d'autorisation de mise en consommation, l'importateur doit acquitter les droits et taxes sur la valeur résiduelle des biens, déterminée par leur dépréciation depuis l'Importation.

En cas d'arrêt anticipé ou à terme d'un projet minier, deux options s'offrent pour les biens importés sous régime préférentiel :

- Le titulaire peut réexporter les biens après en avoir informé les autorités douanières et accompli les formalités requises ;
- Mise en consommation : S'il souhaite conserver les biens, il doit procéder à leur mise en consommation en payant les droits et taxes douaniers sur leur valeur résiduelle[1].

L'exportation d'échantillons de substances minérales pour analyses ou essais métallurgiques et industriels est exonérée de droits de douane et autres taxes à l'exportation. Cette exonération est soumise aux conditions suivantes : les échantillons ne doivent pas être vendus, directement ou indirectement, et doivent être exclusivement destinés à des analyses ou essais techniques[2].

§.2. Le régime douanier des hydrocarbures

Le sous-sol de la République Démocratique du Congo recèle un potentiel considérable en hydrocarbures, concentré principalement dans trois bassins sédimentaires : le bassin côtier, la cuvette centrale et la branche occidentale du grand rift est-africain. Face au double défi de valoriser ces ressources et de satisfaire une demande énergétique croissante, la RDC a promulgué en 2015 la loi n°15/012 portant régime général des hydrocarbures[3].

Ce cadre législatif est complété par le décret n°16/010 du 19 avril 2016 portant règlement d'hydrocarbures, qui régit les activités de raffinage, de transport, de stockage et de distribution des produits pétroliers. Cette étape a permis de maintenir la sécurité énergétique et d'améliorer la valeur ajoutée de la filière.

---

[1] Dans les deux cas, le titulaire doit informer l'administration douanière de l'arrêt du projet et des mesures envisagées pour les biens importés.

[2] Article 527 du règlement minier.

[3] Ce code établit un nouveau cadre juridique, en accord avec les articles 9 et 202, alinéa 36 de la Constitution, pour stimuler la recherche, l'extraction et l'exploitation des hydrocarbures, visant à évaluer précisément les réserves et à assurer une répartition équitable des revenus.

L'introduction de tout produit pétrolier sur le territoire national est soumise à un régime de consignation[1]. Seuls les opérateurs agréés par le ministre des Hydrocarbures sont autorisés à acquérir des produits pétroliers importés, sous régime douanier, restant sous contrôle douanier jusqu'à leur livraison finale[2]. Cette obligation de livraison ex-dépôt impose aux importateurs agréés de mettre les produits à disposition des consommateurs finaux.

La réglementation distingue plusieurs catégories d'autorisations, basées sur les volumes manipulés :

a) Permis (petits opérateurs, délivrés par le Secrétaire général) :

- Catégorie A : 5 001 à 10 000 m^3 ;
- Catégorie B : 1 000 à 5 000 m^3 (hors lubrifiants pour les volumes inférieurs à 5 000 m^3).

b) Autorisations (grands opérateurs, délivrées par le Ministre) :

- Catégorie A : Supérieur à 100 000 m^3.
- Catégorie B : 50 001 à 100 000 m^3.
- Catégorie C : 10 001 à 50 000 m^3[3].

Les autorisations d'importation et de commercialisation sont nationales, valables initialement douze mois et renouvelables sous conditions légales. Les sociétés bénéficiaires font l'objet d'une évaluation annuelle (volumes importés et commercialisés) et leurs activités sont encadrées techniquement et administrativement[4]. Elles doivent respecter scrupuleusement la législation (importation et change), fournir des statistiques mensuelles détaillées, maintenir des stocks suffisants et faciliter le contrôle de leurs activités par l'administration, en vertu d'une obligation de transparence.

1. Conditions administratives pour les personnes physiques

Pour obtenir un permis d'importation et de commercialisation de produits pétroliers, toute personne physique doit constituer un dossier en deux exemplaires comprenant :

---

[1] Tout produit pétrolier (essence, diésel, fioul, etc.) qui entre sur le territoire national est soumis à un régime de consignation c'est-à-dire il est soumis à système de suivi et de contrôle mis en place par l'administration douanière.

[2] Article 106 de la loi 15/012 du 1er août 2015 portant régime général des hydrocarbures.

[3] Article 199 du règlement d'hydrocarbures.

[4] Article 164 du règlement d'hydrocarbures.

- Une pièce d'identité officielle du requérant ou de son représentant légal ;
- Un extrait du Registre du Commerce et du Crédit Mobilier (RCCM) ou une patente, selon le statut juridique ;
- Des informations précises sur la zone géographique d'activité ;
- Deux photographies d'identité récentes.

Après dépôt, le Secrétaire Général examine le dossier, qu'il complète avec une fiche de renseignements administratifs et un rapport de constat de bureau. En cas de dossier incomplet ou non conforme, le requérant est notifié par écrit et dispose de quinze jours ouvrables pour régulariser sa situation, faute de quoi la demande est considérée comme abandonnée[1].

Le renouvellement du permis doit être sollicité au moins quarante-cinq jours avant son expiration, avec les données statistiques des volumes manipulés l'année précédente et une copie du permis actuel. L'administration vérifie le respect des obligations avant de délivrer le nouveau permis.

2. Régime douanier des activités d'hydrocarbures en amont

En principe, les importations et exportations du contractant sont soumises au régime douanier général. Cependant, des exceptions concernent spécifiquement le secteur pétrolier. Les biens importés ou exportés exclusivement pour les activités pétrolières bénéficient d'un régime douanier particulier, tout comme l'exportation du pétrole brut, en raison de son importance stratégique.

Les amendes et pénalités dues au non-respect des dispositions douanières ne sont pas considérées comme des coûts pétroliers et restent à la charge du contractant. Les équipements et matériaux nécessaires à l'exploration et à la production d'hydrocarbures sont importés en franchise totale de droits et taxes (droits de douane, TVA, autres taxes à l'importation) [2]. L'administration des douanes peut effectuer des contrôles inopinés pour vérifier l'utilisation conforme de ces biens. Toute utilisation détournée expose le contractant à des sanctions, y compris le reversement des droits et taxes non perçus. Le régime de franchise peut être étendu à de nouveaux biens si leur usage est comparable aux équipements existants.

---

[1] Article 206 du règlement d'hydrocarbures.

[2] Article 142 de la loi portant régime général des hydrocarbures.

Les biens importés sous ces régimes dérogatoires doivent être strictement utilisés aux fins pour lesquelles ils ont été introduits. Tout changement d'affectation, échange ou cession doit être notifié à l'administration des douanes pour les formalités nécessaires et l'acquittement des droits et taxes dus.

Les activités du contractant bénéficient d'une exonération totale des droits et taxes à l'exportation pour :

- Les échantillons de carottes, d'hydrocarbures bruts et de produits chimiques destinés à des analyses ou études ;
- Les biens importés en franchise, lors de leur réexportation ;
- Les équipements et matériaux exportés temporairement pour des opérations pétrolières (échanges sous garantie, réparations) ;
- Les hydrocarbures bruts produits sur le territoire national.

3. Régime douanier des activités d'hydrocarbures en aval

Le secteur des hydrocarbures en aval[1] est soumis à un régime douanier spécifique. En principe, toutes les activités de ce secteur, à l'exception notable de la fourniture de produits pétroliers, sont soumises au régime douanier de droit commun. Cela signifie que les entreprises exerçant ces activités sont assujetties aux mêmes droits de douane que les autres entreprises opérant dans le pays.

En complément de ces impositions générales, une redevance[2] spécifique est instaurée pour les activités liées aux canalisations d'hydrocarbures. Le montant de cette redevance est déterminé par deux textes réglementaires notamment le règlement d'hydrocarbures et le contrat conclu entre l'État et l'entreprise exploitante.

---

[1] c'est-à-dire l'ensemble des activités liées à la transformation, au transport, au stockage et à la distribution des produits pétroliers,

[2] Cette redevance, qui rémunère l'occupation du domaine public, est perçue pour compenser l'utilisation des sols et du sous-sol nécessaires à l'installation et à l'exploitation de ces infrastructures.

Chapitre IV. La dette douanière

Dans ce chapitre, nous définirons précisément les notions de dette douanière et en étudierons les caractéristiques juridiques ainsi que les différents types de dettes douanières (Section I). Nous nous pencherons sur la sureté de la dette douanière (Section II). Nous étudierons les différentes formes de garanties et les conditions de leur constitution. Nous analyserons également les obligations incombant au débiteur et au créancier en matière de garantie, ainsi que les modalités de maintien, d'adaptation et de libération de la garantie. Par ailleurs, nous examinerons les causes de naissance de la dette douanière (Section III). Enfin, nous aborderons les procédures de recouvrement de la dette douanière (Section IV).

Section I. Caractéristiques et types de la dette douanière

§.1. Détermination de la dette douanière

La dette douanière est une obligation monétaire de nature fiscale, spécifique au commerce international (import/export). Elle naît de l'acte commercial et finance l'État. Juridiquement, c'est une obligation de donner au profit du Trésor public[1], basée sur le principe de contribution des échanges internationaux aux dépenses publiques. Son caractère public confère à l'État un droit de contrainte efficace pour le recouvrement.

Le montant de la dette douanière est déterminé par les caractéristiques des marchandises déclarées lors de l'enregistrement sous le régime du perfectionnement actif. En cas de dette née d'une violation d'autorisation pour des marchandises en l'état ou transformées incomplètement, le montant est fixé selon les caractéristiques déclarées à l'entrée sous le régime de transformation. L'entreposeur est responsable de la dette en cas de disparition ou substitution des marchandises sous contrôle douanier.

[1] Article 5 point 13 du code douanes.

§.2. Différents types de dettes douanières

On distingue deux types de dettes douanières : la dette douanière normale (ou principale) et la dette douanière née d'une d'infraction.

1. Dette douanière normale

Nous savons sans doute que la dette douanière naît lors du respect des procédures douanières standard, c'est-à-dire lorsque les marchandises sont placées sous un régime douanier déterminé et que les conditions associées sont respectées. La dette douanière normale est une obligation financière imposée par la loi à tout opérateur économique souhaitant importer ou exporter des marchandises. En d'autres termes, il s'agit des droits de douane et taxes que les entreprises doivent acquitter pour faire entrer ou sortir leurs produits d'un pays[1].

Ces sommes sont généralement connues à l'avance par les opérateurs économiques, qui sont conscients de l'obligation de payer ces frais lors des opérations d'importation ou d'exportation. À l'importation, la dette douanière est due au placement de marchandises sous un régime douanier qui entraîne le paiement de droits et taxes à l'importation. À l'exportation, elle naît du placement de marchandises passibles de droits à l'exportation sous le régime de l'exportation. La dette douanière normale est composé justement des droits de douanes et les taxes indirectes, le cas de la TVA.

2. Dette douanière en cas d'infraction

La dette douanière peut également résulter d'une infraction commise par un opérateur économique. Par exemple, si une personne, consciente de son obligation de payer les droits de douane, tente de les éluder en utilisant des méthodes frauduleuses, les autorités douanières mettent en œuvre des moyens pour la détecter et la contraindre à s'acquitter de sa dette. Les infractions les plus courantes dans ce contexte sont la contrebande[2], la fausse déclaration et la sous-évaluation. La dette

---

[1] Jean Luc Albert, le droit douanier de l'Union européenne, Bruylant, paris, 2019, p. 263.

[2] Conformément à l'article 393 du Code des douanes, on entend par contrebande les importations ou exportations effectuées en dehors des bureaux de douane, ainsi que toute violation des dispositions de la législation douanière relatives à la détention et au transport des marchandises à l'intérieur du territoire douanier.

douanière en cas d'infraction se compose généralement des droits de douane, les taxes indirectes, les pénalités, et les intérêts de retard.

Section II. De la sureté de la dette douanière

§.1. La portée de la sureté en droit congolais

La sûreté, visant à prémunir le créancier de l'insolvabilité du débiteur, confère à ce dernier des droits spécifiques pour obtenir son paiement. L'Acte Uniforme OHADA la définit comme « *l'affectation au bénéfice d'un créancier d'un bien, d'un ensemble de biens ou d'un patrimoine afin de garantir l'exécution d'une obligation...* »[1]. Dans ce livre, les termes "sûreté" et "garantie" seront considérés comme synonymes. La sûreté douanière est un mécanisme par lequel le législateur congolais assure le recouvrement des droits de douane dus à l'État, en exigeant une garantie financière lorsque le paiement est jugé risqué. Le débiteur principal, responsable du paiement (tel l'importateur), peut solliciter un tiers (banque, assurance) pour se porter garant.

§.2. Principe d'unicité et modalités de la garantie douanière

En principe, une seule garantie est requise par dette douanière, excepté pour l'État et ses subdivisions. Toutefois, pour simplifier les opérations régulières, une garantie unique peut couvrir plusieurs transactions sur demande écrite. Le montant de la garantie, déterminé pour couvrir les dettes présentes ou futures, est soit égal au montant exact de la dette connue, soit estimé par le receveur des douanes pour les dettes indéterminées. Pour une garantie globale, le montant doit constamment couvrir le total des dettes douanières, évoluant ainsi avec les opérations.

§.3. Les différentes formes de suretés

En droit, on distingue deux catégories de garanties ou sûretés : les sûretés personnelles et les sûretés réelles. L'article 4 alinéa 2 de l'Acte

---

[1] Article 1 de l'Acte Uniforme OHADA portant organisations des suretés.

uniforme portant organisation des sûretés (AUS) définit les sûretés réelles comme conférant au créancier soit un droit de préférence sur le prix de vente d'un bien affecté en garantie[1], soit le droit de recouvrer la libre disposition d'un bien dont il est propriétaire à titre de garantie. Bien que l'AUS ne consacre pas un titre spécifique aux sûretés réelles, contrairement aux sûretés personnelles, il contient des dispositions régissant tant les sûretés mobilières qu'immobilières. L'article 4 alinéa 2 précise que, sauf disposition contraire, seules les sûretés réelles régies par l'AUS sont valablement constituées, établissant ainsi un *numerus clausus*[2] interdisant la création de nouvelles sûretés réelles par les législateurs nationaux ou les parties, sauf autorisation expresse.

Concernant les sûretés personnelles sont définit comme "l'engagement d'une personne de répondre de l'obligation du débiteur principal en cas de défaillance de celui-ci ou à première demande du bénéficiaire de la garantie"[3]. Elles permettent au débiteur d'offrir un second débiteur au créancier, réduisant ainsi le risque de défaillance par la multiplication des personnes et des patrimoines pouvant répondre de la dette. Le droit OHADA réglemente principalement deux sûretés personnelles : le cautionnement et la garantie autonome[4] (anciennement dénommée lettre de garantie[5]).

§.4. La constitution de la garantie

La garantie douanière, exigée pour assurer le paiement des droits et taxes, peut être constituée par un dépôt en espèces ou une caution. Le choix du mode de constitution revient au débiteur, sous réserve de l'approbation de l'administration douanière, afin de garantir l'effectivité du paiement de la dette douanière[6].

---

[1] Article 4 alinéa 2 de l'Acte Uniforme OHADA portant organisation des sûretés.

[2] Nombre fermé.

[3] Article 4 alinéa 1 AUS.

[4] La garantie autonome est née de la pratique bancaire internationale dans les années 1960. L'idée était de créer une puissante garantie de paiement, détachée du contrat de base, qui ne soit pas cependant aussi contraignante pour le débiteur que la consignation d'une somme d'argent, c'est-à-dire un gage espèce.

[5] Ch. Albiges et M.-P. Dumont-Lefrand, *Droit des sûretés, 2e éd., Dalloz, coll. « HyperCours », 2009, n° 224 s.*

[6] Article 292 du code des douanes.

1. Dépôt en espèces

Le dépôt en espèces s'effectue en monnaie ayant cours légal en République Démocratique du Congo[1]. Un chèque certifié par l'établissement émetteur est assimilé à un dépôt en espèces. Tout autre moyen de paiement reconnu par la douane peut également être accepté.

2. Caution

La caution[2], personne physique ou morale établie, s'engage solidairement à payer la dette douanière en cas de défaillance du débiteur principal. Cet engagement doit être formalisé par écrit. Le créancier douanier peut s'adresser indifféremment au débiteur ou à la caution, sans obligation de poursuivre préalablement le débiteur. Le receveur des douanes peut accepter ou refuser la caution proposée en fonction de sa solvabilité et de sa capacité à garantir le paiement. Bien que le choix initial du mode de garantie revienne au débiteur, le receveur des douanes peut refuser un mode incompatible avec le bon fonctionnement du régime douanier et peut imposer une durée minimale de maintien de la garantie pour assurer le recouvrement des droits et taxes.

§.5. Adaptabilité et libération de la garantie douanière

Le régime de la garantie douanière est adaptable à l'évolution financière du débiteur et aux variations de la dette. Soumise à un suivi régulier des autorités douanières pour assurer son efficacité, elle peut être ajustée en cas d'insuffisance. Si la garantie initiale ne couvre plus le montant de la dette, une garantie complémentaire ou un remplacement peut être exigé du débiteur. Cette adaptation est motivée par une augmentation de la dette, une dégradation de la situation financière du garant, ou tout autre élément compromettant la solidité de la garantie. La garantie demeure en vigueur jusqu'au paiement intégral de la dette ou tant qu'un risque de nouvelle dette subsiste. Une fois la

---

[1] Article 296 du code des douanes.

[2] L'article 297 du code des douanes dispose que la caution est une tierce personne établie en République Démocratique du Congo qui s'engage, par écrit, à payer solidairement avec le débiteur le montant garanti de la dette douanière dès que le paiement devient exigible, sans pouvoir invoquer le bénéfice de discussion.

dette acquittée et tout risque écarté, la garantie est libérée sans délai[1]. Une libération partielle peut être accordée pour un montant justifié en cas de paiement partiel ou de diminution du risque.

Section III. La naissance de la dette douanière

§.1. À l'importation

La dette douanière naît de deux mécanismes principaux : les formalités douanières régulières et les introductions irrégulières de marchandises[2].

a) Formalités douanières régulières

La mise en libre pratique d'une marchandise, soit son introduction sur le marché intérieur, soumet généralement à l'acquittement de droits et taxes. La dette douanière prend naissance lors de l'enregistrement de la déclaration en douane, acte par lequel l'importateur sollicite la mise à la consommation. Même les régimes préférentiels peuvent entraîner une dette complémentaire en cas de non-respect de leurs conditions.

b) Introduction irrégulière de marchandises

L'introduction irrégulière de marchandises[3] sur le territoire douanier, qu'elle soit clandestine ou par transfert illégal depuis une zone franche, constitue une infraction douanière. Elle engendre une dette visant à sanctionner le contrevenant et à recouvrer les droits et taxes éludés. La responsabilité peut incomber à l'auteur, ses complices, ou les acquéreurs/détenteurs de mauvaise foi[4].

---

[1] Article 300 du code des douanes.

[2] Article 301 du code des douanes.

[3] L'introduction irrégulière de marchandises est toute action d'importer des biens qui omet, contrevient ou ne se conforme pas aux formalités et aux obligations établies par le code en matière d'importation.

[4] La notion de mauvaise foi implique que l'acquéreur ou le détenteur des marchandises avait conscience du caractère illégal de leur introduction sur le territoire douanier. En d'autres termes, une personne de mauvaise foi est celle qui savait, ou aurait dû raisonnablement savoir, que les marchandises qu'elle a acquises ou qu'elle détient ont été introduites en fraude, c'est-à-dire en violation des réglementations douanières.

§.2. À l'exportation

La dette douanière à l'exportation est une obligation financière qui survient lorsque des marchandises quittent le territoire douanier et sont soumises à des droits et taxes. Le moment de sa naissance et les responsables varient selon la régularité de la sortie et le respect des formalités[1].

En cas de sortie régulière avec déclaration en douane, la dette naît à l'enregistrement de celle-ci, l'événement déclencheur étant la sortie de marchandises taxables.

En cas de sortie irrégulière sans déclaration, la dette apparaît au moment où les marchandises franchissent le territoire douanier, l'événement déclencheur étant cette sortie. La responsabilité incombe à l'auteur et ses complices.

Le non-respect des conditions d'exonération (totale ou partielle[2]) des droits et taxes entraîne également une dette. L'événement déclencheur est l'utilisation non conforme ou le dépassement du délai de justification, la dette naissant alors[3].

Bien que des régimes préférentiels (franchises, exonérations) puissent s'appliquer, une infraction douanière remet en cause leur bénéfice. Pour le maintenir malgré une dette, l'intéressé ne doit avoir commis ni fraude ni négligence manifeste et doit prouver le respect des autres conditions du régime. La bonne foi est essentielle ; toute manœuvre frauduleuse ou négligence entraîne la perte du régime.

En cas de pluralité de responsables, ils sont solidairement tenus au paiement de la dette. Chaque débiteur peut être poursuivi pour la totalité de la somme.

Le montant des droits et taxes est déterminé par les caractéristiques de la marchandise au moment de la naissance de la dette. Si ce moment

---

[1] Article 309 du code des douanes.

[2] Si une marchandise a été exportée hors du territoire douanier avec une exonération totale ou partielle de droits et taxes, et qu'elle atteint une destination autre que celle qui justifiait cette exonération, c'est le déclarant qui sera tenu responsable de la dette douanière.

La dette naît au moment où la marchandise parvient à cette destination non conforme. Si la douane ne peut pas déterminer ce moment exact, la dette est considérée comme née à l'expiration du délai fixé pour que le déclarant fournisse la preuve que les conditions d'exonération ont été respectées.

[3] Article 311 du code des douanes.

est incertain, la douane considère la date de constatation, sauf si elle dispose d'éléments prouvant une date antérieure, qui sera alors retenue pour la taxation.

Section IV. Le recouvrement de la dette douanière

§.1. La compétence du receveur et liquidation

Le receveur des douanes est l'agent fiscal chargé de liquider (calculer le montant exact) et de recouvrer les droits et taxes dus lors d'opérations douanières. Compétent territorialement selon le lieu de l'opération, il liquide les droits et taxes liés à une dette douanière. Après liquidation, enregistrée dans les registres, il doit communiquer le montant au débiteur.

Le receveur des douanes est personnellement responsable des erreurs financières qu'il commet lorsqu'il calcule, enregistre ou perçoit les taxes et droits de douane[1]. Cette responsabilité s'applique si ses erreurs causent un préjudice financier à l'État (le trésor public) ou à d'autres entités pour lesquelles la douane effectue ces opérations (comme d'autres administrations ou organismes publics lors d'importations ou d'exportations)[2].

§.2. Règlement et recouvrement

Généralement, le débiteur dispose d'un délai pour payer les droits et taxes après en avoir été informé. Ce délai varie selon la marchandise et le régime douanier. Le non-respect de ce délai entraîne des pénalités de retard et potentiellement des poursuites.

Des facilités de paiement, comme un report (sous conditions de garantie, frais et délai maximal de 30 jours) ou un paiement échelonné, peuvent être accordées sur demande[3]. Le paiement peut s'effectuer en espèces (moins courant), par virement bancaire, carte de crédit ou tout autre moyen libératoire. Toute procédure de constatation, liquidation ou recouvrement non conforme est nulle et n'annule pas la dette. Le

---

[1] Article 316 du code des douanes.
[2] Article 351 du code des douanes.
[3] Article 321 du code des douanes.

débiteur peut payer sa dette anticipativement, et un tiers peut le faire à sa place.

En cas de non-paiement dans les délais, le receveur des douanes engage des mesures de recouvrement forcé[1], avec intérêts et pénalités. L'administration fiscale peut prendre des mesures conservatoires, notamment retenir la marchandise jusqu'au paiement intégral ou à la constitution d'une garantie.

§.3. La saisie conservatoire en douane

Une saisie conservatoire est une mesure préventive permettant de bloquer temporairement les biens d'un débiteur[2]. En droit douanier congolais, un mécanisme similaire existe principalement via l'avis à tiers détenteur. Cet avis permet aux autorités douanières de garantir le recouvrement des droits, taxes et amendes impayés.

Selon la loi congolaise[3], dès la liquidation des droits et taxes, le receveur des douanes doit émettre un avis de mise en recouvrement au déclarant sous trois jours, l'informant du montant dû. Ensuite, sous quinze jours, un avis à tiers détenteur est notifié à toute personne détenant des fonds pour le compte du déclarant, du propriétaire de la marchandise ou de l'opérateur économique concerné[4].

L'avis à tiers détenteur est émis suite à un contentieux douanier ou en cas de créances douanières impayées. Il est notifié en trois exemplaires (original au tiers, copie conservée, accusé de réception à la douane, et copie au débiteur). Cet acte administratif permet le recouvrement forcé des créances douanières privilégiées en cas de dettes, de fraudes ou d'exécution de décisions contentieuses. Il peut être adressé aux banques, établissements financiers, employeurs (dans la limite saisissable) et dirigeants de sociétés.

---

[1] Le recouvrement forcé est l'ensemble des procédures légales mises en œuvre par un créancier pour obtenir le paiement d'une dette lorsque le débiteur ne s'acquitte pas volontairement de ses obligations. Il s'agit d'une exécution contrainte des obligations du débiteur. En droit congolais, le recouvrement forcé est principalement régi par l'Acte Uniforme portant organisation des procédures simplifiées de recouvrement et des voies d'exécution.

[2] Article 54 de l'Acte uniforme sur les Procédures Simplifiées de Recouvrement et des Voies d'Exécution.

[3] L'article 12 de la loi de finances n° 18/025 du 13 décembre 2018.

[4] L'article 18 de la Loi de finances n° 22/071 du 28 décembre 2022 pour l'exercice 2023.

Avant l'émission de l'avis, une mise en demeure avec un délai de huit jours ouvrables pour payer est envoyée au débiteur. Après notification de l'avis, le tiers détenteur doit déclarer les fonds détenus sous trois jours et les verser au Trésor public[1]. À défaut, il devient responsable de la dette. Enfin, le receveur des douanes a un droit de rétention sur les marchandises jusqu'au paiement complet des sommes dues[2].

§.4. Extinction de la dette douanière

L'extinction de la dette douanière met fin à l'obligation de payer les droits et taxes. Plusieurs mécanismes existent :

- Paiement intégral des droits et taxes (en espèces, virement, etc.) ;
- Remise du montant dû ;
- Destruction de la marchandise constatée par la douane avant mainlevée ;
- Confiscation de la marchandise (sanction pénale entraînant le transfert de propriété à l'État) ;
- Retrait de la déclaration si le régime douanier n'implique pas de paiement ;
- Vente aux enchères publiques de la marchandise abandonnée (le produit servant à payer la dette).
- Prescription[3] ;
- Transfert de propriété par transaction douanière de marchandises litigieuses retenues ou saisies[4].

Le paiement est le mode le plus fréquent. La destruction sous contrôle douanier éteint la dette par disparition de l'objet taxable. La confiscation, bien qu'éteignant la dette, peut s'accompagner de poursuites pénales. Le retrait de déclaration est possible si aucun droit n'est exigible. La vente aux enchères utilise le produit pour régler la dette. La prescription survient après un délai légal. Il sied de préciser qu'en matière pénale, la confiscation ne signifie pas toujours

[1] À défaut de paiement par le tiers détenteur dans le délai imparti, celui-ci se substitue au débiteur dans ses obligations envers le Trésor public, conformément aux dispositions de l'article 77 de la loi n° 004/2003 du 13 mars 2003

[2] L'article 11 de la Loi de finances n° 21/029 pour l'exercice 2022.

[3] Le délai est de trois ans selon l'article 369 du code des douanes.

[4] Article 358 du code des douanes.

l'extinction de la dette si celle-ci sert de base à des sanctions ou poursuites pénales[1].

§.5. Le remboursement et la remise des droits et taxes

Le remboursement est la restitution totale ou partielle de droits et taxes déjà payés, lorsqu'il est établi qu'ils n'étaient pas légalement dus au moment du paiement. La remise est la décision de ne pas percevoir tout ou partie de droits et taxes qui auraient dû être payés, s'il est prouvé que la dette n'était pas légalement due lors de sa liquidation[2].

Un remboursement ou une remise est accordé si le paiement ou la liquidation a été effectué par erreur[3] à condition que l'erreur ne soit pas due à une manœuvre de l'intéressé. La demande écrite doit être déposée au bureau de douane concerné dans les trois ans suivant l'enregistrement de la déclaration (sauf cas de force majeure). La décision revient généralement au directeur général des douanes, mais le chef de bureau peut accorder un remboursement ou une remise en cas de retrait de déclaration.

Pour les marchandises défectueuses ou non conformes, une demande doit être faite sous 90 jours, accompagnée des justificatifs (contrat, factures, etc.)[4]. Le remboursement/remise est possible si les marchandises présentent un défaut, ont été refusées par le destinataire avant mainlevée, n'ont pas été utilisées (sauf inspection), et sont réexportées ou détruites. Un remboursement est également prévu si des marchandises importées ou exportées n'ont pu être livrées et doivent être réexportées ou réimportées, sous conditions et délais spécifiques. De même, un exportateur renonçant à l'exportation peut obtenir un remboursement ou une remise.

---

[1] Article 328 du code des douanes.

[2] Article 329 du code des douanes.

[3] Il s'agit de l'application incorrecte de la loi, erreur de calcul, modification législative ultérieure,

[4] Article 332 al. 5 du code des douanes.

QUATRIEME PARTIE : LE LIBRE-ECHANGE

Le libre-échange a depuis des décennies suscité un vif intérêt au sein de la communauté internationale, en particulier en Afrique. Ces dernières années ont été marquées par une dynamique sans précédent, culminant avec la ratification du protocole instituant la Zone de Libre-Échange Continentale Africaine (ZLECAf). Cette ambition panafricaine s'est inscrite dans une longue histoire d'intégrations régionales et sous-régionales, témoignant de la volonté des pays africains de s'affranchir des contraintes liées à la fragmentation des marchés et de saisir les opportunités offertes par une plus grande ouverture commerciale. Or, le libre-échange ne saurait être dissocié du droit douanier. En effet, la libéralisation des échanges impliquera nécessairement une révision des régimes douaniers nationaux. C'est pourquoi il est indispensable d'analyser les interactions entre ces deux notions, afin de mieux comprendre les enjeux et les défis liés à la mise en œuvre de la ZLECAf. Cette partie se propose d'explorer en profondeur les dimensions théoriques, pratiques et les implications de la ZLECAf, en prenant pour exemple la République Démocratique du Congo. Nous commencerons par présenter la Zone de Libre-Échange Continentale Africaine (ZLECAf) (Chapitre I). Nous aborderons ensuite les aspects pratiques du commerce des marchandises dans le cadre de la ZLECAf (Chapitre II), en analysant les défis et les opportunités qui se présentent aux entreprises et aux États membres. Enfin, nous étudierons en les impacts de la ZLECAf sur la RDC (Chapitre III), en évaluant à la fois les bénéfices potentiels et les risques encourus.

Chapitre I. La Zone de Libre-Échange Continentale Africaine

Ce chapitre a pour objectif de fournir une compréhension approfondie de la Zone de Libre-Échange Continentale Africaine (ZLECAf). Nous explorerons les différents aspects de cette initiative panafricaine, de ses origines à son fonctionnement actuel. Nous retracerons tout d'abord les origines de la ZLECAf (section I), en mettant en lumière les facteurs ayant motivé sa création et les principales étapes des négociations qui ont mené à son adoption. Nous nous intéresserons ensuite au cadre institutionnel (section II), en analysant les rôles respectifs des différents organes décisionnels et de mise en œuvre. Nous examinerons comment la ZLECAf s'articule avec les communautés économiques régionales existantes en Afrique (section III).

Section I. La naissance de la ZLECAf

§.1. Emergence de la mise en place du libre-échange

En 2012, l'Assemblée des chefs d'État et de gouvernement de l'Union africaine (UA), succédant à l'Organisation de l'unité africaine (OUA), a approuvé le principe d'une zone de libre-échange continentale. Cette initiative s'est concrétisée en janvier 2015 avec le lancement par l'UA de l'« Agenda 2063 : L'Afrique que nous voulons »[1], une vision et un plan d'action quinquennal pour le développement du continent. Cette zone est ainsi devenue un projet phare du premier plan décennal de mise en œuvre de cet agenda. Les négociations en vue d'un accord de libre-échange (ALE) ont été lancées en juin 2015 lors de la réunion des chefs d'État et de gouvernement de l'UA. La première phase des discussions a porté sur le commerce des

[1] L'« Agenda 2063 : L'Afrique que nous voulons » est un cadre stratégique visant à atteindre une Afrique prospère, pacifique et intégrée, s'appuyant sur le potentiel de sa population et jouant un rôle dynamique sur la scène mondiale. Il comprend sept aspirations couvrant divers aspects du développement socio-économique et de la gouvernance.

biens et des services, tandis que la seconde a abordé l'investissement, les droits de propriété intellectuelle et la politique de concurrence. En janvier 2018, l'UA a officiellement adopté la dénomination Zone de libre-échange continentale africaine (ZLECAf). L'accord établissant la ZLECAf a ensuite été adopté le 21 mars 2018 à Kigali[1], au Rwanda, lors de la session extraordinaire de la Conférence de l'UA[2].

§.2. Le champ d'application de la ZLECAf

La Zone de Libre-Échange Continentale Africaine (ZLECAf) est régie par quelques principes fondamentaux :

- Action conduite par les États membres de l'Union africaine ;
- Les Zones de libre-échange des Communautés Economiques Africaines comme piliers de la ZLECAf ;
- Géométrie variable[3] ;
- Flexibilité et traitement spécial et différencié[4] ;
- Transparence et diffusion de l'information;

---

[1] L'entrée en vigueur de l'accord est survenue le 30 mai 2019 à Addis-Abeba, en Éthiopie, suite au dépôt du de l'instrument de ratification par la République sahraouie le 29 avril 2019.

[2] Union africaine, *Accord établissant la Zone de libre-échange continentale africaine (ZLECAf)*, 21 mars 2018, ainsi que les décisions et déclarations pertinentes de l'Assemblée de l'Union africaine, notamment la Décision de janvier 2012 sur l'établissement d'une Zone de libre-échange continentale et l'adoption de l'Agenda 2063 en janvier 2015.

[3] Ce principe implique que tous les États membres ne sont pas tenus d'avancer au même rythme ni d'adopter les mêmes disciplines de la ZLECAf simultanément sur tous les sujets. Certains peuvent être prêts à s'intégrer plus rapidement ou plus profondément dans certains domaines que d'autres.

[4] Ce principe est spécifiquement conçu pour tenir compte des besoins des pays les moins avancés (PMA) africains et potentiellement d'autres pays vulnérables. Il prévoit des dispositions leur accordant une flexibilité accrue dans la mise en œuvre de leurs engagements, ainsi qu'un traitement préférentiel.

- Préservation des acquis[1] ;
- Traitement de la nation la plus favorisée (NPF) ;
- Traitement national ;
- Réciprocité ;
- Libéralisation substantielle ;
- Consensus dans la prise de décision ; et
- Prise en compte des meilleures pratiques au sein des Communautés Economiques Africaines (CER)[2] et dans le cadre des conventions internationales applicables à l'union africaine.

Section II. Cadre institutionnel

Le cadre institutionnel pour la mise en œuvre, l'administration, la facilitation, le suivi et l'évaluation de la zone de libre-échange comprend les organes suivants :

- La conférence;
- Le conseil des ministres;
- Le comité des hauts fonctionnaires du commerce ; et
- Le secrétariat.

---

[1] Le principe de la préservation des acquis, fondamental comme les CER pour la ZLECAf, assure qu'aucun niveau de libéralisation ou d'intégration déjà atteint au sein d'une CER et entre ses membres ne soit réduit par la ZLECAf. Par exemple, en 2008, le COMESA a mis en place une zone de libre-échange élargie englobant les membres de la Communauté d'Afrique de l'Est (EAC) et de la Communauté de développement d'Afrique australe (SADC). Ainsi, si les échanges entre les pays membres du COMESA bénéficiaient déjà de tarifs douaniers inférieurs ou nuls avant l'entrée en vigueur de la ZLECAf, ils pourront maintenir ces conditions plus favorables, sans être contraints de revenir au niveau de libéralisation moins poussé de la ZLECAf.

[2] Les Communautés économiques régionales reconnues par l'Union africaine sont : l'Union du Maghreb arabe (UMA), le Marché commun de l'Afrique orientale et australe (COMESA), la Communauté des États sahélo-sahariens (CEN-SAD), la Communauté d'Afrique de l'Est (CAE), la Communauté économique des États de l'Afrique centrale (CEEAC), la Communauté économique des États de l'Afrique de l'Ouest (CEDEAO), l'Autorité intergouvernementale pour le développement (IGAD) et la Communauté de développement de l'Afrique australe (SADC).

§.1. La conférence

Au sein de l'Union Africaine (UA), la Conférence[1] est l'organe décisionnel suprême qui exerce un pouvoir de contrôle et de direction sur l'ensemble du fonctionnement de la Zone de Libre-Échange Continentale Africaine (ZLECAf). Ce contrôle s'étend notamment au Plan d'Action pour stimuler le commerce intra-africain (BIAT). La Conférence est l'unique instance habilitée à adopter les interprétations du traité instituant la ZLECAf. Ces interprétations ne peuvent être adoptées qu'après avis conforme du Conseil des ministres. Le mode de décision retenu pour l'adoption de ces interprétations est le consensus, ce qui signifie que tous les États membres doivent être d'accord.

§.2. Le conseil des ministres

Le Conseil des ministres[2] est chargé de prendre des décisions pour promouvoir les objectifs de l'accord portant création de la zone de libre-échange et travaille en étroite collaboration avec les autres organes de l'Union africaine. Il est composé des ministres africains responsables du commerce, ou de leurs représentants dûment mandatés par les États parties[3].

Il adopte les décisions nécessaires à l'application de l'Accord, qu'il s'agisse de mesures techniques, de politiques commerciales ou de mécanismes de résolution des différends. Le Conseil des ministres assure la coordination des actions des différents acteurs impliqués dans la ZLECAf, notamment les États membres, les institutions de l'Union africaine et les organisations régionales. Il supervise les travaux des comités et groupes de travail qu'il crée, ainsi que les activités du Secrétariat de la ZLECAf.

Au-delà de ses fonctions exécutives, le Conseil des ministres élabore des stratégies pour promouvoir le commerce intra-africain et stimule

---

[1] Conformément à l'Accord portant création de la Zone de Libre-Échange Continentale Africaine, l'expression « la Conférence » désigne la Conférence des Chefs d'État et de Gouvernement de l'Union africaine.

[2] Quand on parle de conseils de ministres dans le cadre de la ZLECAf, on voit le Conseil des ministres africains des États parties en charge du commerce. Principalement en RDC, c'est le ministère du Commerce extérieur qui est concerné.

[3] Article 11 de l'Accord portant création de la Zone de Libre-Echange Continentale Africaine.

l'intégration économique du continent. Il encourage l'harmonisation des politiques nationales pour faciliter les échanges commerciaux et les investissements. Le Conseil adopte des décisions qui ont une portée juridique et qui s'imposent aux États membres.

§.3. Le comité des hauts fonctionnaires du commerce

Le Comité des Hauts Fonctionnaires du Commerce (CHFC) constitue l'organe opérationnel central de la ZLECAf, agissant comme le bras exécutif du Conseil des Ministres. Il est composé de secrétaires généraux ou directeurs généraux, ou de tout autre fonctionnaire désigné par chaque Etat partie[1]. Son rôle primordial réside dans la traduction concrète des orientations politiques en actions tangibles. Plus précisément, le CHFC est investi des missions cruciales suivantes :

- Assurer la mise en œuvre effective des directives émanant du Conseil des Ministres ;
- Élaborer les outils, les stratégies et les mécanismes nécessaires au déploiement de la ZLECAf, incluant la définition des objectifs, l'allocation des ressources et l'établissement des échéanciers ;
- Harmoniser les actions des diverses parties prenantes impliquées dans l'implémentation de la ZLECAf et promeut la coopération fluide entre les États membres.

Pour l'accomplissement de ses mandats, le CHFC dispose de la faculté de constituer des comités ou groupes de travail spécialisés pour l'examen approfondi de problématiques spécifiques. Il émet des instructions au Secrétariat de la ZLECAf, lequel fournit un soutien technique et administratif essentiel. Composé de hauts fonctionnaires désignés par chaque État partie, le comité se réunit périodiquement pour évaluer l'état d'avancement des travaux et prendre les décisions requises, son fonctionnement étant régi par un règlement intérieur. Bien que dépourvues de pouvoir décisionnel direct au sein du CHFC, les Communautés Économiques Régionales (CER) contribuent significativement par leur expertise et leur connaissance des contextes régionaux spécifiques.

[1] Article 12 de l'Accord portant création de la Zone de Libre-Echange Continentale Africaine.

§.4. Le secrétariat

Le Secrétariat de la Zone de Libre-Échange Continentale Africaine (ZLECAf) est l'institution pérenne établie par la Conférence de l'Union Africaine[1]. Cette dernière détermine sa nature juridique, son siège[2], approuve son organigramme et son budget de fonctionnement. Initialement, les fonctions de secrétariat provisoire ont été assurées par la Commission de l'Union Africaine, précédant la pleine opérationnalisation du Secrétariat de la ZLECAf. Doté d'une autonomie fonctionnelle et d'une personnalité juridique distincte, le Secrétariat jouit d'une capacité d'action étendue et de la possibilité d'ester en justice.

En tant qu'organe central de soutien, il assiste le Conseil des ministres du Commerce et les autres instances de la ZLECAf dans l'accomplissement de leurs mandats, notamment par la préparation des sessions, la rédaction des documents de travail et le suivi de l'application des décisions prises. Il joue un rôle crucial dans la coordination des efforts des diverses parties prenantes impliquées dans l'opérationnalisation de la ZLECAf et assure le suivi rigoureux de la mise en œuvre des directives. Sur la scène internationale, le Secrétariat représente la ZLECAf auprès des organisations internationales et établit des alliances stratégiques avec d'autres groupements régionaux. Enfin, il assume une fonction essentielle d'information en collectant et en diffusant des données pertinentes sur les flux commerciaux, les opportunités d'investissement et les politiques commerciales à travers le continent africain.

---

[1] Article 13 de l'Accord portant création de la Zone de Libre-Echange Continentale Africaine.

[2] Le secrétariat de la Zone de Libre-Echange Continentale Africaine est situé à Accra au Ghana depuis août 2020.

Section III. Les interactions de la ZLECAf avec les autres CER et les cadres juridiques déterminants

§.1. Le lien entre les CER et la ZLECAF

Intégrant une vision panafricaine, l'Union Africaine positionne les Communautés Économiques Régionales (CER) comme des blocs constitutifs essentiels à l'édification du développement continental. Historiquement établies pour fluidifier les échanges de biens, de services, de personnes et de capitaux au sein de leurs périmètres respectifs, les CER ont vu leur statut formel encadré par les critères définis par l'UA lors du sommet de Gambie en 2006, aboutissant à la reconnaissance de huit entités clés. Ce paysage institutionnel, enrichi par d'autres initiatives sous-régionales telles que l'UEMOA et la CEMAC, témoigne d'un engagement multiforme envers l'intégration économique africaine. C'est dans cette architecture que l'Accord de la ZLECAf, dans son préambule[1], consacre explicitement les zones de libre-échange des CER comme des fondations indispensables à l'établissement du marché unique continental. Cette synergie se manifeste également dans le Protocole relatif à la libre circulation des personnes, qui confie aux CER un rôle opérationnel précis : celui de points focaux pour la promotion, le suivi et l'évaluation de la mise en œuvre du Protocole au niveau régional, ainsi que l'harmonisation de leurs propres cadres avec les dispositions continentales. Ainsi, les CER ne sont pas seulement des héritages de l'intégration régionale, mais des vecteurs actifs et des partenaires institutionnels cruciaux dans la concrétisation des ambitions de la ZLECAf.

---

[1] Le Préambule de l'Accord de la ZLECAf reconnait que « les Zones de libre-échange des CER, servent de piliers, à la création de la ZLECAf ». De même le Protocole au Traité instituant la CEA, relatif à la libre circulation des personnes, au droit de résidence et au droit d'établissement signé le 29 janvier 2018 assigne des fonctions spécifiques aux CER à travers son article 28 : « *Les CER sont les points focaux pour la promotion, le suivi et l'évaluation de la mise en œuvre du présent Protocole et l'élaboration de rapports sur les progrès accomplis dans le cadre de la libre circulation des personnes dans leurs régions respectives. Chaque CER soumet des rapports périodiques à la Commission sur l'état d'avancement de la mise en œuvre du présent Protocole dans leur région respective. Les CER harmonisent leurs protocoles, politiques et procédures en matière de libre circulation des personnes avec le présent Protocole* ».

§.2. Mitigations des divergences normatives

La résolution des chevauchements entre les Communautés Économiques Régionales (CER) constitue un enjeu majeur pour l'efficacité de l'intégration régionale africaine. L'harmonisation des politiques et la rationalisation des organisations sont essentielles, et la coopération interrégionale apparaît comme une voie prometteuse. Bien que l'article 19 de l'accord de la Zone de Libre-Échange Continentale Africaine (ZLECAf) représente un progrès pour la gestion des conflits entre accords régionaux, il ne suffit pas à surmonter toutes les complexités[1]. La Zone Tripartite de libre-échange (COMESA-CAE-SADC) a marqué une étape importante, mais sa mise en œuvre se heurte à des défis d'harmonisation des politiques et réglementations. L'ambition de la ZLECAf est de créer un marché unique continental en intégrant les différentes CER. Cependant, la coexistence de multiples accords régionaux génère des complexités juridiques et institutionnelles, et l'application effective des mécanismes de résolution des conflits de normes de la ZLECAf reste un défi.

L'analyse SWOT de la ZLECAf met en lumière le risque que la libre circulation des biens et services n'accentue les inégalités et la domination des multinationales, transformant potentiellement la ZLECAf en un simple marché d'importation au détriment des industries locales. La transformation économique africaine requiert des investissements substantiels dans les infrastructures, le capital humain et les technologies, ainsi qu'une coordination interétatique étroite. Le manque d'Infrastructures adéquates, de procédures douanières simplifiées et d'une administration efficace dans de nombreux États africains compromet la concrétisation des avantages du libre-échange.

---

[1] Conformément à l'article 19 de l'accord de la ZLECAf, en cas de contradiction entre le présent Accord de libre-échange et un autre accord régional, le présent Accord prévaut uniquement sur les points précis d'incompatibilité, sauf disposition contraire expresse du présent article. Nonobstant ce qui précède, les États parties membres d'autres groupements régionaux où l'intégration est plus poussée (par exemple, une union douanière avec un tarif extérieur commun, tandis que le présent Accord établit une simple zone de libre-échange) maintiennent les niveaux d'intégration supérieurs atteints entre eux. Le présent Accord ne les oblige pas à adopter un niveau d'intégration inférieur dans leurs relations mutuelles au sein de ces autres groupements.

De plus, les disparités économiques et les intérêts nationaux divergents peuvent freiner la mise en œuvre de la ZLECAf, avec le risque d'accentuer les déséquilibres commerciaux et de favoriser les entreprises étrangères au détriment des acteurs locaux, suscitant un possible rejet du libre-échange. L'intégration économique et les politiques belliqueuses sont fondamentalement incompatibles. Si l'intégration favorise une approche collective du développement, les politiques belliqueuses reposent sur des intérêts nationaux égoïstes, rendant illusoire un développement isolé.

Toute intégration doit cependant respecter les spécificités culturelles nationales, évitant une transplantation aveugle de modèles étrangers, comme le souligne Nguway Kpalaingu Kadony, dont la "cacophonie culturelle[1]" résultante peut engendrer des crises et fragiliser les institutions. Une démocratie adaptée au contexte africain, ancrée dans ses spécificités culturelles, historiques et sociales, est essentielle comme outil de développement. Enfin, la diversité des régimes politiques africains, allant des autoritarismes aux démocraties hybrides, constitue un défi. Les régimes autoritaires, souvent associés à une corruption élevée, une mauvaise gouvernance et un faible développement économique, pourraient expliquer en partie les difficultés de mise en œuvre de la ZLECAf.

§.3. Cadres conventionnels fondamentaux

La Zone de Libre-Échange Continentale Africaine (ZLECAF) comprend à ce jour sept protocoles, couvrant la concurrence, le commerce des marchandises, le commerce des services, le règlement des différends, le commerce électronique, l'investissement et la propriété intellectuelle.

Concernant le commerce des services, le protocole de la ZLECAF maintient les engagements de libéralisation déjà établis par l'Accord

[1] Nguway Kpalaingu Kadony, « L'Afrique malade de ses impuissances en relations internationales. Quel avenir au IIIe millénaire? », in Cahiers congolais d'études politiques et sociales, Revue Semestrielle n°23, juin 2000, pp. 192–228, p. 205.

général sur le commerce des services (AGCS)[1] et les accords commerciaux bilatéraux ou régionaux existants. Il introduit cependant une approche "AGCS+", obligeant les membres à accorder aux autres un traitement au moins aussi favorable que celui accordé aux membres de l'OMC dans le cadre de l'AGCS. La mise en œuvre effective requiert des réformes législatives nationales. Fondé sur la réciprocité via des échanges d'offres et de demandes, le protocole permet des demandes de libéralisation supplémentaires et la négociation d'engagements bilatéraux ou régionaux. Un Comité du commerce des services assure le suivi et la coopération réglementaire, s'inspirant des meilleures pratiques internationales.

Le protocole sur l'investissement[2] constitue une composante clé de la Phase II des négociations, couvrant la gouvernance de l'investissement intra-africain (promotion, facilitation, protection). Il établit une position africaine unifiée, s'appuyant sur les pratiques continentales (Code panafricain, instruments régionaux et nationaux) et les principes internationaux (ex: CNUCED) pour attirer les investissements durables. Le PI vise à stimuler l'industrialisation, réduire la pauvreté, dynamiser le secteur privé, et lier l'investissement aux droits humains et au développement. Il prévoit la création d'une agence panafricaine du commerce et de l'investissement et aborde le règlement des différends en annexe, marquant une ambition de positionner l'Afrique comme destination privilégiée pour l'investissement durable.

---

[1] L'Accord général sur le commerce des services (AGCS, ou GATS en anglais) est l'annexe 1B de l'accord de Marrakech qui a institué l'Organisation mondiale du commerce (OMC) en 1994. C'est un accord multilatéral visant la libéralisation du commerce des services. Les négociations de l'AGCS suivent une approche "demandes-offres" : chaque pays soumet une liste des secteurs de services qu'il s'engage à ouvrir (offres) et une liste des secteurs qu'il souhaite voir les autres pays libéraliser (demandes). Bien que la plupart des services soient négociables, un pays peut choisir de ne pas inclure certains secteurs sensibles dans ses engagements nationaux afin de les protéger.

[2] Le protocole sur l'investissement (PI ou protocole) de l'Accord portant création de la Zone de libre-échange continentale africaine (ZLECAf) a été adopté par les chefs d'État africains les 18 et 19 février 2023, lors du 36e Sommet de l'Union africaine à Addis-Abeba, en Éthiopie

Le Protocole sur le commerce numérique[1] de la ZLECAf vise à éliminer les barrières commerciales, à renforcer la connectivité et à créer un environnement commercial numérique transparent en Afrique. Sur le plan douanier, ce protocole, qui intègre notamment les règles d'origine, ainsi que les initiatives connexes, transforment les procédures par la numérisation et l'automatisme. Cela inclut la mise en place de systèmes intégrés (ex: guichets uniques électroniques) pour réduire délais et coûts, la facilitation du suivi électronique des marchandises en transit, et l'interconnexion des administrations douanières pour un échange d'informations en temps réel permettant un dédouanement anticipé. La création d'un Certificat d'Origine électronique continental est également prévue afin de rationaliser et sécuriser l'application des règles d'origine et l'accès aux préférences tarifaires de la ZLECAf.

[1] Les États parties à la Zone de libre-échange continentale africaine (ZLECAf) ont adopté le protocole sur le commerce numérique de la ZLECAf (PCN de la ZELCAf) en février 2024.

Chapitre II. Le commerce des marchandises dans la zone de libre-échange

Ce chapitre est consacré à l'étude du commerce des marchandises dans le cadre des zones de libre-échange, en mettant l'accent sur la Zone de Libre-Échange Continentale Africaine (ZLECAf). Après avoir défini les contours généraux du commerce des marchandises (Section I), nous examinerons en détail le processus de libéralisation commerciale (Section II), en nous attardant sur la suppression des droits de douane et l'importance des règles d'origine. Nous aborderons ensuite les enjeux de la coopération douanière et de la facilitation des échanges (Section III), éléments clés du succès d'une zone de libre-échange. Enfin, nous présenterons les instruments de politique commerciale, notamment les mesures correctives (Section IV), qui peuvent être mis en œuvre dans ce contexte.

Section I. Les contours généraux du commerce des marchandises

§.1. Objectif et moyens du Protocol

L'objectif central de la Zlecaf est de créer un marché unique africain permettant la libre circulation des biens[1]. Ancré dans l'article 3 de son accord fondateur[2], cet idéal repose sur la conviction que la libéralisation des échanges stimule la croissance et le développement continental. Le Protocole sur le commerce des marchandises détaille ces objectifs en visant spécifiquement l'élimination progressive des droits de douane et la suppression des barrières non-tarifaires (normes, procédures complexes, mesures sanitaires excessives) qui entravent le commerce intra-africain. Pour y parvenir, la Zlecaf mise notamment sur l'amélioration de l'efficacité douanière par la simplification des

---

[1] Beauclair NJOKA NKAMGA, présentation et procédures en zone de libre-échange continentale africaine, tome 1, Afredit, 2022.

[2] Article 3 de l'Accord portant création de la Zone de Libre-Echange Continentale Africaine.

formalités et le renforcement de la coopération, tout en promouvant le développement des chaînes de valeur régionales.

§.2. Accord de libre-échange (ALE) et l'union douanière

Compte tenu du contexte commercial africain, il est important de comprendre la différence entre un accord de libre-échange (ALE) tel que la ZLECAf, une communauté économique régionale (CER) et une union douanière. Dans un Accord de libre-échange, chaque membre peut négocier individuellement les tarifs avec les pays extérieurs à l'accord et établir des taux tarifaires différents. Communauté économique régionale - Il s'agit de groupements régionaux d'États africains conçus pour faciliter l'intégration économique entre les membres et avec la communauté africaine au sens large. Si les CER sont impliquées dans la politique commerciale, leur influence s'étend à d'autres domaines de l'économie.

Une union douanière est un type d'ALE dans lequel un tarif commun est imposé aux non-membres[1]. Contrairement à un ALE, dans une union douanière, les négociations doivent être menées par une seule entité représentant tous les membres. Une fois qu'un produit se trouve dans l'union, il peut être échangé librement, indépendamment des règles d'origine.

§.3. La clause de la nation la plus favorisée

À l'origine, la clause de la nation la plus favorisée était souvent utilisée comme un instrument de domination commerciale. Les puissances coloniales l'imposaient aux pays qu'elles dominaient, leur laissant peu de marge de manœuvre pour négocier des conditions commerciales favorables. Cependant, après la Seconde Guerre mondiale, la clause de la nation la plus favorisée a acquis une nouvelle signification[2]. Elle est devenue un outil au service du libre-échange qui permet de réduire les barrières commerciales et à promouvoir la coopération économique internationale. L'Accord général sur les tarifs

---

[1] Moutairou Ballongoun, l'Union douanière de l'UEMEOA et les échanges extérieurs du Benin, France, 2011, p.23 ;

[2] Melle Alice Piot, Travaux du Comité Français de droit international, Dalloz, paris, p.17.

douaniers et le commerce (GATT)[1], puis l'Organisation mondiale du commerce (OMC)[2], ont consacré ce principe comme l'un des piliers de leur système multilatéral.

En vertu de la clause de la nation la plus favorisée, tout avantage, privilège ou faveur accordé par un État à un produit originaire d'un autre État doit être automatiquement étendu à tout produit similaire originaire de tout autre État tiers. Ce principe repose sur l'idée que tous les États doivent être traités de manière égale et non discriminatoire dans leurs relations commerciales. Si le principe de la nation la plus favorisée a largement contribué à la libéralisation du commerce mondial, il n'est pas sans limites. Certaines exceptions au principe sont admises, notamment pour les accords de préférences commerciales entre pays en développement pour soutenir leur développement économique.

La multiplication des accords commerciaux régionaux, qui accordent des préférences particulières à leurs membres, peut sembler contredire le principe de la nation la plus favorisée .Cependant, ces accords sont généralement compatibles avec le système multilatéral, à condition qu'ils ne portent pas atteinte aux avantages accordés aux autres membres de l'OMC. La montée du protectionnisme et la complexification des chaînes de valeur mondiales remettent en question la pertinence du principe de la nation la plus favorisée dans certains secteurs. Le Protocole de la ZLECAF sur le commerce des marchandises intègre le principe de la nation la plus favorisée dans ses dispositions, particulièrement en son article 4[3]. Il stipule que les États parties s'accordent mutuellement le traitement de la nation la plus favorisée, conformément à l'article 18 de l'accord portant création de la Zone de Libre-Echange Continental Africain. Cependant, le Protocole prévoit également des exceptions à ce principe, notamment pour permettre la conclusion d'accords commerciaux préférentiels

[1] L'Accord général sur les tarifs douaniers et le commerce (GATT) de 1947, prévoit que "*tous avantages, faveurs, privilèges ou immunités accordés par une partie contractante à un produit [...] seront, immédiatement et sans condition, étendus à tout produit similaire [...]*" ;

[2] L'accord de Marrakech de 1994 instituant l'Organisation mondiale du commerce (OMC) conserve le principe élaboré par le GATT ;

[3] Article 4 de l'Accord portant création de la Zone de Libre-Echange Continentale Africaine.

entre les États parties ou avec des tiers, à condition que ces accords ne compromettent pas les objectifs du Protocole.

§.4. Le traitement national

Conformément à l'article III du GATT de 1994[1], le principe fondamental du traitement national exige que les produits importés bénéficient des mêmes droits et obligations que les produits nationaux similaires une fois admis sur le marché intérieur. Ce principe s'applique à toutes les mesures influençant la commercialisation (taxes, réglementations, normes, procédures) et constitue une pierre angulaire du commerce multilatéral en favorisant la concurrence loyale. Par exemple, une taxe ou une norme s'appliquant à un produit national doit s'appliquer de manière identique au produit importé.

La Zone de Libre-Échange Continentale Africaine (ZLECAf) vise à créer un marché unique intra-africain. Son Accord instituant prévoit un mécanisme de flexibilitére connaissant les différents niveaux de développement des États membres[2]. Ce mécanisme permet des mesures d'accompagnement adaptées, comme des délais supplémentaires ou des traitements particuliers en matière de douane et de normes.

Section II. Le processus de libéralisation commerciale

§.1. Elimination progressive des droits de douane à l'importation

Pour faciliter le libre-échange, les États membres de la ZLECAf s'engagent à supprimer progressivement les droits de douane, taxes sur les importations. Chaque État établit une liste des produits concernés et des taux initiaux. Une fois la suppression engagée, de nouveaux droits sont interdits, sauf exceptions spécifiques prévues par le droit communautaire. Ces exceptions incluent la taxation non discriminatoire

---

[1] Article III de l'Accord général sur les tarifs douaniers et le commerce (GATT) de 1947.

[2] Le "mécanisme de flexibilité" assure une participation équitable à la ZLECAf en accordant aux nations économiquement moins avancées des délais supplémentaires ou des conditions spécifiques pour l'application des règles commerciales, douanières et de normes.

de produits importés similaires aux nationaux, l'application de droits antidumping[1] ou compensatoires en cas de concurrence déloyale (prix anormalement bas ou subventions), et des mesures de sauvegarde temporaires en cas d'augmentation soudaine des importations causant un préjudice grave à la production nationale. Les redevances et taxes maintenues doivent respecter les règles du commerce international.

§.2. Droits à l'exportation et non-discrimination

Les États membres se sont engagés à favoriser le commerce mutuel par des tarifs préférentiels, réduisant les droits de douane sur les produits importés entre eux. Chaque État établit des listes de produits et de taux préférentiels, intégrées à l'accord. Le droit communautaire définit les modalités tarifaires (nature, origine, valeur) pour calculer ces droits.

Le libre-échange implique la libre circulation des marchandises par l'élimination des restrictions quantitatives (quotas), sous réserve d'exceptions et de mesures de sauvegarde pour protéger une industrie nationale en difficulté.

Chaque État conserve le droit souverain de réguler ses exportations par des droits à l'exportation, appliqués de manière non discriminatoire à tous les pays importateurs. L'instauration de nouveaux droits à l'exportation doit être notifiée au secrétariat de la ZLECAf dans un délai de 90 jours.

§.3. Révision des avantages tarifaires

En droit du commerce international, l'accord commercial est un contrat entre plusieurs pays, où chacun s'engage à accorder des réductions de taxes sur certains produits importés des autres pays. Ces

---

[1] Article 6 de la GATT permet aux pays de prendre des mesures contre le dumping. L'Accord antidumping précise et développe cet article, et les deux accords sont appliqués conjointement. Ils autorisent les pays à agir d'une façon qui serait, en temps normal, contraire aux principes du GATT consistant en la consolidation des droits de douane et en la non-discrimination entre les partenaires commerciaux. Le plus souvent, une mesure antidumping consiste à imposer un droit d'importation supplémentaire sur le produit considéré en provenance du pays exportateur concerné afin d'en rapprocher le prix de la "valeur normale" ou d'éliminer le dommage causé à la branche de production nationale du pays importateur.

réductions de taxes sont inscrites dans des listes, appelées "listes de concessions tarifaires". Mais qu'arrive-t-il si les circonstances changent et qu'un pays a besoin de modifier les réductions de taxes qu'il a accordées ? Tout d'abord, le pays qui souhaite modifier ses listes de concessions (appelé "État partie apportant une modification") doit en faire la demande auprès de l'organisme central (le Secrétariat). Il doit également fournir des preuves pour justifier cette demande, en démontrant que les circonstances sont vraiment exceptionnelles.

Une fois cette demande reçue, le Secrétariat la transmet à tous les autres pays signataires de l'accord. Si un autre pays considère que cette modification pourrait avoir un impact important sur ses propres intérêts économiques (on l'appelle alors "État partie ayant un intérêt substantiel"), il peut demander à négocier avec le premier pays. Le but de ces négociations est de trouver un accord pour compenser les éventuels désavantages causés par la modification initiale. Une fois qu'un accord est trouvé, il est approuvé par tous les pays ayant un intérêt substantiel.

§.4. Les règles d'origine

Les règles d'origine sont utilisées par les États membres de la ZLECAf pour déterminer l'origine des marchandises qui entrent ou sortent de leur territoire douanier. Elles sont extrêmement importantes dans le cadre du commerce international car elles conditionnent le tarif douanier et les éventuelles mesures de politique commerciale qui s'appliquent aux marchandises échangées. Les règles d'origine sont comme un "passeport" pour permettre aux marchandises de circuler en franchise de droits dans une zone de libre-échange[1], tant que ces marchandises remplissent les conditions requises pour être originaires

[1] Le GATT ne réglementant pas l'origine des marchandises, chaque État contractant définissait librement ses propres règles, parfois variables selon l'objectif. Les rédacteurs du GATT reconnaissaient que la détermination de l'origine relevait de chaque État importateur pour l'application de la clause de la nation la plus favorisée et d'autres dispositions. L'article VIII:1 c) du GATT prône la simplification des formalités et des documents d'importation/exportation. Sa note interprétative (paragraphe 2) précise que l'exigence de certificats d'origine à l'importation devrait être limitée au strict nécessaire.

de la ZLE. En d'autres termes, elles déterminent l'origine économique des marchandises "[1].

On distingue les règles d'origine préférentielle, lorsque le bien est échangé entre deux États ayant conclu un accord bilatéral ou régional, des règles d'origine non préférentielle, lorsque le bien est échangé entre deux États n'ayant pas conclu un tel accord.

1. Les règles d'origine non préférentielle

La Convention internationale pour l'harmonisation des régimes douaniers du 18 mai 1973, révisée le 3 février 2006, par la Convention dite « Convention de Kyoto » propose un cadre pour déterminer l'origine non préférentielle des produits (échangés entre deux États n'ayant pas conclu d'accord bilatéral ou régional).

La Convention distingue les marchandises entièrement produites dans un seul pays, qui sont naturellement réputées issues du pays dans lequel elles ont été obtenues, et les marchandises dont la production fait intervenir plusieurs pays, dont l'origine est le lieu dans lequel elles ont subi leur « dernière transformation ou ouvraison substantielle ». Trois critères permettent de déterminer une « transformation ou ouvraison substantielle » : un changement de position tarifaire du produit : l'origine est le lieu dans lequel la valeur d'un produit a été modifiée significativement ; la part de la valeur ajoutée d'un produit : l'origine est le lieu dans lequel le produit a acquis une certaine part de sa valeur ajoutée, généralement 45 % ; l'ouvraison spécifique : l'origine est le lieu dans lequel un produit a subi une transformation substantielle, lui donnant une caractéristique qu'il ne possédait pas auparavant[2].

2. Règles d'origine préférentielle

La ZLECAf prévoit la suppression des droits de douane sur tous les biens produits par les États membres, tandis que les droits de douane sur les biens importés de l'extérieur de l'Afrique peuvent être maintenus. Cette situation incite les entreprises étrangères à classer leurs produits comme étant "fabriqués en Afrique", dans certains cas de manière frauduleuse, ce qui conduit à l'exploitation de l'accord. Il est

---

[1] La Conférence des Nations Unies sur le Commerce et le Développement, CNUCED, 2019.

[2] La Convention de Kyoto n'est pas contraignante et chaque pays possède donc sa propre réglementation pour définir l'origine des marchandises entrant sur son territoire.

donc nécessaire que le protocole sur le commerce des marchandises établisse des règles d'origine (RdO) contraignantes, qui représentent les critères nécessaires pour déterminer la nationalité d'un produit[1].

Les RdO sont conçues pour empêcher l'abus des accords commerciaux par les entreprises étrangères à travers la classification illégitime des marchandises ainsi que le dumping des produits. À notre avis, nous estimons que le succès de la ZLECAf dépendra des RdO. En effet, si les RdO sont simples, transparentes, favorables aux entreprises et prévisibles, la ZLECAf réussira. Dans le cas contraire, les RdO deviendront un obstacle au commerce international. Il est toutefois important de noter que la volonté de simplicité ne limite pas l'efficacité des classifications des RdO. Les RdO sont également essentielles du point de vue du travail. En leur absence, la sous-cotation des prix pourrait conduire les industries locales à ne pas être compétitives et à faire des compromis sur les coûts et les normes de travail. D'un autre côté, les pays membres sont avertis que les RdO peuvent négliger certains secteurs et travailleurs, ce qui est également problématique.

Les RdO sont décidées soit de manière générique, les mêmes règles s'appliquant à tous les produits, soit sur une base spécifique à chaque produit. Cette dernière approche a été adoptée dans le cadre de la ZLECAf. Dans l'économie actuelle, très peu de produits en dehors de l'agriculture sont fabriqués sans aucun composant importé. Cela représente un défi pour les RdO en ajoutant de la complexité au processus de classification. La première grande distinction à faire est celle entre les biens entièrement obtenus et les biens substantiellement transformés Produits entièrement obtenus - Produits qu'ont été cultivés, produits et/ou fabriqués dans un pays et qui sont donc composés uniquement d'intrants locaux. Cela peut s'appliquer aux produits agricoles, aux minéraux et aux poissons.

---

[1] Dilek Dogan, *Les enjeux du concept d'origine en droit international et communautaire*, Grenoble, Thèse de doctorat en Droit européen, 2012, p.382.

Section III. Les enjeux de la coopération douanière et de la facilitation des échanges

§.1. La coopération douanière

Coopération douanière peut être définie comme le processus par lequel les différents pays du monde travaillent ensemble pour améliorer la gestion des échanges commerciaux internationaux. Cela implique notamment un Échange d'informations, des Accords internationaux et l'harmonisation des procédures. En d'autres termes, la coopération douanière permet de rendre les échanges commerciaux plus sûrs, plus rapides et plus efficaces, tout en luttant contre les activités illégales comme la contrebande ou le trafic de marchandises dangereuses.

En effet, l'OMC définit les termes et conditions devant être respectés par les Membres aux fins d'échange de renseignements afin de garantir l'efficacité des contrôles douaniers tout en respectant la confidentialité des renseignements échangés[1]. L'article 12 octroie aux Membres une certaine latitude eu égard à la définition de la base juridique présidant aux échanges de renseignements. Les Membres sont autorisés à conclure ou maintenir des accords bilatéraux, plurilatéraux ou régionaux aux fins du partage ou de l'échange de données et renseignements douaniers, y compris les renseignements préalables. La Convention de Kyoto révisée[2] prévoit que la douane cherchera à coopérer avec les autres administrations douanières et à conclure des accords d'assistance mutuelle administrative pour améliorer les contrôles douaniers.

Par ailleurs, le droit du commerce international sur le libre-échange repose sur deux piliers fondamentaux : la coopération et l'assistance administrative mutuelle. La coopération douanière se traduit par une harmonisation des législations et des procédures douanières, ainsi que par la mise en place de structures de dialogue et d'échange entre les administrations douanières. L'assistance administrative mutuelle, quant à elle, permet aux États de se prêter main-forte pour faire appliquer leurs législations douanières respectives. Cela peut prendre la forme d'échanges d'informations, de demandes d'enquêtes ou encore de saisies de marchandises.

---

[1] L'article 12 de l'Accord de l'OMC sur la facilitation des échanges.

[2] Annexe générale (norme 6.7).

Un élément clé de cette coopération est l'adoption du Système Harmonisé (SH). Malgré ses nombreux avantages, la coopération douanière se heurte à certains défis. Les différences de législations nationales, les préoccupations en matière de souveraineté et la complexité des chaînes d'approvisionnement mondialisée entravent parfois la mise en œuvre effective des accords de coopération. De plus, l'émergence de nouvelles formes de commerce, telles que le commerce électronique, n'a pas cessé de poser de nouveaux défis en matière de contrôle douanier.

§.2. La facilitation des échanges

Selon Winega Baroma BAMANA, le terme général de facilitation des échanges recouvre l'ensemble des mesures visant à réduire les formalités administratives aux frontières[1]. Il s'agit de la simplification, de la modernisation et de l'harmonisation des processus d'exportation et d'importation.

Conformément à l'article 16 du code des douanes, la facilitation des échanges se définit précisément comme l'optimisation efficiente des procédures douanières et le renforcement qualitatif des contrôles par l'adoption sélective de nouvelles technologies, jugées rentables et efficaces tant pour l'administration douanière que pour les opérateurs économiques[2]. Autrement, la facilitation des échanges signifie que les Douanes doivent trouver le meilleur équilibre possible entre le maintien des contrôles aux frontières afin d'endiguer le commerce illicite et la garantie d'un passage sans encombre pour les échanges licites.

À la Conférence ministérielle de Bali[3], les Membres de l'OMC ont conclu les négociations sur l'Accord sur la facilitation des échanges (AFE), qui est entré en vigueur le 22 février 2017, suite à sa ratification par les deux tiers des Membres de l'OMC. L'AFE contient des dispositions visant à accélérer le mouvement, la mainlevée et le

---

[1] BAMANA, Winega Baroma. Entretien [oral]. Réalisé par Ghenadie RADU. Paris, le 19 juin 2024.

[2] Article 16 al.1 du code des douanes.

[3] À la neuvième Conférence ministérielle qui a eu lieu à Bali (Indonésie), du 3 au 7 décembre 2013, les ministres ont adopté le “paquet de Bali”, un ensemble de décisions destinées à simplifier le commerce, à offrir aux pays en développement davantage d'options pour assurer la sécurité alimentaire, à stimuler les échanges des pays les moins avancés et, plus généralement, à favoriser le développement.

dédouanement des marchandises, y compris les marchandises en transit. Il prévoit aussi des mesures permettant d'assurer une coopération effective entre les douanes et les autres autorités compétentes sur les questions de facilitation des échanges et de respect des procédures douanières. Il comporte par ailleurs des dispositions relatives à l'assistance technique et au renforcement des capacités dans ce domaine.

§.3. Difficultés économiques et persistance du protectionnisme

Le protectionnisme est une stratégie où l'État intervient pour défendre l'espace économique national face aux produits et services étrangers[1]. Cette démarche étatique, nécessitant des règles applicables à tous, se justifie souvent par la nécessité de protéger les industries locales face à la concurrence internationale, particulièrement celle des pays aux économies plus établies.

Face à la domination d'entreprises étrangères – qu'elles viennent d'Asie, d'Europe ou d'ailleurs – dans des secteurs variés comme la transformation de matières premières, le textile local naissant, ou même certains services, les entreprises congolaises peinent à se développer et à créer des emplois. Cette situation peut mener à la disparition de structures nationales ou à leur incapacité à capter le marché intérieur. Un protectionnisme défensif, parfois discret (normes spécifiques, procédures administratives complexes à l'importation), peut alors être envisagé pour sauvegarder l'emploi local.

Au-delà de la défense, le protectionnisme peut être "éducateur". S'inspirant de la théorie de Friedrich List[2], il vise à protéger temporairement les secteurs congolais ou africains émergents. L'idée est de permettre aux jeunes industries locales (par exemple, dans l'agro-industrie, l'artisanat industrialisé, ou les technologies naissantes) de

---

[1] Maurin, Max. "JM Keynes, le libre-échange et le protectionnisme." *L'Actualité économique* 86, non. 1 (3 février 2011) pp.109-29.

[2] Le protectionnisme en vue de laisser grandir de jeunes industries a été encouragé par l'économiste allemand Friedrich List (1789-1846), dans un livre publié en 1841. Friedrich List n'était pas un antilibéral : il admettait tout à fait, comme les successeurs d'Adam Smith, que le libre-échange produisait globalement plus de richesses. En revanche, l'avènement d'une paix par le commerce lui semblait beaucoup plus douteux, dans la mesure où il existait toujours des nations ayant des intérêts commerciaux divergents.

croître à l'abri de la concurrence féroce d'entreprises étrangères bénéficiant déjà d'économies d'échelle et d'expérience, et pouvant proposer des prix très bas au départ. Sans cette protection initiale, ces "industries naissantes" ne pourraient jamais devenir compétitives.

Un protectionnisme ciblé peut également relever d'une "politique commerciale stratégique". Il s'agit pour l'État congolais ou un regroupement régional de soutenir activement certains secteurs jugés stratégiques (comme la transformation locale du cobalt ou d'autres minerais, le développement d'une chaîne de valeur agricole, ou des pôles technologiques) pour maximiser les gains potentiels de l'échange international. Ce soutien peut prendre diverses formes, allant des incitations fiscales aux commandes publiques préférentielles.

Les outils utilisés, bien que souvent contraints par les accords commerciaux internationaux, incluent toujours les droits de douane (bien que réduits), mais surtout les barrières non tarifaires : quotas d'importation pour certains produits, normes techniques ou sanitaires spécifiques, ou lourdeurs administratives délibérées. La gestion du taux de change peut aussi, dans certains cas, servir à rendre les exportations plus compétitives ou les importations plus coûteuses.

Cependant, le protectionnisme comporte aussi des risques : il peut entraîner des tensions avec les partenaires commerciaux, potentiellement réduire l'incitation pour les entreprises locales à devenir vraiment efficaces et compétitives sur le long terme, et présenter des défis dans le choix pertinent des secteurs à soutenir et l'efficacité des mesures mises en place.

Section IV. Les instruments de politique commerciale

§.1. Les mesures antidumping

Il est généralement admis que le dumping consiste à vendre des biens ou des services sur les marchés extérieurs à des prix inférieurs à ceux pratiqués sur le marché national. Cette pratique peut même conduire à écouler des biens à perte sur les marchés étrangers. Au 19e siècle, le dumping prend une signification plus large dans la mesure où on l'assimile à la vente à des prix inférieurs à ceux que peuvent offrir les producteurs les moins efficients[1].

L'existence de dumping est avérée si le prix à l'exportation est inférieur au prix normal, déterminé par comparaison avec le prix de vente sur le marché intérieur de l'exportateur ou, à défaut, vers un pays tiers. L'imposition de droits antidumping requiert la preuve d'un préjudice important causé ou menacé par cette pratique sur la production nationale (baisse des ventes, diminution des prix, réduction des marges, etc.). Les droits antidumping visent à rétablir une concurrence loyale en neutralisant l'avantage indu des produits dumpés, leur montant étant calculé sur la marge de dumping (différence entre le prix à l'exportation et le prix normal).

On en vient alors à distinguer trois types de dumping : le persistant, le sporadique et le prédateur.

Le dumping persistant, voire naturel, survient dès lors que l'élasticité prix de la demande d'un bien est variable selon les marchés. Ainsi, le prix sera moindre sur le marché d'élasticité-prix la plus élevée. Par exemple, en raison de l'implication des États dans les programmes d'assurance maladie, le prix des médicaments varie sensiblement d'un pays à un autre[2]. Ainsi, il n'est pas surprenant qu'un médicament conçu par une entreprise pharmaceutique en Europe se retrouve vendu moins cher dans un pays voisin comme l'Ouganda ou la Zambie. Ce phénomène s'observe également à l'intérieur d'un pays, où les prix peuvent varier selon la situation géographique ou le type de clientèle. En conséquence, ce type de dumping perdurera tant et aussi longtemps que les consommateurs d'un pays à l'autre réagiront différemment à une variation de prix. Par ailleurs, ce phénomène bénéficie au pays importateur[3].

Le dumping sporadique est dû pour sa part à une surcapacité temporaire de production. Pour ne pas voir ce surplus se perdre, les producteurs le vendent à meilleur prix à l'étranger. De cette façon,

---

[1] Jacob VINER, *Dumping. A Problem of International Trade,* Chicago, Chicago University Press, 1923, pp. 1-5.

[2] Peter MARSH et Daniel GREEN, « L'industrie pharmaceutique. Perspectives internationales et marché européen », *Problèmes économiques*, no 2163, février 1990.

[3] L. PHLIPS, *The Economics of Price Discrimination*, Cambridge, Cambridge University Press, 1983 ; A.C. PICOU, *The Economics of Welfare,* London, Macmillan, 1920 ; G. NIELS, « What is Anti-dumping policy really about ? », *Journal of Economic Survey*, vol. 14, no 4, 2000, pp. 467-491.

l'équilibre du marché domestique est préservé. On retrouve de nombreux exemples de dumping sporadique dans le secteur agricole, qui est caractérisé par une politique de soutien de revenu par le biais des offices de commercialisation. Pensons notamment à des structures comme un éventuel le Service National[1] pour la production des produits agricoles essentiels (qui pourrait stabiliser les prix et organiser la commercialisation, à l'image de ce qui se fait ailleurs pour certains produits. On pourrait également imaginer une politique agricole nationale, adaptée à nos contextes locaux, qui viserait à renforcer le marché intérieur et à privilégier la production congolaise, tout en étant régulièrement ajustée pour répondre aux défis changeants, afin de stimuler les exportations de nos produits spécifiques (manioc, maïs, riz, etc.) tout en garantissant un revenu de base aux agriculteurs congolais.

Quant au dumping prédateur enfin, il relève de la concurrence déloyale.

On demande délibérément un prix plus bas à l'étranger à court terme dans le but d'y pénétrer et d'éliminer les concurrents, pour finalement les ajuster à la hausse. C'est cette stratégie prédatrice qui est à l'origine de la mise en place des législations antidumping. La difficulté réside dans la distinction entre ces trois types de dumping qui convergent dans leur but ultime, à savoir l'éviction des concurrents.

Il est crucial de noter qu'un même produit ne peut être simultanément soumis à des droits antidumping et compensateurs. L'application de ces droits, qu'ils soient antidumping ou compensateurs, exige la démonstration d'un préjudice important, objectivement évalué et directement lié à la pratique déloyale (dumping ou subvention).

Bien qu'un préjudice à la production nationale soit généralement requis, des exceptions existent. Dans certaines circonstances, des droits peuvent être imposés même si le préjudice affecte une production d'un pays tiers exportant vers le territoire de la partie importatrice. En cas d'urgence et de risque de préjudice irréparable, des droits compensateurs provisoires peuvent être appliqués sans approbation

[1] Le Service national est un organe paramilitaire d'éducation, d'encadrement et de mobilisation des actions civiques et patriotiques en vue de la reconstruction de notre pays, placé sous la haute autorité du président de la République, conformément au Décret-loi n°032 du 15 octobre 1997 portant création du Service national, en abregé, « SN ».

préalable, sous réserve de notification rapide et possible annulation par les autres parties contractantes.

§.2. Mesures de sauvegarde

Les mesures de sauvegarde sont définies comme des mesures "d'urgence" concernant l'accroissement des importations de produits particuliers, lorsque ces importations causent ou menacent de causer un dommage grave à la branche de production nationale du Membre importateur[1]. Ces mesures, qui revêtent globalement la forme de suspension de concessions ou d'obligations, peuvent consister à appliquer des restrictions quantitatives à l'importation ou à relever les droits au-delà des taux consolidés. Elles font partie, avec les mesures antidumping et les mesures compensatoires, des trois types de mesures contingentes de protection des échanges dont disposent les Membres de l'OMC[2].

Les principes directeurs énoncés dans l'Accord au sujet des mesures de sauvegarde sont les suivants: ces mesures doivent être temporaires; elles ne peuvent être imposées que lorsqu'on constate que des importations causent ou menacent de causer un dommage à une branche de production concurrente; elles doivent (généralement) être appliquées de façon non sélective (c'est-à-dire conformément au principe de la nation la plus favorisée ou "NPF"); elles doivent être progressivement libéralisées pendant qu'elles sont en vigueur; et le Membre qui les impose doit (généralement) offrir une compensation aux Membres dont les échanges sont affectés. Par conséquent, contrairement aux mesures antidumping et aux mesures compensatoires, les mesures de sauvegarde ne nécessitent pas la constatation d'une pratique "déloyale", doivent

[1] Article 2 de l'Accord sur les sauvegardes prévues à l'article XIX du GATT de 1994.

[2] Aux termes de l'article premier, l'Accord sur les sauvegardes est l'instrument qui permet d'appliquer les mesures prévues à l'article XIX du GATT de 1994. C'est-à-dire que toute mesure pour l'application de laquelle est invoqué l'article XIX (qui permet la suspension des concessions et obligations résultant du GATT dans des situations "d'urgence" définies) doit être prise conformément aux dispositions de l'Accord sur les sauvegardes. Il est dit expressément que l'Accord ne s'applique pas aux mesures prises conformément à d'autres dispositions du GATT de 1994, aux autres accords commerciaux multilatéraux figurant à l'Annexe 1A et aux protocoles et accords ou arrangements conclus dans le cadre du GATT de 1994.

(généralement) être appliquées sur une base NPF et doivent (généralement) être “payées” par le Membre qui les applique.

Pour qu’une mesure de sauvegarde soit justifiée, il faut qu’il y ait une augmentation significative des importations d’un produit et que cette augmentation cause ou menace de causer un dommage[1] grave à l’industrie nationale. Ce dommage peut se manifester sous différentes formes : baisse des prix, pertes de parts de marché, licenciements, etc. Avant de mettre en œuvre une mesure de sauvegarde, le pays concerné doit en informer ses partenaires commerciaux et leur donner la possibilité de discuter de la situation. Dans certains cas urgents, des mesures provisoires peuvent être prises immédiatement, mais des consultations doivent suivre rapidement.

§.3. Mesures de sauvegarde préférentielles

Lorsque les importations d'un produit originaire d'un État membre affluent en masse sur le territoire d'un autre État membre, au point de menacer la survie de l'industrie nationale qui produit des produits similaires ou substituables, ce dernier peut, sous certaines conditions, mettre en place des mesures de sauvegarde qui ont pour objectif de limiter temporairement les quantités de produits importés et ainsi d'atténuer les effets négatifs sur l'industrie nationale, lui laissant le temps de s'adapter à cette nouvelle situation.

Avant de pouvoir prendre une telle mesure, l'État importateur doit démontrer l'existence d'un dommage grave ou d'une menace sérieuse pour son industrie nationale. De plus, il doit informer les autres États membres de la situation et engager des discussions afin de trouver une solution amiable. Sans oublier qu’il doit enfin, mener une enquête approfondie pour vérifier si les conditions d'application des mesures de sauvegarde sont effectivement réunies. Si, à l'issue de cette procédure, l'État importateur estime qu'il est nécessaire de mettre en place des mesures de sauvegarde, il peut le faire sous réserve de respecter les conditions :

---

[1] Aux termes de l'Accord, le "dommage grave" est une dégradation importante de la situation d'une branche de production nationale. La "menace de dommage grave" est une menace dont l'imminence est évidente, déterminée sur la base de faits, et pas seulement fondée sur des allégations, des conjectures ou de lointaines possibilités.

- Les mesures doivent être proportionnées au dommage constaté et ne doivent pas aller au-delà de ce qui est nécessaire pour y remédier ;
- Elles doivent être temporaires et ne peuvent excéder une durée de quatre ans, renouvelable une fois ;
- Elles doivent être transparentes et faire l'objet d'une notification aux autres États membres ;
- En fin, elles ne peuvent pas être cumulées avec d'autres mesures de sauvegarde portant sur le même produit.

§.4. Mesures de sauvegarde provisoire

Face à une menace imminente et grave pesant sur une industrie nationale, l'État membre de la ZLECAf dispose d'un outil d'urgence : la mesure de sauvegarde préférentielle provisoire. Imaginons, par exemple, qu'un pays importe soudainement une quantité considérable du cobalt à un prix très bas qui peut mettre en péril la production locale. Face à cette situation, l'État importateur pourrait décider d'appliquer une mesure de sauvegarde provisoire pour protéger ses matières premières.

Mais attention, cette mesure ne peut être prise à la légère. Elle est soumise à certaines conditions et à certaines procédures. Pour pouvoir y recourir, l'État doit démontrer de manière convaincante : L'existence d'un danger imminent, c'est-à-dire le retard dans la mise en œuvre de cette mesure risquerait de causer des dommages irréparables à l'exploitation locale. Par ailleurs, il faut établir de manière claire que l'augmentation des importations a effectivement causée ou menace de causer un préjudice grave à l'exploitation locale.

Une fois ces conditions réunies, l'État peut mettre en place une mesure de sauvegarde provisoire, généralement sous la forme d'une augmentation temporaire des droits de douane sur les produits importés. Cette hausse des tarifs rend les produits importés moins compétitifs et permettra ainsi de protéger les producteurs nationaux. Toutefois, il est important de souligner que cette mesure est temporaire et conditionnelle. Elle ne peut durer plus de 200 jours et est susceptible d'être levée si une enquête approfondie ne confirme pas la nécessité de maintenir cette protection.

Chapitre III. Impacts commerciaux de la ZLECAf sur la RDC

Ce chapitre explore avec précision les conséquences, positives ou négatives que la ZLECAF peut avoir sur les activités d'achat et de vente des biens et de services en RDC. Nous commencerons par une étude sur la modélisation des échanges commerciaux (Section I) dans un contexte de libéralisation, en mettant en évidence les impacts sur l'import-export des marchandises et les impacts sociaux sur le commerce des services. Nous étudierons ensuite les enjeux de l'intégration de la RDC dans la ZLECAf (Section II) en invoquant le dilemme auquel fait face la Direction Générale des Douanes et Accises. Enfin, nous explorerons les aspects liés au moratoire qu'a sollicité la RDC ainsi que les perspectives pour une mise en œuvre réussie de la ZLECAF dans un contexte congolais (Section III).

Section I. La modélisation des échanges commerciaux

§.1. L'essor du commerce international en Afrique

Le commerce international a connu une croissance fulgurante depuis 1945, une dynamique qui, bien que mondialisée, présente des spécificités notables vues du continent africain et plus particulièrement de la République Démocratique du Congo. Si le XIXe siècle a vu les échanges mondiaux s'intensifier sous l'impulsion de la révolution industrielle et des avancées en matière de transport maritime et ferroviaire, cette tendance s'est poursuivie et accélérée au XXe siècle, dépassant souvent la croissance de la production nationale, y compris dans de nombreux pays africains après les indépendances.

Pour l'Afrique, cette intégration croissante dans l'économie mondiale signifie également qu'une part grandissante des richesses produites est destinée à l'exportation, tandis qu'une part de plus en plus importante de la demande intérieure est satisfaite par des biens et services importés. À titre d'exemple, la République démocratique du Congo, riche en ressources minières, exporte massivement ces matières premières essentielles pour l'industrie mondiale, tout en important une large gamme de biens manufacturés, des produits alimentaires aux équipements électroniques, pour répondre aux besoins de sa population et de ses entreprises. Cette interdépendance croissante positionne les économies africaines au cœur des dynamiques de la mondialisation.

Plusieurs facteurs expliquent cette expansion des échanges internationaux, avec des résonances particulières :

Le rôle des organisations internationales, issues des accords de Bretton Woods (1944), a été déterminant. Le Fonds Monétaire International (FMI) et la Banque Mondiale ont joué un rôle significatif dans le financement du développement et la stabilisation économique de nombreux pays africains, souvent en contrepartie de programmes d'ajustement structurel incluant l'ouverture des économies. Le GATT, puis l'Organisation Mondiale du Commerce (OMC) depuis 1995, ont établi des règles visant à libéraliser les échanges. Les principes de non-discrimination, d'abolition des restrictions quantitatives et de lutte contre les pratiques déloyales comme le dumping ont théoriquement vocation à s'appliquer à tous les membres, y compris les nations africaines. Cependant, l'application de ces règles et leurs bénéfices ont souvent fait l'objet de débats, notamment concernant l'accès aux marchés des pays développés pour les produits agricoles africains ou l'impact de la concurrence mondiale sur les industries locales émergentes. Néanmoins, la baisse globale des droits de douane, bien que variable selon les produits et les partenaires, a globalement favorisé une augmentation des flux commerciaux.

La question des taux de change a également un impact crucial sur le commerce international des pays africains. Historiquement, de nombreuses monnaies africaines ont été liées à celles des anciennes puissances coloniales ou au dollar. Les régimes de taux de change, qu'ils soient fixes ajustables ou flottants, influencent directement la compétitivité des exportations et le coût des importations. Pour la République démocratique du Congo, dont les exportations (principalement minières) sont libellées en dollars, les fluctuations du taux de change entre le Franc Congolais et le dollar américain ont un impact majeur sur les recettes d'exportation en monnaie locale, sur le coût des importations et, in fine, sur le pouvoir d'achat. Une dépréciation du Franc Congolais peut rendre les exportations congolaises moins chères sur le marché international, potentiellement augmentant leur volume, mais renchérit dans le même temps le coût des biens importés, contribuant à l'inflation. À l'inverse, une appréciation peut avoir l'effet inverse.

Le développement des zones d'intégration régionale constitue une autre dynamique importante, même si leur effectivité et leur impact varient. En Afrique, des organisations comme la Communauté Économique des États de l'Afrique Centrale (CEEAC), dont la RDC est membre, la Communauté de Développement de l'Afrique Australe (SADC) ou encore la Zone de Libre-Échange Continentale Africaine (ZLECAf), plus récente, visent à renforcer les échanges entre pays membres en réduisant les barrières commerciales. Ces initiatives, bien que parfois confrontées à des défis de mise en œuvre (infrastructures, harmonisation des réglementations, etc.), cherchent à créer du commerce additionnel au sein du continent et à renforcer la position de négociation de l'Afrique sur la scène commerciale mondiale.

Enfin, la baisse significative des coûts de transport et de communication a été un moteur essentiel de l'essor du commerce international, y compris pour l'Afrique. Les investissements (bien que souvent insuffisants) dans les infrastructures portuaires, routières et ferroviaires en Afrique, couplés aux progrès logistiques comme le développement du transport par conteneurs, ont rendu le transport de marchandises sur de longues distances plus abordable. Pour la République démocratique du Congo, l'amélioration (bien que lente et inégale) des voies de communication, notamment fluviales et routières, est cruciale pour faciliter l'accès aux marchés internationaux et régionaux. Parallèlement, la révolution numérique, avec la baisse drastique des coûts de communication et le développement d'internet, a facilité le commerce des services et l'intégration des entreprises africaines, y compris congolaises, dans les chaînes de valeur mondiales, permettant un partage d'information plus rapide et une meilleure coordination des activités commerciales à l'échelle planétaire.

§.2. Impacts sur les importations et les exportations

La libéralisation commerciale dans le cadre de la ZLECAF confronte la RDC à un enjeu budgétaire majeur. La réduction progressive des droits de douane à l'importation, bien que potentiellement favorable au pouvoir d'achat des consommateurs, risque d'éroder significativement les recettes douanières. Ces dernières constituent pourtant une source de revenus essentielle pour l'État congolais, particulièrement compte tenu de la forte dépendance du pays vis-à-vis des importations. Cette diminution des rentrées fiscales pourrait ainsi avoir des répercussions sensibles sur les finances publiques.

Par contraste, la suppression des droits de douane à l'exportation ne soulève pas de difficultés comparables pour la RDC. En effet, les exportations minières, qui représentent l'essentiel des ventes du pays à l'étranger, bénéficient déjà largement de régimes douaniers préférentiels. Ces dispositifs, mis en place pour attirer les investissements étrangers, prévoient fréquemment l'exonération des droits de douane à l'exportation pour des minerais clés comme le cobalt, le cuivre ou l'or. En conséquence, la libéralisation des échanges dans le cadre de la ZLECAF n'aura qu'un impact marginal sur ce secteur stratégique.

Considérant ces éléments et d'autres facteurs structurels, l'impact global de l'adhésion de la RDC à la ZLECAF sur ses échanges commerciaux devrait être relativement modéré. Le pays est déjà fortement engagé dans l'intégration régionale, notamment à travers ses adhésions à la CEPGL, la CEEAC, le COMESA, la SADC et l'EAC. Toutefois, des contraintes persistantes comme la géographie, les infrastructures de transport limitées et des complémentarités économiques encore réduites avec certains partenaires africains sont susceptibles d'atténuer les bénéfices attendus de la ZLECAF. Si l'on anticipe une légère augmentation des importations intra-africaines, l'effet le plus notable devrait concerner les exportations. La ZLECAF pourrait ainsi permettre à la RDC de consolider sa présence sur certains marchés africains, sans pour autant révolutionner en profondeur son modèle commercial actuel.

§.3. Impacts sociaux sur le commerce des services

La République démocratique du Congo (RDC) peut tirer parti des opportunités du secteur des services, offertes par la ZLECAf, sous réserve de la libéralisation des marchés par les autres pays africains et du renforcement de la compétitivité de son offre (infrastructures, qualité). Le développement du tourisme requiert également une promotion ciblée sur les marchés africains.

Le Protocole sur le commerce numérique de la ZLECAf a le potentiel de dynamiser les économies africaines via un marché unique numérique, stimulant l'emploi, l'inclusion financière et la compétitivité internationale. Sa pleine réalisation exige des politiques publiques cohérentes et une coopération interétatique renforcée, rendant le commerce numérique africain plus efficace, sûr et abordable, facilitant ainsi l'expansion des entreprises.

La ZLECAf, en élargissant les marchés et en simplifiant les échanges, renforcera la compétitivité mondiale des entreprises africaines. Le commerce numérique bénéficiera particulièrement de cette intégration par la réduction des coûts et l'accélération des livraisons. Pour la RDC, le protocole offre l'opportunité de développer une économie numérique inclusive et durable. Un investissement dans les infrastructures numériques et la formation permettra à la RDC de maximiser les avantages du commerce électronique et de consolider sa position sur le marché mondial[1]. L'intégration de la RDC dans l'économie numérique africaine via la ZLECAf présente des opportunités considérables mais nécessite des investissements dans les infrastructures numériques, le renforcement de la protection des consommateurs et la promotion de l'inclusion financière.

Section II. L'intégration de la RDC dans la ZLECAf

§.1. Les enjeux de l'intégration régionale

L'intégration, concept ancré en économie politique, transcende le seul cadre économique dans le contexte de la Zone de Libre-Échange Continentale Africaine (ZLECAf). Si la ZLECAf ambitionne des structures économiques intégrées, elle ne peut ignorer les dimensions socioculturelles africaines. L'intégration économique promue est intrinsèquement liée à une intégration interne (cohésion sociale et économique continentale, solidarité interétatique) et externe[2].

Bien que des avancées notables en libre circulation existent en Afrique de l'Ouest[3], la situation demeure complexe au sein de la

---

[1] La Zone de Libre-échange Continentale Africaine (ZLECAF) pourrait permettre aux pays africains de faire sortir de l'extrême pauvreté 30 millions d'habitants d'accroitre le revenu de 68 millions d'autres personnes qui vivent avec moins de 5,50 dollars par jour.

[2] LALANDE, Vocabulaire Technique et Critique de la Philosophie, Paris, PUF, 1962, p. 243.

[3] BARREA J., Théories des Relations Internationales, Louvain-la-Neuve, Edition Ciao, 1978, p.290.

CEEAC et de la CEPGL, où barrières non tarifaires, contrôles douaniers et infrastructures routières limitées entravent la mobilité. [1] La CEPGL, malgré la libre circulation des biens, fait face à des défis pour les personnes. La CEEAC et la SADC, visant l'intégration régionale avec des approches distinctes (la SADC ayant déjà progressé en libre-échange) [2], incluent la RDC. Le choix progressif de la RDC au sein de la SADC, privilégiant initialement les services, pourrait freiner sa croissance à long terme. Le COMESA, visant à faciliter les échanges par une zone de libre-échange (suppression progressive des taxes), inclut la RDC, l'engageant à ouvrir ses marchés voisins.

Le développement des échanges RDC-voisins dépend aussi des infrastructures de transport. Malgré son adhésion au COMESA, la RDC doit investir dans ses infrastructures. Les règles d'origine du COMESA sont cruciales pour bénéficier des avantages de la zone de libre-échange, tout comme les éventuelles restrictions quantitatives protégeant certaines industries. L'adhésion de la RDC à la CAE le 11 juillet 2022 a ouvert de nouvelles perspectives économiques, facilitant les échanges, à l'instar de l'accord RDC-Ouganda axé sur la suppression des obstacles commerciaux et la coopération en matière d'investissements.

L'adhésion de la RDC à la ZLECAf, malgré son appartenance à la SADC, la CEEAC et le COMESA, offre une opportunité unique d'intégration à l'économie mondiale via un marché unique africain s'appuyant sur les zones de libre-échange régionales existantes. Contrairement à une idée reçue, l'adhésion à la ZLECAf ne rend pas les autres organisations inutiles, mais peut les renforcer mutuellement. Les oppositions à la ratification en RDC soulignent les incertitudes quant aux impacts économiques nationaux, notamment sur les secteurs vulnérables, nécessitant des politiques adaptées et un renforcement des capacités productives. L'intégration économique régionale implique une délégation de compétences étatiques, posant des défis juridiques complexes quant à la définition des compétences transférées et à la conciliation des intérêts nationaux et supranationaux. Ce partage de souveraineté, bien que nécessaire à la coopération et à la résolution de

---

[1] DUVERGER M., cité par DE SERNACLENS P., La Politique Internationale, 2e Edition Armand Colin, Paris, 1998, p. 165.

[2] Jean MBUYU Luyongola, « *l'intégration économique au service du développement durable : l'exemple de l'Afrique centrale* », Larcier, Belgique, 2014, p. 189.

problèmes mondiaux, soulève des questions sur les limites de cet engagement et l'équilibre entre intérêts nationaux et collectifs. L'adhésion à une organisation comme la ZLECAf implique un partage de pouvoir, nécessitant des compromis basés sur les intérêts nationaux, comme le gouvernement de la RDC l'a estimé pour les avantages de la ZLECAf.

Les investissements massifs de la RDC dans le corridor de Lobito [1] (1 300 km reliant les mines de cuivre et de cobalt à la côte atlantique via l'Angola et la Zambie) illustrent sa volonté de faciliter le commerce intra-africain et de valoriser ses ressources naturelles, permettant un acheminement plus rapide et efficace des matières premières stratégiques vers les marchés mondiaux.

§.2. Le libre-échange, un atout ou un défi pour la RDC ?

Le libre-échange, qui vise à supprimer les barrières commerciales comme les droits de douane, est présenté par les économistes comme un moteur de croissance. L'idée, héritée de penseurs comme Ricardo[2], est que l'ouverture des économies encourage la spécialisation, rend les entreprises plus compétitives et élargit les marchés, bénéficiant aux consommateurs par plus de choix et des prix potentiellement plus bas. Pour les nations africaines, cela pourrait attirer des investissements et faciliter les transferts de technologie.

Cependant, pour des pays comme la République Démocratique du Congo, l'application de ce principe soulève des défis majeurs. L'ouverture totale expose les industries locales naissantes à une concurrence intense de la part d'économies plus établies. Surtout, la suppression des droits de douane représente une perte significative de

---

[1] Lors du forum « Global Gateway » qui s'est tenu à Bruxelles, en Belgique, la Banque africaine de développement (BAD) et l'Africa Finance Corporation (AFC), en partenariat avec les États-Unis et l'Union européenne, ont signé un protocole d'accord avec l'Angola, la RDC et la Zambie. Ce protocole repose sur l'accord relatif à l'Agence de facilitation du transport de transit du Corridor de Lobito, signé en janvier 2023, et sur l'investissement prévu pour développer la nouvelle ligne ferroviaire Zambie-Lobito, reliant le nord-ouest de la Zambie au Lobito Atlantic Railway et au port de Lobito. Ce projet représente l'infrastructure de transport la plus importante soutenue par les États-Unis en Afrique depuis des décennies. Il renforcera les échanges commerciaux et la croissance régionale.

[2] Avec sa théorie des avantages comparatifs, David Ricardo (1772-1823) est considéré comme l'un des pères du libre-échange.

recettes fiscales, une source de financement vitale pour l'État congolais, essentielle pour les services publics et les projets de développement. C'est pourquoi l'adhésion à des accords comme la Zone de Libre-Échange Continentale Africaine (ZLECAf) est abordée prudemment par la RDC, avec une libéralisation progressive pour protéger les secteurs sensibles et se donner le temps de diversifier ses sources de revenus. Le libre-échange, s'il promet croissance et dynamisme, impose aux économies africaines de trouver un équilibre délicat pour en maximiser les avantages tout en gérant ses risques structurels.

Section III. Moratoire et perspectives de la ZLECAF

§.1. Le moratoire sur l'application de la ZLECAF

Un moratoire est un terme juridique désignant une suspension temporaire d'une action ou d'une obligation. Initialement utilisé dans un contexte juridique précis (suspension de paiements, de procédures judiciaires), ce concept s'est étendu aux domaines politique et diplomatique. Il peut ainsi désigner un délai accordé pour des raisons objectives ou une manière de différer une décision. En droit international, un moratoire est souvent défini par un accord ou une clause contractuelle. La Convention de Vienne sur le droit des traités encadre notamment les conditions de suspension d'un traité. L'article 57 stipule qu'une telle suspension peut être décidée soit en vertu des dispositions du traité lui-même, soit par consentement de toutes les parties contractantes.

En effet, la République Démocratique du Congo (RDC), en ratifiant l'accord de la Zone de Libre-Échange Continentale Africaine (ZLECAf) en 2021, a bénéficié d'un moratoire de 10 à 13 ans, avec une possibilité de prolongation de 5 années supplémentaires, pour mettre en œuvre la libéralisation progressive des droits de douane. Ce délai, loin d'être un signe de faiblesse, offre à la RDC une opportunité unique de se préparer à cette nouvelle étape. Il s'agit d'une période importante pour renforcer les capacités productives du pays, diversifier son économie et mettre en place les mécanismes nécessaires pour faire face à une concurrence accrue.

§.2. Perspectives

Les perspectives de la ZLECAf sont celles d'une Afrique économiquement plus intégrée, plus résiliente et plus prospère. Cependant, la réalisation de cette vision exige une démarche volontariste et coordonnée, s'attaquant de front aux défis structurels, institutionnels et politiques. Du point de vue juridique, cela implique non seulement l'harmonisation des législations nationales avec l'accord, mais aussi la mise en place de mécanismes de gouvernance et de règlement des différends efficaces. Pour des États membres comme la République Démocratique du Congo, les perspectives résident dans l'adaptation proactive de leur cadre juridique et de leurs administrations (notamment douanières et fiscales) pour maximiser les bénéfices potentiels tout en gérant les coûts d'ajustement.

1. Perspectives économiques

La perspective économique centrale de la ZLECAf est d'agir comme un puissant catalyseur pour le commerce intra-africain. En éliminant progressivement les barrières tarifaires et non tarifaires, l'accord vise à rediriger et intensifier les flux d'échanges entre les pays africains, favorisant ainsi l'émergence de chaînes de valeur régionales robustes. Cette dynamisation est perçue comme le levier principal de la transformation structurelle et de l'industrialisation du continent. L'accord identifie d'ailleurs des secteurs prioritaires (agroalimentaire, automobile, produits pharmaceutiques, transport et logistique) où le potentiel de création de valeur ajoutée locale, de génération d'emplois et de croissance est particulièrement élevé.

À long terme, cette intégration accrue a pour perspective de réduire la vulnérabilité des économies africaines aux chocs extérieurs. En diversifiant les marchés d'exportation et en renforçant la compétitivité des entreprises sur le marché continental, l'Afrique pourra mieux résister aux fluctuations de la demande et de l'offre mondiales. Les projections économiques sont ambitieuses, envisageant un doublement du volume des échanges intra-africains d'ici à 2035, une augmentation significative des investissements directs étrangers, et *in fine*, une croissance notable du PIB et des revenus, contribuant à la lutte contre la pauvreté. La suppression des mesures restrictives qui entravent la libre circulation des services, des biens, des capitaux et, potentiellement, des personnes, est une perspective fondamentale pour l'approfondissement de cette intégration du marché.

2. Perspectives juridiques et institutionnelles

La réalisation effective des perspectives économiques de la ZLECAf repose de manière déterminante sur l'édification d'un cadre juridique et institutionnel solide, garant de la prévisibilité et de la confiance pour les acteurs économiques.

Une perspective juridique est l'harmonisation et la simplification des régimes douaniers des États membres. L'établissement d'un système douanier unique et transparent est perçu comme indispensable pour fluidifier les échanges, combattre la fraude et réduire les coûts induits par la diversité réglementaire actuelle. Cela implique, pour chaque juridiction nationale, l'adaptation de ses procédures aux meilleures pratiques internationales de facilitation du commerce et de lutte contre la fraude (réduction des formalités, digitalisation). Tout en intégrant cette perspective de facilitation, les États conservent leur droit souverain de réguler les importations/exportations pour protéger des intérêts légitimes, dans le respect du cadre multilatéral (OMC) et continental (ZLECAf). La modernisation des procédures douanières nationales (digitalisation, utilisation de systèmes comme SYDONIA) est une perspective opérationnelle essentielle pour renforcer la compétitivité des opérateurs locaux.

Pour garantir l'application uniforme de l'accord et la sécurité juridique, une perspective juridique centrale est l'instauration d'une juridiction de règlement des différends efficace et respectée, potentiellement d'ordre supranational. Dotée de compétences claires pour interpréter les textes de la ZLECAf et arbitrer les litiges entre États ou entre opérateurs économiques transfrontaliers, une telle instance (à l'image de la CCJA de l'OHADA) est fondamentale. Elle éviterait les interprétations divergentes par les juridictions nationales et assurerait une application homogène des règles, renforçant la confiance et favorisant l'essor du commerce intra-zone. La force exécutoire de ses décisions dans tous les États membres est une perspective nécessaire à l'effectivité du droit de la ZLECAf.

Dans la perspective de l'intégration, la mise en place d'un régime différencié pour les produits non originaires des États membres, via l'application de droits de douane, est une mesure envisagée pour protéger les producteurs internes et encourager le commerce intra-zone.

L'évolution vers un tarif extérieur commun constitue une perspective d'approfondissement de l'intégration, simplifiant les procédures et conférant une plus grande cohérence à la politique commerciale continentale. Bien que l'harmonisation fiscale complète soit un objectif de très long terme, l'alignement sur des principes fiscaux communs, notamment pour les taxes indirectes liées aux échanges, est une perspective importante pour réduire les coûts de transaction et limiter la concurrence fiscale dommageable entre États.

L'efficacité opérationnelle de la ZLECAf dépend largement de la capacité des administrations douanières nationales à mettre en œuvre l'accord. La perspective est donc un renforcement structurel et organisationnel de ces administrations, incluant le recrutement et la formation continue du personnel, la modernisation des procédures par la digitalisation, et une lutte proactive contre la corruption. L'idée de dédier, au sein des administrations nationales (comme la DGDA en RDC), une structure spécifiquement au libre-échange, ou de placer l'administration douanière sous la tutelle d'un ministère en charge du commerce extérieur, sont des perspectives organisationnelles visant à renforcer la cohérence et l'efficacité dans la gestion des flux intra-ZLECAf.

3. Perspectives de mise en œuvre

La concrétisation des perspectives de la ZLECAf n'est pas exempte de défis significatifs, dont la gestion constitue une perspective cruciale pour le succès de l'accord.

L'une des principales perspectives de mise en œuvre est de gérer l'hétérogénéité des États membres. Les différences de taille, de niveau de développement et de structure économique peuvent entraîner des disparités initiales dans la répartition des bénéfices, les pays moins développés pouvant accuser un retard à court et moyen terme. La perspective corrective est la mise en place de mécanismes de soutien ciblés (fonds de compensation, programmes de renforcement des capacités) pour assurer une transition équitable et permettre à tous de tirer parti de l'accord.

La mise en œuvre de la ZLECAf implique des coûts d'ajustement pour certains pays, notamment par une concurrence accrue sur les marchés nationaux et la nécessité de réorganiser les chaînes de valeur. La perspective est d'accompagner ces transformations par des politiques industrielles de soutien, visant à renforcer la compétitivité des entreprises locales et à faciliter leur adaptation. Le lancement du fonds d'ajustement continental est un exemple des efforts en cours pour faire face à cette perspective de transition.

La résolution de questions techniques complexes (règles d'origine, contenu local, produits sensibles) est une perspective essentielle pour la mise en œuvre harmonieuse de l'accord. Les progrès réalisés dans l'accord sur les lignes tarifaires spécifiques ou l'expansion de l'initiative de commerce guidé montrent que ces défis sont pris en compte. La perspective d'une pleine intégration incluant la libre circulation de la main-d'œuvre se heurte à des résistances. L'adoption de protocoles tels que ceux sur les femmes et les jeunes ou le commerce numérique témoigne d'une progression vers une portée plus large de l'accord, mais la pleine mobilité reste une perspective à concrétiser.

4. Perspectives politiques et stratégiques

Surmonter les défis politiques et renforcer la gouvernance sont des perspectives stratégiques indispensables à la pleine réalisation du potentiel de la ZLECAf.

Une perspective clé est le renforcement continu des capacités institutionnelles des États membres et des organes de la ZLECAf. Cela passe par la formation, l'assistance technique et l'amélioration des infrastructures pour gérer efficacement les processus d'intégration. Promouvoir un dialogue politique constant et inclusif entre les États membres est une perspective essentielle pour harmoniser les politiques nationales et gérer les tensions potentielles.

Un environnement de paix et de sécurité stable est une perspective fondamentale pour permettre les échanges commerciaux et la libre circulation des personnes. Les efforts pour résoudre les conflits et prévenir l'instabilité sont intrinsèquement liés au succès de l'intégration économique. La mobilisation et l'engagement des acteurs nationaux (entreprises, société civile) sont une perspective nécessaire pour construire un consensus et assurer une adhésion large à l'accord, réduisant ainsi la résistance potentielle à la perte de souveraineté ou aux changements induits.

5. La perspective à long terme

La perspective ultime de la ZLECAf s'inscrit dans un processus d'intégration graduelle, visant à terme une union économique complète. Centrée sur la réduction des barrières tarifaires et non tarifaires, visant à faciliter le commerce des biens et des services. Les défis résident dans l'alignement des politiques nationales et la mise en œuvre des mécanismes de l'accord. Axée sur la libre circulation des personnes et des capitaux, nécessitant d'importantes réformes législatives et réglementaires. Viser l'établissement d'une union économique avec une monnaie commune et des politiques économiques et fiscales coordonnées. Cette perspective ambitieuse implique des défis considérables en termes de convergence et de coordination, mais s'appuie sur les leçons tirées des expériences d'intégration régionale à travers le monde.

Conclusion

L'analyse des différentes composantes du droit douanier congolais a mis en évidence un domaine en mutation constante, animé par les dynamiques endogènes et exogènes. Il est cependant apparu clairement que ce cadre juridique se heurte encore à des difficultés d'adaptation pleine et entière aux impératifs de la mondialisation contemporaine. Les défis posés par l'accélération de la mondialisation, l'avènement et l'intégration croissante des nouvelles technologies – notamment la digitalisation des échanges et le développement exponentiel du commerce électronique – ainsi que l'essor du libre-échange et l'adhésion de la République Démocratique du Congo à l'Organisation pour l'Harmonisation en Afrique du Droit des Affaires (OHADA), ont profondément transformé les pratiques et les attentes en matière douanière.

La difficulté majeure réside, dès lors, dans le rythme parfois lent de l'ajustement de la réglementation douanière face à ces évolutions d'une rapidité sans précédent. Une telle inertie dans les adaptations risque non seulement d'engendrer un retard préjudiciable pour l'économie nationale, mais aussi de faire manquer à la RDC les opportunités considérables offertes par l'intégration dans les zones de libre-échange, l'exploitation du potentiel du commerce électronique et, plus largement, l'adoption efficiente des nouvelles technologies dans les processus douaniers. Ces opportunités, si elles sont saisies, pourraient pourtant constituer un levier puissant pour améliorer l'attractivité du pays et encourager l'investissement étranger direct en République Démocratique du Congo.

Néanmoins, il est manifeste que la République Démocratique du Congo a un potentiel substantiel à gagner en s'alignant sur les avantages inhérents au libre-échange, au droit numérique, au droit OHADA et à d'autres cadres juridiques modernes. Cependant, une question fondamentale a émergé au fil de cette analyse : comment s'assurer que, malgré les profonds bouleversements induits par ces évolutions, le droit douanier congolais puisse continuer à remplir ses fonctions régaliennes traditionnelles, et particulièrement sa mission de générer des recettes fiscales significatives pour l'État congolais, telles que les droits de douane, la Taxe sur la Valeur Ajoutée (TVA) et les autres impôts indirects collectés à la frontière ?

En effet, ce livre a précisément démontré qu'il est possible de concilier les avantages considérables apportés par le libre-échange à la RDC avec le maintien de sources de revenus fiscaux substantielles pour le Trésor public. Cette recherche nous a ainsi permis de consolider l'idée qu'il est non seulement souhaitable mais réalisable de préserver une assise fiscale solide pour la RDC tout en étant pleinement partie prenante de l'accord portant création de la Zone de Libre-Échange Continentale Africaine (ZLECAf). Ce point est d'autant plus crucial que, comme nous l'avons établi, une part significative – supérieure à 30 % – des revenus du Trésor public congolais provient des recettes douanières.

Afin de décrypter ces enjeux complexes, d'analyser les défis identifiés et de proposer les pistes de solution que nous avons préconisées, cet ouvrage s'est structuré en quatre parties distinctes mais interdépendantes.

La **première partie** s'est attachée à l'évolution des administrations douanières dans un contexte mondial intégré et globalisé. Nous y avons posé le cadre théorique et institutionnel indispensable à la compréhension de notre sujet. Une attention particulière a été accordée aux notions théoriques fondamentales du droit douanier, dont la maîtrise est un prérequis essentiel. Cette section a ainsi largement exploré l'organisation et le rôle de l'administration douanière aux niveaux international et national, et a analysé les transformations induites par le droit communautaire et les systèmes d'intégration économique en Afrique.

Le **deuxième volet** de notre étude a examiné les procédures de dédouanement et les adaptations nécessaires dans un environnement marqué par la mondialisation et l'avènement technologique. Après avoir décrit le déroulement traditionnel du processus de dédouanement des marchandises tel qu'il est appliqué en droit douanier congolais, nous avons démontré la nécessité impérieuse d'adapter et de moderniser ces procédures grâce aux nouvelles technologies. L'objectif est de faciliter les échanges commerciaux, conformément aux ambitions des accords de libre-échange. L'essor actuel du commerce électronique, qui incite les consommateurs à privilégier les commandes en ligne et a massivement développé le commerce de petits colis via Internet, a particulièrement illustré l'urgence de ces adaptations.

La **troisième partie**, constituant le cœur analytique de notre ouvrage, a été consacrée à la fiscalité douanière. Son objectif principal était de présenter de manière exhaustive les dispositions légales, les conditions d'application et les principes juridiques qui régissent l'exigibilité et le paiement des droits de douane, qu'il s'agisse d'importations ou d'exportations. Dans ce cadre, nous avons d'abord exploré les théories générales sous-jacentes au droit fiscal douanier. Puis, nous avons procédé à une analyse approfondie des éléments constitutifs de cette matière, en nous attardant notamment sur le tarif douanier et le Système Harmonisé, instruments clés de la classification et de la taxation. Par ailleurs, nous avons étudié les différents régimes douaniers en vigueur en République Démocratique du Congo et leurs implications juridiques spécifiques. Enfin, nous avons précisé les conditions dans lesquelles une dette douanière naît et devient exigible.

Enfin, la **quatrième et dernière partie** de cet ouvrage a analysé les profondes transformations induites par le libre-échange dans le domaine du droit douanier, avec un focus spécifique sur la République Démocratique du Congo. Nous y avons d'abord examiné les mécanismes du libre-échange et leur impact direct sur le droit douanier congolais. Ensuite, nous avons approfondi l'étude de la Zone de Libre-Échange Continentale Africaine (ZLECAf), en analysant ses différentes dimensions, ses potentialités et les enjeux qu'elle représente pour le continent et, particulièrement, pour la RDC.

Dans cette même partie, nous avons étudié les répercussions concrètes du libre-échange sur le commerce des marchandises, en mettant en évidence les changements nécessaires dans les régimes douaniers traditionnels. Nous nous sommes particulièrement intéressés aux conséquences de l'intégration dans la ZLECAf sur l'économie congolaise, en considérant tant les aspects juridiques que les impacts économiques attendus ou observés.

Après des années de recherche dédiée à ce sujet, cet ouvrage a eu l'ambition de fournir un éclairage aussi complet que possible sur les règles douanières en République Démocratique du Congo et les dynamiques qui les traversent. Une question naturelle se pose alors : quelles sont les conséquences en cas de manquement ou de non-respect de ces règles complexes ? Que les opérateurs économiques ne se conforment pas scrupuleusement aux réglementations douanières ou que l'administration douanière elle-même applique des droits ou des procédures contraires aux accords de libre-échange ratifiés par le pays, des situations conflictuelles et des litiges sont inévitables.

C'est précisément pour cette raison que le prochain tome de cet ouvrage sera spécifiquement consacré à l'étude approfondie des régimes de responsabilité en matière douanière et aux mécanismes de résolution des litiges, tant au niveau national qu'international, dans ce contexte de libéralisation accrue des échanges. Nous y aborderons également les questions liées aux droits d'accises, qui constituent une autre catégorie majeure de taxes indirectes importantes pour les finances publiques en République Démocratique du Congo et dont la gestion est intimement liée à celle des droits de douane.

Postface

En tant que Professeur de droit fiscal dans une Université suisse et passionné par les enjeux économiques de l'Afrique, j'ai eu l'occasion de me rendre plusieurs fois en République Démocratique du Congo. Ces visites m'ont permis d'entretenir des liens professionnels profonds mais aussi amicaux dans ce pays et me donnent une certaine perspective sur les défis mais aussi les opportunités uniques qui s'offrent à cette nation. Dans ce cadre particulier, je perçois le livre de Nathan Mukendi Odiance pour lequel j'ai l'honneur de rédiger la présente postface non seulement comme une analyse académique pointue mais aussi comme un acte d'engagement pour un avenir économique congolais radieux.

Ce livre s'inscrit dans un moment historique où les transformations des pratiques douanières congolaises ne peuvent plus être envisagées comme des ajustements marginaux. L'adhésion à la Zone de Libre-Échange Continentale Africaine (ZLECAf) et les réformes associées imposent une redéfinition profonde du modèle douanier en place, ainsi qu'une adaptation à un nouvel environnement économique où la compétitivité et l'ouverture internationale deviennent des enjeux cruciaux. La RDC doit repenser ses stratégies douanières en navigant dans un contexte où les dynamiques régionales et mondiales s'entrelacent de manière inédite. Dans un pays où plus de 30 % du budget étatique dépend des recettes douanières, l'implémentation d'une zone de libre-échange d'envergure représente un défi de taille ! L'ambition d'un marché africain unifié, portée par la ZLECAf, est énorme et son potentiel est indéniable, mais elle repose sur une connaissance fine des mécanismes douaniers.

D'un autre côté, le présent livre prend une dimension particulière lorsqu'il place les enjeux du droit douanier congolais dans un contexte international marqué par une recrudescence des entraves au libre-échange. L'actualité récente, notamment les menaces de guerre commerciale brandies par l'administration Trump en 2025, nous rappelle que l'optimisme initial autour du libre-échange mondial est désormais tempéré par une tendance à renforcer le protectionnisme national. Cette situation, marquée par des tensions économiques croissantes et des retours en arrière sur les engagements internationaux, impose de nouvelles réflexions sur la manière dont les pays en développement, comme la RDC, peuvent naviguer entre l'impératif d'ouverture économique et la nécessité de protéger leur tissu économique local.

À travers une analyse structurée et claire, l'auteur a su articuler les défis du droit douanier congolais. La présentation qui y est faite des différents acteurs impliqués dans le processus douanier, de la gestion des flux commerciaux et de la fiscalité douanière fait écho à un besoin de formation dans ce domaine. Il faut en effet souligner que la réussite des réformes en cours dépend également de la formation des acteurs du secteur. Le manque de ressources humaines qualifiées dans le domaine du droit douanier est une des pierres d'achoppement majeures à la mise en œuvre efficace d'un système douanier. Ce livre, par son approche pédagogique et accessible, entend non seulement sensibiliser mais aussi éduquer ceux qui, à tous les niveaux, se retrouvent impliqués dans le processus douanier. En formant les agents de l'administration, les opérateurs économiques, ainsi que les chercheurs en droit et en économie, il contribue à instaurer une culture douanière forte et unifiée, capable de relever les défis contemporains.

Le rôle central des douanes, bien que souvent sous-estimé, est crucial pour l'équilibre économique du pays. Les recettes douanières représentent une part substantielle du budget de l'État, et leur gestion transparente et efficace est essentielle à la bonne marche de l'économie nationale. Une révision du modèle douanier ne peut se faire sans une remise en question des procédures, des systèmes de contrôle, et des technologies utilisées. La numérisation des processus douaniers est un exemple frappant de la manière dont la technologie peut servir de levier pour renforcer l'efficacité et la transparence. La modernisation doit être pensée de manière holistique, en intégrant des solutions numériques les plus modernes tout en prenant en compte les particularités culturelles, linguistiques et socio-économiques locales et le contexte des infrastructures existantes dans les pays en développement.

Ainsi, ce livre ne se contente pas de décrire la complexité du droit douanier, il invite également à une réflexion sur la manière dont doit fonctionner ce secteur pour qu'il devienne un levier de développement, capable de répondre aux exigences de l'intégration économique africaine tout en préservant les intérêts nationaux. Ce défi majeur nécessite une vision stratégique, une politique claire et cohérente, ainsi qu'une mise en œuvre rigoureuse. La RDC se trouve à un carrefour : celui de la convergence entre ses aspirations à un développement durable et sa volonté d'intégration dans un marché mondial où la compétitivité et la coopération sont les clés de la réussite.

Ce livre est un outil de référence pour tous ceux qui souhaitent comprendre la dynamique et participer activement à l'avenir économique de la République Démocratique du Congo dans un cadre juridique prévisible et transparent. Il représente un pas de plus vers l'objectif ambitieux d'un environnement commercial congolais plus efficace et conforme aux principes de l'Etat de droit. C'est un livre qui n'envisage pas seulement le droit douanier comme une discipline académique, mais comme un outil vivant, au service de la transformation économique et sociale de la RDC et de l'Afrique.

Prof. Thierry Obrist,

Université de Neuchâtel (Suisse)

Bibliographie

I. Instruments juridiques

1. Internationaux

Accord général sur les tarifs douaniers et le commerce signé le 30 octobre 1947 et entrée en vigueur le 1er janvier 1948.

Accord sur la mise en œuvre de l'article VII de l'accord général sur les Tarifs Douaniers et le commerce de 1994

Acte général de la conférence africaine signé à Berlin le 26 février 1885.

Acte Uniforme OHADA révisé relative au droit des sociétés commerciales et du groupement d'intérêt économique adopté le 30/01/2014.

Acte Uniforme OHADA sur le contrat de transport de marchandises par routes adopté le 22 mars 2003.

Acte Uniforme OHADA sur les Procédures Simplifiées de Recouvrement et des Voies d'Exécution du 17 octobre 2023.

Annexe générale, Chapitre 2 de la Convention de Kyoto révisée.

Déclaration des droits de l'homme et du citoyen du 28 aout 1789.

2. Nationaux

Arrêté Ministériel n°016/Cab/Min/Finances/2011 du 11avril 2011 portant mesures d'applications de l'ordonnance-loi n° 10/002 du 20 aout 2010 Portant Code des douanes.

Bulletin officiel de l'Etat Indépendant du Congo, années 1885 et 1886

CAB/MIN/FINACES/2017/ 034 du 10 août 2017 portant fixation des taux des droits ; taxes et redevances à percevoir à l'initiative du ministre du commerce extérieur.

Constitution de la République Démocratique du Congo modifiée par la loi n° 11/002 du 20 janvier 2011 portant révision de certains articles de la constitution du 18 février 2006.

Décret n°011/06 du 25 janvier 2011 portant institution du cadre organique de de la Direction Générale des douanes et accises.

Décret n°038/2003 du 26 mars 2003 portant règlement minier tel que modifié et complété par le décret n°18/024 du 08 juin 2018.

Décret n°13/052 du 11 novembre 2013 portant consolidation des perceptions opérées à l'occasion de l'importation et de l'exportation des marchandises.

Décret n°16/010 du 19 avril 2016 portant règlement d'hydrocarbures.

Décret des contrats ou des obligations conventionnelles du 30juillet 1888 portant code civil congolais livre III.

L'arrêté interministériel n°006/CAB/MINETAT.COMEXT/2017

L'ordonnance-loi n° 10/001 du 20 août 2010 portant institution de la Taxe sur la Valeur Ajoutée.
L'ordonnance-loi n° 10/002 du 20 aout 2010 portant code des douanes.
La décision n° DG/DGDA/DG/2011/296 du 11 aout 2011 portant mesures d'application de l'ordonnance loi n°10/002 du 20 aout 2010 portant code des douanes Le décret n°09/43 du 03 décembre 2009 portant création et organisation de la Direction Générale des Douanes et Accises.
Loi 004-2003 du 13 mars 2003 portant réforme des procédures fiscales.
Loi 15/012 du 1er août 2015 portant régime général des hydrocarbures.
Loi de finances n° 18/025 du 13 décembre 2018 pour l'exercice 2019.
Loi de finances n° 22/071 du 28 décembre 2022 pour l'exercice 2023
Loi de finances n°17/005 DU 23 juin 2017 pour l'exercice 2017.
Loi de finances n°19/005 du 31 décembre 2019 pour l'exercice 2020.
Loi de finances n°20/020 DU 28 décembre 2020 pour l'exercice 2021.
Loi de finances n°21/029 DU 31 décembre 2021 pour l'exercice 2022.
Loi de finances n°23/056 du 10 décembre 2023 pour l'exercice 2024.
Loi n° 008/007 du 07 juillet 2008 portant dispositions générales à la transformation des entreprises publiques
Loi n° 73-021 du 20 juillet 1973 portant régime général des biens, régime foncier et immobilier et régime des suretés telle que modifiée et complétée par la loi n° 80-008 du 18 juillet 1980.
Loi n°11/011 du 13 juillet 2011 relative aux finances publiques.
Loi n°18/001 modifiant et complétant la loi n° 007/2002 du 11 juillet 2002 portant Code minier.

3. Doctrine

II. Ouvrages

Anicet OLOA ZAMBO, l'intégration africaine en question, l'Harmattan, France, 2011.
Arnaud de NANTEUIL, Droit du libre-échange et de l'investissement en Afrique, Editions A.PEDONE, Paris, décembre 2024.
Jean Baudrillard, La société de consommation, ses mythes, ses structures, Denoël, 1970.
Jean de Noel ATEMENGUE, l'intégration communautaire en Afrique centrale (1994-2023) enjeux, bilan et perspectives, L'Harmattan, paris, 2024.
Malick FAYE, le droit douanier sénégalais, l'Harmattan, paris, 2015.
Abdoulaye Coulibaly Oumar BAH, les procédures d'évaluation du contrôle interne : cas de la Douane Malienne, Editions Universitaires Européen, 2022.
Abdoullah FAOUZI, Guide Pratique de mise en œuvre de Guichet Unique en Afrique, AACE, avril 2013.

AFOTO Jean ELENGA-di-OKANGA, Lutte contre la fraude douanière en RDC, Edition l'Harmattan RDC, Kinshasa, 2010.

Alain Tenday Lupumba, « Les Procédures de dédouanement en RDC, l'expérience du guichet unique au poste de Matadi », L'Harmattan.

Alexis S. THAMBWE-MWAMBA, droit douanier zaïrois, presse universitaire du Zaïre Kinshasa, 1996.

AMIN, S., *La faillite du développement en Afrique et dans le tiers monde*, L'Harmattan, Paris, 1989.

Antonio Nicali et Giuseppe Favale, The History of the Customs. A Historical Outline of Customs and Trade Policy in Europe and World, De Luca Editori d'Arte, 2004.

BAKANDEJA wa mpungu, *Les finances publiques : pour une meilleure gouvernance économique et financière en RDC*, Larcier, Bruxelles, 2006.

BARREA J., Théories des Relations Internationales, Louvain-la-Neuve, Edition Ciao, 1978.

BAS, C., Le *fait générateur de l'impôt*, l'Harmattan, Paris, 2007.

Beauclair NJOKA NKANGA, présentation et procédures en zone de libre-échange continentale africaine (ZLECAF), Afredit, Tome 1, intelligentsia, 2022.

BIENVENU, JJ.et LAMBERT, T., *Droit fiscal*, PUF, 4e édition revue et augmentée, PUF, Paris, 2003.

BIFUMANU Nsompi, *Les réformes fiscales actuelles en RDC : la remise en question*, PUL, Kinshasa, 2006.

BOKALI Victor Emmanuel, SOSSA Cossi Dorothé, Droit des contrats de transport de marchandises par route, Agence Universitaire de la Francophonie, collection Droit uniforme Africain, réalisation Juriscope, Bruylant, 2006.

BORDIN M, la survie économique et sociale des pays en voie de développement, Collection Hatier, Paris, 1973.

BOURI. C., « la logistique du commerce extérieur : théorie te pratique », Algérie, 1ère édition, Edition EDIK.

BUABUA wa Kayembe, *La fiscalisation de l'économie informelle au Congo*, PUC, Kinshasa, 1995.

Christophe BANYAKWA BABINGWA, « le dédouanement informatisé en République démocratique du Congo », 2e Ed., l'Harmattan, Paris.

Claude J. Berr Henri Trémau, introduction au droit douanier, Dalloz, 1997.

Claude J. Berr, Henri Trémeau, le droit douanier communautaire et national, Paris, 2004.

Code des douanes tel que modifié et complété par les lois de finances 2017 à 2024, textes coordonnés et mise à jour par Christella MOTANDI ADOUMA.

CUVILIER A., Nouveau Vocabulaire Philosophique, Paris, Edition Armand Colin, 1961.
David Ricardo, « des principes de l'économie politique et de l'impôt », Londres, 1817.
Dilek Dogan, *Les enjeux du concept d'origine en droit international et communautaire*, Grenoble, Thèse de doctorat en Droit européen, 2012.
DUVERGER M., cité par DE SERNACLENS P., La Politique Internationale, 2e Edition Armand Colin, Paris, 1998.
E. Dereviankine, L. Garcia-Campillo, C. Humaan, Le Lamy transport Tome 2, Lamyline.
Emmanuel MBARGA, sur le chemin de l'intégration, comprendre la Zone de Libre-Échange continentale africaine, l'Harmattan, Douala, 2021.
Félix VUNDUAWE te PEMAKO, Traité de droit administratif, éditions Larcier, Bruxelles, 2007.
Frédéric Zurcher et Elie-Philippe Margollé, Les Naufrages célèbres, Hachette, Paris, 1873, 3e édition, 1877.
Ghenadie RAbu, Douane et commerce international, les nouveaux enjeux, Editions Glyphe, 2023.
Gilles J. GUGLIELMI, introduction au droit du service public, paris, 1994.
Guillaume Kulonga Nana, apport d'une régie financière dans les recettes de l'Etat, Editions universitaires européennes, paris, 2015.
GUYOMAR, A., Economie et Gestion, Ed. Sirey, Paris, 1995.
HECKLY, C., *Fiscalité et mondialisation*, LGDJ, Paris, 2006.
J.L Albert, Fasc. 502 : Union douanière – Acheminement des marchandises, LexisNexis, JurisClasseur Europe Traité, 2022.
James Thuo Gathii, et al., La Zone de libre-échange continentale (ZLEC) en Afrique, vue sous l'angle des droits de l'homme, Commission économique pour l'Afrique (CEA) et du bureau de Genève de la Fondation Friedrich-Ebert (FES). Octobre 2017.
Jean MBUYU Luyongola, « *l'intégration économique au service du développement durable : l'exemple de l'Afrique centrale* », Larcier, Belgique, 2014.
Jean Sliwa, Tarif des douanes : comment déterminer le bon classement tarifaire, les droits et taxes, les mesures applicables, éditions du puits fleuri, Paris, 2021.
Jean-Marie Albetini, Les rouages de l'économie nationale, Paris, les Editions Ouvrières, 1982.
Jean Luc Albert, le droit douanier de l'Union européenne, Bruylant, paris, 2019.
Karl Marx, Le Capital, chapitre I : la marchandise, 1867.
Kazadi Mpiana Joseph, Cours de Droit communautaire économique africain, L2 Droit, UPL, 2021– 2022.

KIFWABALA TEKILAZAYA Jean Pierre, droit civil les biens tome II droits réels mobiliers et immobiliers, les analyses juridiques, février 2016.

LEROY, M., *Mondialisation et fiscalité, La globalisation fiscale*, l'Harmattan, coll. Finances Publiques, Paris, 2006.

M. Kalonji, « Précis de droit fiscal congolais », édition universitaires européennes, Saarbrücken (Allemagne).

M.-E. ANCEL, La prestation caractéristique du contrat, Economica, coll. Recherches juridiques, Tome 2, spéc. n° 7.

Michel Bouvier, « introduction au droit fiscal général et la théorie de l'impôt », 10e édition, L.G.D.J, paris, 2010.

MPOY Kadima, *La rationalisation du système fiscal et douanier comme mécanisme relanceur de l'économie. Principes et outils d'une politique fiscale et douanière développementaliste*, Editions Universitaires Africaines Kinshasa, Kinshasa, 2012.

MPOYI KADIMA Godé, Droit douanier en République démocratique du Congo, volume 1 de lege lata, Edit. PUC, Kinshasa, 2014.

NGOMA MAVUNGU ISSA, Principes et mécanismes de la TVA au regard de la loi congolaise, Kinshasa, Dec 2010.

Ngoy Ndjibu Laurent, FISCALITÉ PROVINCIALE EN R.D. CONGO Regard sur les mécanismes de mise en œuvre et de performance de la décentralisation fiscale, L'Harmattan, Paris, 2022.

NYABIRUNGU Mwene Songa, *La criminalisation de l'économie Zaïroise*, éd. DES, Kinshasa, 1996.

NYAHOHO (E.) et ROULX (P.-P.), Le commerce international : théories, politiques et perspectives industrielles, Québec, PUQ, 1997.

Olo Sib Palé, au cœur d'une administration douanière africaine, l'Harmattan, Paris, 2020.

Organisation mondiale de Douane, Histoire de l'OMD en un clin d'œil 1952-2023, aout 2023.

Pape Djigdjam Diop, le droit douanier des pays africains, l'Harmattan, Sénégal, 2020.

Prof. IPAYA IKOKO. Cours de Grands services publics et marchés publics. Première Licence Journalisme, Politique Extérieure/UNIKIN 2018-2019.

S. Bertolaso, Fasc. 415 : Mandataire, LexisNexis, JurisClasseur Responsabilité civile et Assurances, 2023.

Sophie Zala LIHAU N'KANZA, les origines du sous-développement politique au Congo « De Padroado à la loi fondamentale » (1482-1960), PUZ, Kinshasa, 1985.

Starmans Bofoe Lokangu, « droit fiscal et procédures fiscales en République démocratique du Congo Théories générales », l'Harmattan, 2021.

VINAY, B., *Épargne, fiscalité et développement*, Armand Colin, Paris, 1968.

Vincent KANGULUMBA MBAMBI, droit civil : les biens, inédit.

Wilfrid Eric Gonçalves, Droit des sociétés commerciales, 3è éd., Pothier, 2017.

III. Articles de revue

Adaptation de l'utilisation de Sydonia World à la situation du covid-19 : recommandations aux administrations des douanes, SYDONIA, CNUCED, 2020.

Cornelis, S. Stanley au service de Léopold II : La fondation de l'Etat Indépendant du Congo (1878-1885). In Cornelis, S. (Ed), H.M Stanley : Explorateur au service du Roi pp. 41-60. Tervuren : Royal Museum for Central Africa. : 53-54.

G. RIPERT et J. BOULANGER, Traité de droit civil d'après le traité de Planiol, Tome 2, L.G.D.J., 1957, spéc. n° 241, p. 99 ; J.-FR. OVERSTAKE, op. cité, spéc. p. 31 ; A. BENABENT, Droit civil - Les contrats spéciaux civils et commerciaux, op. cité, spéc. n° 8.

Nguway Kpalaingu Kadony, « L'Afrique malade de ses impuissances en relations internationales. Quel avenir au IIIe millénaire? », in Cahiers congolais d'études politiques et sociales, Revue Semestrielle n°23, juin 2000.

Réforme douanière néolibérale, fragilité étatique et pluralisme normatif : Le cas du guichet unique à Kasumbalesa, Jeroen Cuvelier, Philémon Muamba Mumbund, Dans Politique africaine 2013/1 (N° 129).

S. le Roy et V. Courcelle, « Les responsabilités inhérentes au devoir de conseil du commissionnaire en douane », Rev. dr. transp n°3, 2014, dossier 5, paragraphe n°4.

Table des matières

Structures éditoriales du groupe L'Harmattan

L'Harmattan Italie
Via degli Artisti, 15
10124 Torino
harmattan.italia@gmail.com

L'Harmattan Hongrie
Kossuth l. u. 14-16.
1053 Budapest
harmattan@harmattan.hu

L'Harmattan Sénégal
10 VDN SICAP AMITIE 3
BP 45034 Dakar-Fann
direction@senharmattan.com

L'Harmattan Cameroun
Tsinga/Derrière polyclinique FECAFOOT
BP 11486 Yaoundé
Jacques.koukam@harmattan.fr

L'Harmattan Burkina Faso
Villa 281, secteur 23 623, rue 14.32
Ouagadougou
zagbie@outlook.fr

L'Harmattan Guinée
Almamya, rue KA 028 OKB Agency
BP 3470 Conakry
harmattanguinee@yahoo.fr

L'Harmattan RDC
185, avenue Nyangwe
Commune de Lingwala – Kinshasa
matangilamusadila@yahoo.fr

L'Harmattan Congo
219, avenue Nelson Mandela
BP 2874 Brazzaville
deunovmikhael@gmail.com

L'Harmattan Mali
Immeuble Mgr Jean Marie Cissé
Aci Hamadallaye
BP 145 Bamako
syllaka@yahoo.fr

L'Harmattan Togo
Djidjole – Maison Amela
face EPP BATOME
02 BP 20680 Lomé
didieramela11@gmail.com

L'Harmattan Côte d'Ivoire
Résidence Karl – Cité des Arts
Abidjan-Cocody
03 BP 1588 Abidjan
harmattan.ivoire@gmail.com

L'Harmattan Bénin
Rue 604, (Immeuble à l'entrée
de la rue UCAO- Cite de Saint-Jean)
Cotonou
stepcorpus@gmail.com

Nos librairies en France

Librairie internationale
16, rue des Écoles
75005 Paris
librairie.internationale@harmattan.fr
01 40 46 79 11
www.librairieharmattan.com

Librairie des savoirs
21, rue des Écoles
75005 Paris
librairie.sh@harmattan.fr
01 46 34 13 71
www.librairieharmattansh.com

www.ingramcontent.com/pod-product-compliance
Lightning Source LLC
LaVergne TN
LVHW011249061026
849535LV00005B/1194
* 9 7 8 2 3 3 6 5 5 0 0 1 5 *